D1694272

Schlaraffen- land Schweiz

Das Gute wächst so nah

Kochspass und Essfreuden
mit einheimischen Produkten

Rezepte, Reportagen
und Wissenswertes von der
AMS Agro-Marketing Suisse

Schlaraffenland Schweiz
Das Gute liegt so nah

1. Auflage 1999
© AMS Agro-Marketing Suisse, Bern

Rezepte und Testküche:
Armin Zogbaum, Zürich
Bruno Wüthrich, Spiez
Fotoaufnahmen Food:
Jules Moser, Bern
Food Styling:
Eveline D. Kägi, Zürich
Fotoaufnahmen Reportagen:
Peter Mosimann, Bern
Grafik und Layout:
Polyconsult AG, Bern
Layout und Satz:
Schnittstelle PrePress Service AG, Bern
Lithos:
Denz Lith-Art, Bern
Druck:
Benteli Hallwag Druck AG, Bern

ISBN 3-909230-98-9

AGRO MARKETING SUISSE

Liebe Leserin
Lieber Leser

Auf dem Umschlag haben Sie es gelesen: dieses ist ein Kochbuch der AMS. Das ist das Kürzel für Agro-Marketing Suisse, den Zusammenschluss verschiedener Branchenorganisationen aus der Landwirtschaft und dem Lebensmittelbereich der Schweiz.

Das Q-Signet ist ein sichtbares Ergebnis dieser Zusammenarbeit. Es steht für Schweizer Qualität und ist eine klare Herkunfts-Deklaration. Es wurde geschaffen, damit Sie sich im immer internationaler werdenden Angebot besser orientieren können. Denn wir wissen, dass der Wunsch nach Produkten aus dem eigenen Land immer grösser wird. Kurze Transportwege sind nicht nur ökologisch sinnvoll, die Ware gelangt auch frischer zum Verkauf. Was ausserdem für Schweizer Produkte spricht: unsere Gesetze sind vergleichsweise streng. Und was noch wichtiger ist: unsere Produzenten halten sich daran. Kein Wunder also, dass Schweizer Produkte jenseits der Landesgrenzen als qualitativ besonders hochwertig gelten.

Damit es uns nicht so geht wie dem Propheten, der im eigenen Land nicht gehört wird, haben wir gemeinsam dieses Kochbuch geschaffen. Es enthält nicht etwa typische Schweizer Rezepte. Sondern viele neue Rezepte mit Schweizer Produkten. Die Rezepte sind saisonal stimmig, mischen also nichts, was im Frühling geerntet wird mit Zutaten, die erst im Herbst reifen. Also keine Spargeln mit Steinpilzen oder Erdbeeren mit Birnen. Denn jeweils eines von beiden Produkten wäre entweder nicht frisch oder käme von weither. Womit wir wieder bei den einheimischen Produkten sind. Wobei wir natürlich nicht vergessen, dass es Südfrüchte, Gewürze und ein paar Dinge mehr gibt, die unsere heimischen Lebensmittel sinnvoll ergänzen.

Alle Länder haben ihre Spezialitäten, haben ihre heimischen Nahrungsmittel, auf die sie stolz sind. Auch wir haben landwirtschaftliche Produkte, die einzigartig sind und auf die wir stolz sein können. Damit Sie diese Schweizer Erzeugnisse besser kennen lernen können, steht am Anfang eines jeden Kapitels eine Reportage, gefolgt von einer kleinen Warenkunde. Und das Kapitel Küchenlatein am Schluss des Buches schafft zusätzliche Klarheit.

In diesem Buch geht es nicht darum, irgendwelche Regeln aufzustellen, sondern Ideen zu vermitteln. Zum einen für eine ausgewogene Ernährung. Zum andern für eine einfallsreiche, abwechslungsreiche und genussreiche Küche. Für mehr Spass am Essen. Und damit für mehr Lebensfreude.

Jürg Schletti, Präsident der Agro-Marketing Suisse

Inhalt

Kapitel 1 **Gemüse** Seite 6–37

Kapitel 2 **Rapsöl** Seite 38–45

Kapitel 3 **Eier** Seite 46–61

Kapitel 4 **Milch & Co** Seite 62–97

Kapitel 5	**Kartoffeln** Seite 98–117		Kapitel 9	**Geflügel** Seite 192–215
Kapitel 6	**Fleisch** Seite 118–169		Kapitel 10	**Käse** Seite 216–237
Kapitel 7	**Wein** Seite 170–177		Kapitel 11	**Getreide & Brot** Seite 238–253
Kapitel 8	**Pilze** Seite 178–191		Kapitel 12	**Obst & Beeren** Seite 254–279
				Küchenlatein Seite 280–283

Gemüse

Der Hausfrau soll es nicht an Kohl
noch an Rüben oder sonst einem Gemüse
ermangeln.

(Goethe: Wilhelm Meisters Lehr- und Wanderjahre)

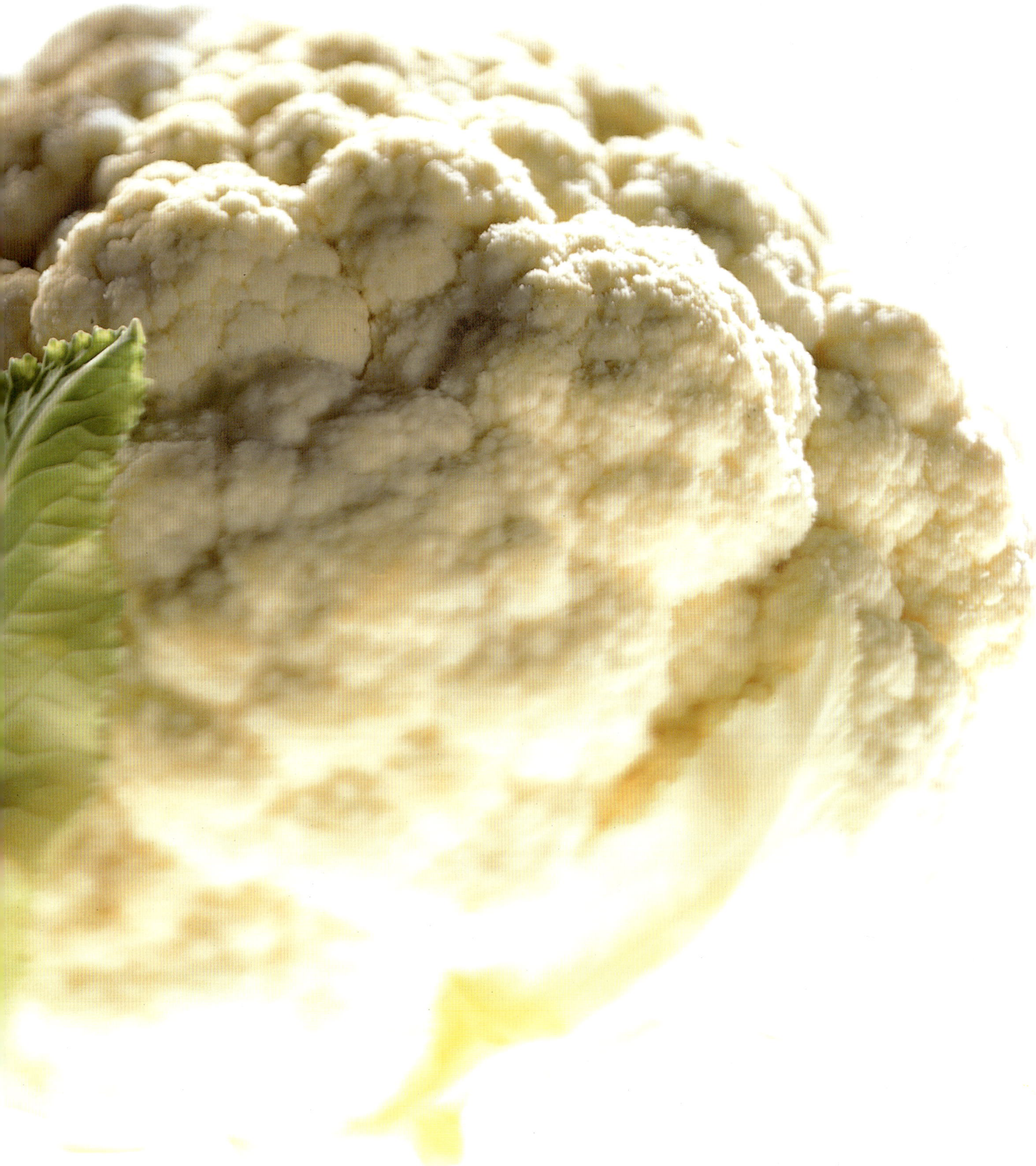

8 Gemüse

Fruchtbare Ebene mit Silberstreifen

Wenn die Hochsaison für Tomaten einsetzt, beginnt die grosse Zeit der einheimischen Produzenten, zum Beispiel jener in der Magadino-Ebene. Dank Anbau unter Glas und Folie, der vor 15 Jahren begann und seit zehn Jahren boomt, beginnt die Saison früher als im offenen Anbau. Und endet später. Zum Vorteil jener Konsumenten, die auf einheimische Frischware setzen.

«Ich habe das von Kindesbeinen an gemacht», sagt Renato Oberti. Und damit meint er, dass er in einer Gemüsebauern-Familie aufgewachsen ist. Sein Vater bewirtschaftet eigene Felder im Mendrisiotto. Und er selbst hat sich vor fünf Jahren in der Magadino, der weiten Ebene zwischen Bellinzona und Locarno, angesiedelt und bewirtschaftet dort ebenfalls eigenes Land.

Die Obertis haben sich auf Fruchtgemüse spezialisiert: Vor allem Zucchetti und andere Gemüsekürbisse sowie Auberginen und Gurken. Doch den Löwenanteil machen die Tomaten aus, die in Gewächshäusern und Tunnels gezogen werden. Dabei setzt Renato Oberti auf Vielfalt. Neben den Fleischtomaten wachsen bei ihm die in den letzten Jahren immer beliebter gewordenen Ramato in Trauben, die länglichen San Marzano und die kleinen Cherry.

Weil Renato Oberti seine Tomaten nicht nur im Tunnel kultiviert, sondern auch in beheizten Glashäusern, kann er seine Saison früh starten, meistens im Februar oder März. In hochsommerlichen Spitzenzeiten erntet er dann bis zu 200 Zentner pro Woche. Wann die Saison endet, hängt von vielen Faktoren ab. Einer ist das Wetter. Ein anderer der Preis. Dann nämlich, wenn er so tief ist, dass sich das Pflücken nicht mehr lohnt. Normalerweise ist im September Schluss mit Tomaten von Tessiner Gemüsebauern.

< **Dank Anbau unter Folie dauert die Erntezeit vom Frühling bis in den September.**

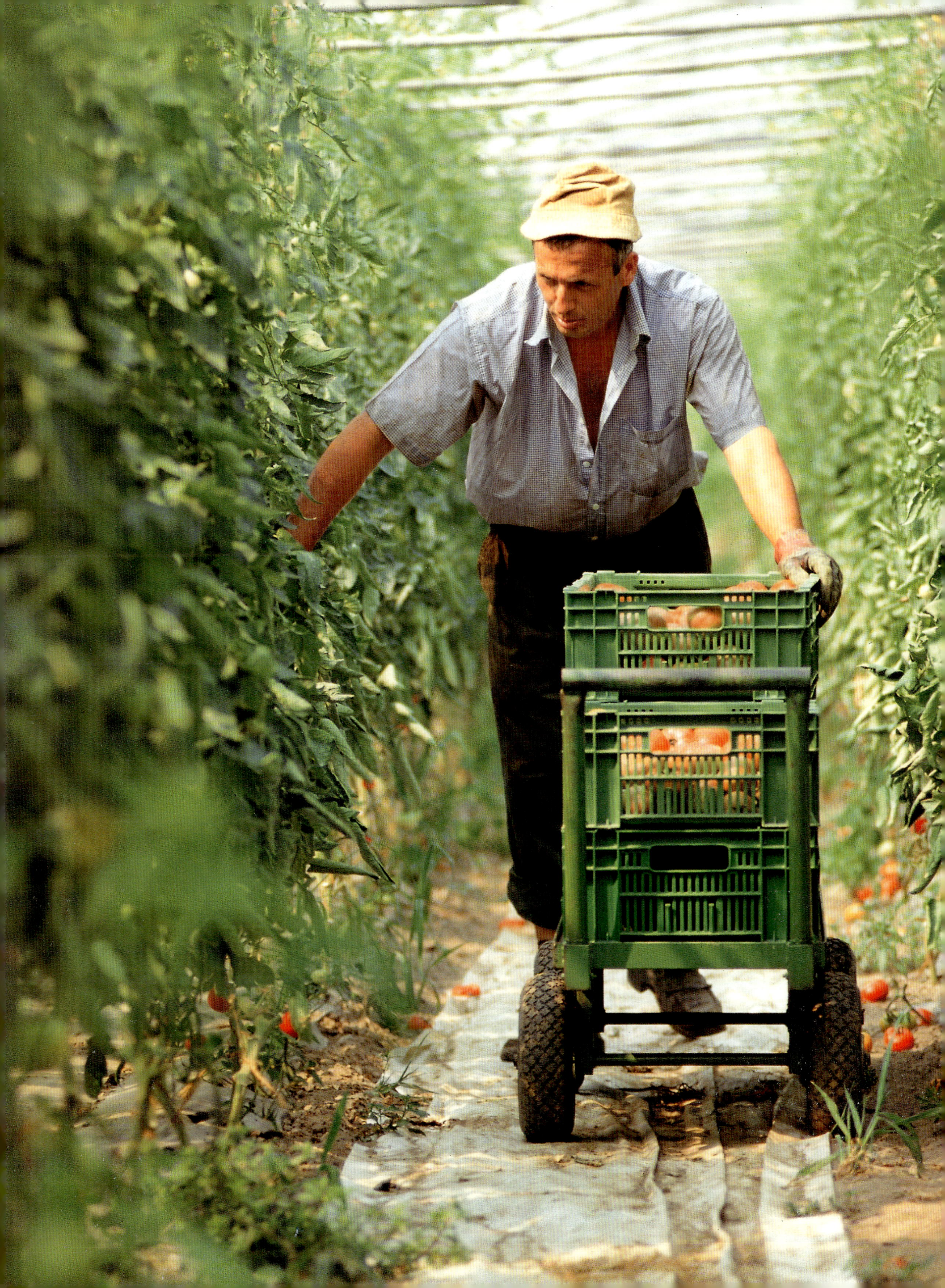

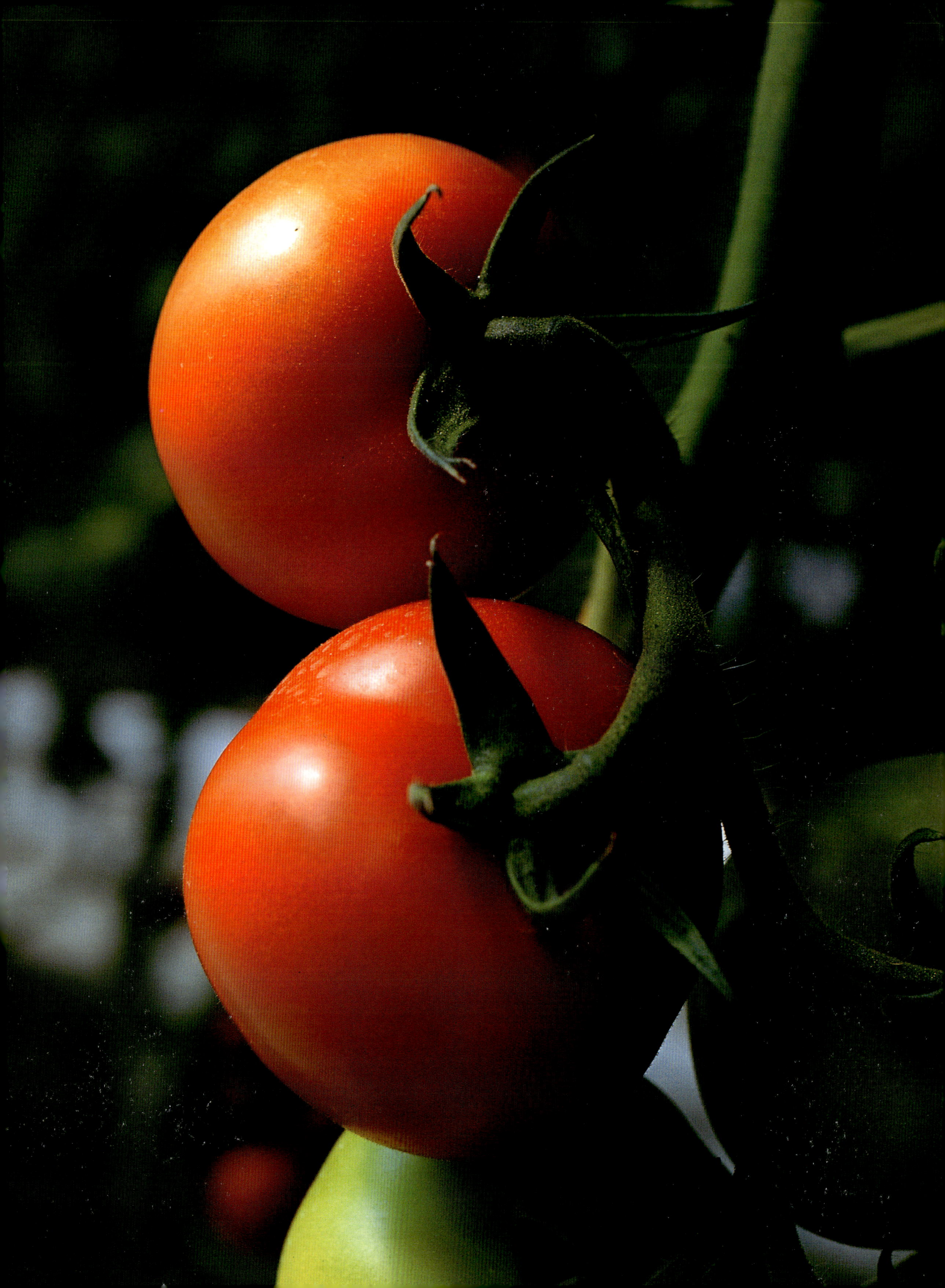

**Vor mehr als 60 Jahren schlossen sich
die Tessiner Gemüsebauern zusammen**

Was Renato Oberti und seine Kollegen in der Magadino-Ebene ernten, liefern sie in einem grossen roten Industrie-Gebäude beim Bahnhof von Cadenazzo ab. FOFT steht in grossen weissen Buchstaben an der Stirnseite. Das ist das Kürzel für die «Federazione Ortofrutticola Ticinese». Das ist eine Kooperative, die 1937 von den Tessiner Gemüsebauern gegründet wurde. Und zwar mit dem Ziel, das Tessiner Gemüse nicht nur im eigenen Kanton, sondern auch auf der Alpennordseite besser, das heisst gemeinsam, zu vermarkten. Der Kanton gab Starthilfe und hat heute noch Sitz und Stimme im Führungsgremium.

Im grossen roten Gebäude wird das Gemüse gesammelt, sortiert, taxiert, verpackt und auf den Weg zu den Grossisten, Grossverteilern und Detaillisten sowie in die weiterverarbeitenden Fabriken gebracht. Früher gab es im Tessin fünf solcher Sammelstellen. Heute sind es dank verbesserter Infrastruktur noch zwei: die in Cadenazzo für das Sopraceneri und eine in Mendrisio für das Sottoceneri.

Glauco Martinetti, Direktor der FOFT, nennt ein paar Zahlen, welche die Entwicklung aufzeigen: 1950 hatte die FOFT noch 1000 Mitglieder. Dabei handelte es sich zumeist um Familien, die hauptsächlich für den eigenen Bedarf anbauten. Viele pflanzten nur zwischen den Zeilen ihrer Rebstöcke etwas an, und nur das, was sie nicht selbst verbrauchten, gaben sie an die Kooperative weiter.

> In Spitzenzeiten erntet man bei den Obertis
> 200 Zentner Tomaten in einer Woche.

12   Gemüse

Die idyllischen Zeiten sind längst vorbei
Heute hat die FOFT noch gerade 163 Mitglieder, davon ist aber nur die Hälfte aktiv im Geschäft, also leistungsfähig genug, um im harten Wettbewerb mitzuhalten. Auf längere Sicht dürfte sich diese Zahl noch einmal halbieren. Das müsse man, so Martinetti, ganz realistisch sehen.

8000 bis 9000 Tonnen Gemüse ernten die Tessiner pro Jahr. Sie produzieren dank ihrer bevorzugten klimatischen Lage während des ganzen Jahres die unterschiedlichsten Sorten, wozu schon immer ein paar Primeurs wie Frühkartoffeln und Frühlingszwiebeln gehörten. Salat und Kräuter mitgerechnet vermarktet die FOFT 60 Artikel. Allerdings machen die Tomaten die Hälfte der Produktion aus. 80 % des Jahresumsatzes von rund 18 Millionen Franken werden in den vier Monaten von Mai bis August erwirtschaftet.

Die beste Zeit für Tomaten vom offenen Feld ist Ende Juli, Anfang August. Genau dann aber beginnt die Nachfrage bereits wieder zu sinken. Dann haben sich Herr und Frau Schweizer bereits an Import-Tomaten so sattgegessen, dass das Interesse an heimischer Ware rapide sinkt. Ein ganz ähnliches Phänomen kennt man früher im Jahr, bei den Spargeln, weshalb im Tessin praktisch keine mehr angebaut werden.

Als der FOFT-Direktor in einem Radio-Interview gefragt wurde, welches für ihn die idealen Konsumentinnen und Konsumenten wären, antwortete er, das seien jene, die mit den Jahreszeiten leben. Denn wenn das alle so hielten, könne man sich die ganzen Investitionen in Glas und Folie sparen.

Glauco Martinetti würde auch gern viel mehr Bio-Ware verkaufen. Denn die Nachfrage ist da. Die wenigen Bauern jedoch, die auf Bio umgestellt haben, brauchen die FOFT nicht. Ihnen wird das Gemüse schon auf dem Hof aus den Händen gerissen. Dazu kommt, dass immer noch viele Tessiner selbst einen kleinen Gemüsegarten halten und ihn so behandeln, wie sie das immer gemacht haben.

Bleibt die berechtigte Hoffnung, dass sich der Bio-Gedanke südlich der Alpen mit der Zeit ebenso stark durchsetzt wie im Norden. Dort stammt viel mehr Gemüse aus biologischem Anbau oder integrierter Produktion.

> **Bei der FOFT werden die Tomaten angeliefert, sortiert, verpackt und auf den Weg in die ganze Schweiz gebracht.**

13   Gemüse

Einfallsreiche und risikofreudige Schweizer Gemüsebauern

Die Zuckermelone stammt zwar aus dem Süden, aber eine Südfrucht ist sie nicht. Laut Lebensmittelverordnung ist sie ein Gemüse wie ihr Verwandter, der Kürbis. Im Zürcher Weinland, im Klettgau und im Rafzerfeld sind ein paar Bauernfamilien auf dieses Gemüse gekommen. Zwei Jahre hat man die domestizierten Charantais- und Netzmelonen getestet. Sie wurden von den Verbrauchern für gut befunden und daraufhin im grossen Stil angebaut.

Für die Ansiedlung der Melone in der Ostschweiz spricht vor allem, dass sie viel reifer geerntet werden kann als jene, die von weither transportiert werden müssen. Und so wird man jeweils bis Anfang September «Melonen aus dem Rafzerfeld» kaufen können. Das Erfreuliche: sie können nicht nur im Geschmack mit den Importen mithalten, sondern auch im Preis. Und das, obgleich sowohl die Investitionen als auch der Arbeitsaufwand hoch sind.

Eine kleine Warenkunde

Schweizer Gemüse ist ein zeitgemässes, gesundes und unverfälschtes Naturprodukt. In der Schweiz werden über hundert Gemüsearten zu den landwirtschaftlichen Erzeugnissen gezählt. Die Anbaugebiete befinden sich im gesamten Schweizer Mittelland zwischen Bodensee und Genfersee, zudem im Wallis und im Tessin.

1 Rüebli – Karotte **2** Pastinake **3** Pfälzer **4** Schwarzwurzeln

Sorten
Wurzelgemüse: Karotten, Pastinaken, Schwarzwurzeln
Knollengemüse: Rettich, Meerrettich, Topinambur, Knollensellerie, Radieschen
Zwiebeln: Lauch, Schalotten und alle Zwiebelarten
Stängel: Kohlrabi, Spargel
Blattstiele: Fenchel, Krautstiel, Stangensellerie, Rhabarber
Blätter: Spinat, alle Kohl- und Blattsalatarten
Blütenstände: Artischocke, Blumenkohl, Broccoli
Samen: Kefen, Erbsen, Bohnen
Fruchtgemüse: Tomaten, Auberginen, Peperoni, Gurken, Zucchetti, alle Kürbisse, Melonen, Zuckermais
Keime und Sprossen: Aus Samenkörnern von Hülsenfrüchten und Getreide wie auch von Kürbis, Rettich, Senf, Kresse, Zwiebeln, Alfalfa/Luzerne, Rucola und Soja

Und ausserdem
Minigemüse: Werden unausgewachsen geerntet, sind besonders fein und zart. Zum Beispiel Miniaubergine, Minigurken, Minimais, Minirübchen, Minibroccoli.
Wildgemüse: Bärlauch, Gänseblümchen, Brennnessel, Hopfen, Löwenzahn, Schlüsselblume, Huflattich, Schafgarbe. (Werden heute nur noch selten gesammelt.)

1 Topinambur 2 Knollensellerie 3 Rettich/Bierrettich
4 Herbstrübe/Rübe 5 Rande 6 Bodenkohlrabi 7 Radieschen

1 Bundzwiebel (Frühlingszwiebel)
2 rote Zwiebel 3 Perlzwiebeln 4 grüner Lauch
5 Schalotten 6 Knoblauch 7 weisse Zwiebel

Verwendung

Gemüse ist vielseitig verwendbar. Es kann frisch oder konserviert zu rohen oder gekochten Gerichten verarbeitet werden. Es ist mit seinen vielen Vitaminen, Mineralsalzen und Faserstoffen ein wichtiges Nahrungsmittel. Darüber hinaus hat es auf Grund seiner Farben- und Formenvielfalt durchaus auch einen dekorativen Aspekt.

Nährwert

Gemüse sind auf Grund ihrer Vielfalt, was den Nährwert und die Inhaltsstoffe betrifft, sehr unterschiedlich. Da hilft nur ein Blick auf eine entsprechende Nährwert-Tabelle.

Einkauf

Schweizer Gemüse wird fast ausschliesslich in kontrollierten IP- oder Bio-Betrieben (mit entsprechenden Pflichtenheften) produziert. Hors-Sol- und Gewächshausprodukte müssen gekennzeichnet werden. Wer Schweizer Gemüse während der jeweiligen Saison einkauft, profitiert von Frische, optimalem Gehalt an Vitaminen und Mineralien. Und vom günstigen Preis.

Lagerung

Gemüse kann kühl und bei hoher relativer Luftfeuchtigkeit (75–90 %) gut aufbewahrt werden. Dabei ist stauende Nässe zu vermeiden und das Lagergut in luftdurchlässigen Säcken oder gut abgedeckt aufzubewahren. Die beste Methode, Gemüse möglichst nährstoffschonend zu konservieren, ist das Tiefgefrieren. Dabei sollte das Gemüse immer blanchiert werden (Wasser genügend salzen zur Erhaltung des Chlorophylls). Das Gemüse sofort im eiskalten Wasser abschrecken und in geeigneter Verpackung einfrieren.

Zubereitung

Gemüse unzerkleinert gründlich waschen, knackig und schonend zubereiten. So bleiben Farbe, Form und Nährwert besser erhalten. Langes Kochen, Dämpfen oder Warmhalten und grosse Hitze zerstören die Vitamine und Mineralstoffe. Zur Zubereitung gehören auch verschiedene Schnittarten (siehe im Kapitel «Küchenlatein», Seite 282).

1 Kohlrabi 2 grüner Spargel

1 Stangensellerie 2 Rhabarber 3 Fenchel 4 Krautstiel

1 Kefen 2 Borlotti-Bohnen 3 Schmalzbohnen/
Landfrauenbohnen 4 Stangenbohnen
5 Wachsbohnen/Butterbohnen

1 Patisson 2 Mini-Patisson 3 Peperoni 4 Zucchetti mit Blüte
5 Cherry-Tomaten 6 Tomaten 7 Aubergine 8 Rondini
9 Salatgurke Freiland 10 Melone 11 Kürbis

17 Gemüse

1 Weisskohl **2** Federkohl **3** Rosenkohl **4** Chicorée **5** Wirz
6 Frisée **7** Spinat **8** Rotkohl **9** Lattich **10** Cicorino rosso

1 Romanesco **2** Blumenkohl **3** Mini-Blumenkohl **4** Broccoli

Sprossen: **1** Zwiebel **2** Weizen **3** Rettich
4 Linsen **5** Kichererbsen **6** Violette/Rotkraut

18 Gemüse

Gemüseterrine
mit Kräuter-Vinaigrette

1. Aubergine und Zucchetti längs in 5 mm dünne Scheiben schneiden.
2. Gemüse auf zwei mit Backpapier belegten Blechen ausbreiten, mit Bratcreme bepinseln, leicht mit Salz und Pfeffer würzen und im auf 220 °C vorgeheizten Ofen ca. 20 Minuten garen.
3. Tomaten in Stücke schneiden, fein pürieren und mit Knoblauch und Basilikum aufkochen. 10 Minuten ziehen lassen, durch ein feines Sieb passieren, mit Zucker, Salz und Pfeffer abschmecken.
4. Gelatine gut ausdrücken und unter Rühren im heissen Tomatenpüree (3 dl) auflösen.
5. Das Gemüse mit flüssigem Tomatenpüree lagenweise in die mit Klarsichtfolie ausgelegte Terrinenform schichten. Auskühlen lassen und mindestens 4 Stunden kalt stellen.
6. Alle Zutaten für die Kräuter-Vinaigrette verrühren und mit Salz und Pfeffer würzen.
7. Die Terrine in Scheiben schneiden und mit Kräuter-Vinaigrette anrichten. Mit Basilikum garnieren.

Eine leichte Vorspeise für 8 Personen

Für eine Terrinenform von 1 l Inhalt
Klarsichtfolie für die Form

1 lange Aubergine à 300 g
3 grosse Zucchetti à 250 g
Bratbutter oder Bratcreme zum Bepinseln
Salz, Pfeffer aus der Mühle
350 g reife Tomaten
1 Knoblauchzehe, gepresst
1 Bund Basilikum
1 Prise Zucker
7 Blatt Gelatine,
in kaltem Wasser eingeweicht

Vinaigrette:
2 Knoblauchzehen, gepresst
½ TL flüssiger Honig
4 EL Apfelessig, 8 EL Rapsöl
2 Bund Schnittlauch, grob geschnitten
2 EL kleine Oreganoblättchen
Salz und Pfeffer

Basilikum zum Garnieren

Randen-Mascarpone-Mousse

Eine Vorspeise für 4 Personen

1 kleine Rande à ca. 100 g,
gekocht, geschält
1 Knoblauchzehe, gepresst
Salz, Pfeffer aus der Mühle
2 Blatt Gelatine,
in kaltem Wasser eingeweicht
100 g Mascarpone
1,8 dl Rahm, geschlagen

Sauce:
2 EL Apfelessig
Salz, Pfeffer aus der Mühle
4 EL Rapsöl

1 Rande, gekocht, in 12 feine Scheiben geschnitten

1 kleine Rande, roh, geschält und in feine Streifen geschnitten
1 Handvoll Nüsslisalat, gerüstet

1. Randen klein schneiden und mit Knoblauch, Salz und Pfeffer im Cutter pürieren.
2. Die Gelatine mit 1 EL Wasser im Wasserbad auflösen und unter ständigem Rühren zur Randenmasse geben.
3. Mascarpone zufügen und nochmals kurz pürieren. Den Rahm vorsichtig unterheben, abschmecken, kalt stellen und fest werden lassen.
4. Für die Sauce Essig, Salz, Pfeffer und Öl zusammen verrühren.
5. Das Randenmousse mit einem Spritzsack zwischen die Randenscheiben füllen.
6. Die gefüllten Randenscheiben auf Tellern verteilen, mit den rohen Randenstreifen und dem Nüsslisalat garnieren und mit der Sauce beträufeln.

♉ Ein Neuenburger Œil de Perdrix.

21 Gemüse

Sommersalat
mit grüner Omelette

1. Für die Omelette die Eier verquirlen, Spinat zufügen und würzen. Die Butter in der Bratpfanne zergehen lassen und aus der Eimasse bei mässiger Hitze eine dicke Omelette backen. In zwölf Stücke schneiden.
2. Für die Sauce alle Zutaten verrühren.
3. Kopfsalat auf Tellern anrichten, mit Omelettenecken, Radiesli und Schnittlauch garnieren und mit der Sauce beträufeln.

- Anstelle von Kopfsalat kann Eisbergsalat oder Schnittsalat verwendet werden.

Eine Vorspeise für 4 Personen

4 Eier
1 Handvoll Spinatblätter,
in feine Streifen geschnitten
Salz
Butter zum sanften Braten

Sauce:
4 EL Zitronensaft
Salz, Pfeffer aus der Mühle
8 EL Rahm

1 kleiner Kopfsalat, gerüstet
8 Radiesli, geschnitten

1 Bund Schnittlauch, geschnitten

Frühlingsgemüse an Kräutersauce

1. Kohlrabi und Rüebli in der Bouillon 5 Minuten zugedeckt dämpfen, Kefen zufügen, würzen und alles zusammen knackig garen.
2. Für die Sauce 0,5 dl der Kochflüssigkeit vom Gemüse aufkochen, Halbrahm und Frischkäse zufügen, mixen und nochmals aufkochen. Petersilie und Schnittlauch zugeben und abschmecken.
3. Die Sauce auf vorgewärmten Tellern anrichten und mit dem Gemüse belegen.

- Junge Kohlrabiblätter können mitgekocht und der Schnittlauch kann durch Bärlauch ersetzt werden.

Eine Vorspeise für 4 Personen

1 Kohlrabi mit Kraut, ca. 300 g, geschält, in Schnitze geschnitten
1 Bund Frühlingsrüebli, gerüstet, geschält
300 g Kefen, gerüstet

1 dl Gemüsebouillon
Salz

Sauce:
1,8 dl Halbrahm
80 g Doppelrahm-Frischkäse, z. B. Gala
2 EL Petersilie, gehackt
1 Bund Schnittlauch, geschnitten
Salz, Pfeffer aus der Mühle

Lattich-Schaumsüppchen mit Radieschen

Eine Suppe für 4 Personen

650 g Lattich
Butter zum Andünsten
2 Schalotten, fein gehackt
1 dl Weisswein
1,5 dl Gemüsebouillon
Salz
1 Prise Cayennepfeffer
1 Bund Radieschen
2,5 dl Rahm, flaumig geschlagen

1. Die Lattichblätter vom Strunk abzupfen, in feine Streifen schneiden, mit Schalotten in Butter andünsten und mit Weisswein ablöschen. Sobald der Lattich zusammengefallen ist, in ein Sieb geben und die Flüssigkeit auffangen.

2. Den Lattich im Cutter fein pürieren, zurück in die Flüssigkeit geben, mit der Gemüsebouillon verdünnen, aufkochen und mit Salz und Cayennepfeffer kräftig abschmecken.

3. Kurz vor dem Servieren das Grün der Radieschen bis auf 1 cm kürzen, die Wurzeln entfernen und die Radieschen in feine Scheiben schneiden.

4. Die Suppe nochmals wärmen, den flaumig geschlagenen Rahm unterziehen, in Suppentellern verteilen und mit Radieschenscheiben bestreuen.

Sauerkraut-Rahmsuppe mit mariniertem Trockenfleisch

Eine Suppe für 4 Personen

1 kleine Zwiebel, gehackt
Butter zum Andünsten
100 g Sauerkraut, abgetropft, geschnitten
1 kleine Kartoffel, ca. 50 g,
in Würfel geschnitten
4,5 dl Bouillon
Salz, Pfeffer

80 g Trockenfleisch, geschnitten
1 dl Weisswein

2,5 dl Rahm

Petersilie zum Garnieren

1. Die Zwiebeln in Butter andünsten, Sauerkraut und Kartoffeln zufügen und mit der Bouillon auffüllen. Würzen und 15 Minuten zugedeckt köcheln lassen.

2. Trockenfleisch in feine Streifen schneiden und im Weisswein marinieren.

3. Die Suppe pürieren. Rahm, Wein und Trockenfleisch zufügen, abschmecken.

4. In vorgewärmten Tellern anrichten und mit Petersilie garnieren.

Gebackener Kürbis mit bunter Füllung

Ein Hauptgericht für 4 Personen

**4 kleine Kürbisse à 250–300 g,
z. B. Kleine Laterne, Oranger Knirps
400 g Kartoffeln, mehlige Sorte,
z. B. Agria, Matilda, Désirée, geschält
1 rote Zwiebel, in Ringe geschnitten
3 EL Bratcreme
2 EL Majoran, fein gehackt
1 Bund glattblättrige Petersilie,
fein gehackt
Salz, Pfeffer aus der Mühle
2 Prisen Muskatnuss
100 g Gruyère, fein gewürfelt**

einige Petersilien- und Majoranzweige zum Garnieren

1. Den Kürbissen einen Deckel abschneiden und sie mit einem Kugelausstecher aushöhlen.

2. Für die Füllung die Kartoffeln in 1 cm grosse Würfel schneiden und zusammen mit Kürbiskugeln und Zwiebelringen in einer Schüssel mit Bratcreme mischen. Auf ein mit Backpapier belegtes Blech geben und im auf 200 °C vorgeheizten Ofen 20 Minuten backen.

3. Das Gemüse aus dem Ofen nehmen, mit Majoran, Petersilie, Salz, Pfeffer, Muskat würzen und mit Gruyère mischen. Die Kürbisse damit füllen und den Deckel aufsetzen.

4. Die gefüllten Kürbisse kurz vor dem Servieren im 200 °C heissen Ofen ca. 15 Minuten wärmen. Mit Kräutern garniert auf Tellern anrichten.

♇ Ein Walliser Marsanne Blanche oder ein Heida Gletscherwein.

27 Gemüse

Gebratener Cicorino rosso mit Getreide-Gnocchi

Ein Hauptgericht für 4 Personen

Getreide-Gnocchi:
100 g Getreide-Risotto oder Dinkel
Gemüsebouillon
100 g gesalzene Butter, weich
1 Ei
1 Eigelb
150 g feiner Hartweizengriess
1 Prise Muskatnuss, Pfeffer

Baumnuss-Sauce:
50 g Baumnüsse, grob gehackt, geröstet
4 EL Sbrinz, gerieben
4 EL Basilikum, fein gehackt
6 EL Rapsöl
schwarzer Pfeffer aus der Mühle

2 Cicorino rosso, à 300 g
Bratbutter oder Bratcreme zum Braten
2 TL Zucker
Salz

einige kleine Basilikumblättchen
zum Garnieren

1. Für die Gnocchi Getreide-Risotto nach Packungsanleitung in Gemüsebouillon garen, bis die gesamte Flüssigkeit eingekocht ist. Auskühlen lassen.
2. Butter sehr schaumig rühren, mit Ei, Eigelb, Hartweizengriess, Getreide-Risotto mischen und mit Muskatnuss und Pfeffer würzen. 10 Minuten quellen lassen.
3. Alle Zutaten der Baumnuss-Sauce mischen und mit Pfeffer würzen
4. Jeden Cicorino rosso in zwölf Schnitze schneiden, in Butter beidseitig 2–3 Minuten sanft braten und mit etwas Zucker, Salz und Pfeffer würzen. Zugedeckt im auf 80 °C vorgeheizten Ofen warm stellen.
5. In einer weiten Pfanne reichlich Gemüsebouillon zum Kochen bringen. Die Gnocchi-Masse von Hand zu kirschgrossen Kugeln formen und direkt in die leicht köchelnde Bouillon geben. Nach 10 Minuten die Gnocchi herausnehmen, mit Cicorino anrichten, mit Baumnuss-Sauce beträufeln und mit Basilikumblättchen garnieren.

- Der Cicorino rosso kann durch halbiert gebratenen Minilattich ersetzt werden. Dann aber keinen Zucker verwenden.

♀ Ein Blauburgunder aus der Ostschweiz.

29 Gemüse

Sellerie-Lauch-Gratin

1. Sellerie halbieren und in dünne Tranchen schneiden. Lauch längs halbieren und in feine Scheiben schneiden.
2. Sellerie und Lauch abwechslungsweise in die vorbereitete Gratinform schichten. Speckwürfeli darüberstreuen. Rahm mit Salz, Pfeffer, Muskatnuss und Knoblauch kräftig würzen, darübergiessen und mit Sbrinz bestreuen.
3. In der unteren Hälfte des auf 180 °C vorgeheizten Ofens ca. 45 Minuten backen.

- Zu dieser Beilage passen Saucisson und Salzkartoffeln.

Eine Beilage für 4 Personen

Für eine Gratinform von 26 cm Länge
Butter für die Form

1 Sellerie, ca. 300 g, gerüstet
1 Lauchstängel, ca. 250 g, gerüstet
100 g Speckwürfeli
4 dl Rahm
Salz, Pfeffer aus der Mühle
1 Prise Muskatnuss
1 Knoblauchzehe, gepresst
50 g Sbrinz, gerieben

Cannelloni mit Rotkrautfüllung und gebratenen Birnenschnitzen

1. Den Rotkohl vierteln, Strunk entfernen, in feine Streifen schneiden oder fein hobeln. Zusammen mit Zwiebeln und Knoblauch in Butter ca. 5 Minuten andämpfen. Gemüsebouillon, Birnendicksaft, Koriandersamen, Nelkenpulver zugeben und zugedeckt ca. 45 Minuten bei kleiner Hitze köcheln. Mit wenig Rotweinessig, Salz und Pfeffer abschmecken. Zum Abtropfen in ein Sieb geben, die Flüssigkeit auffangen.

2. Das Rotkraut in die Lasagneblätter wickeln. Die Cannelloni in die ausgebutterten Gratinteller legen und mit Gruyère bestreuen. Zuletzt die aufgefangene Rotkraut-Flüssigkeit angiessen und in der Mitte des auf 200 °C vorgeheizten Ofens 12–15 Minuten überbacken.

3. Die Birnen mit Schale in Schnitze schneiden, das Kerngehäuse entfernen, in Butter sanft braten und zu den Cannelloni servieren.

Ein Hauptgericht für 4 Personen

Für 4 Gratinteller
Butter für die Teller

Rotkraut:
600 g Rotkohl
2 rote Zwiebeln, fein gehackt
1 Knoblauchzehe, gepresst
Butter zum Andünsten
2 dl Gemüsebouillon
1 EL Birnendicksaft
¼ TL Koriandersamen, zerdrückt
1 Prise Gewürznelken-Pulver
1–2 EL Rotweinessig
Salz, Pfeffer aus der Mühle

16 grüne Lasagneblätter, vorgekocht
160 g Gruyère, an der Röstiraffel gerieben

2 Birnen
Butter zum sanften Braten

32 Gemüse

Bohnenkuchen mit Speck

1. Zwei Drittel des Teiges auf einer bemehlten Unterlage dünn auswallen, die ausgebutterte Form damit auslegen, mit der Gabel mehrmals einstechen und mit Paniermehl bestreuen. Für mindestens 15 Minuten kalt stellen.
2. Für die Füllung Zwiebel mit Rohessspeck in Butter sanft braten, abkühlen lassen. Die Bohnen blanchieren, in kaltem Wasser abkühlen. Bohnen abschütten, auf Küchenpapier gut abtropfen lassen und in ca. 2 cm lange Stücke schneiden. Bohnen zuerst mit Paniermehl, dann mit allen weiteren Zutaten der Füllung mischen, auf den Teigboden geben und gut andrücken. Den überstehenden Rand über die Füllung klappen und mit Eigelb bestreichen.
3. Den restlichen Teig auf einer bemehlten Unterlage dünn auswallen und den Kuchen damit decken. Mit Eigelb bestreichen und mit einer Gabel in regelmässigen Abständen einstechen.
4. Auf der untersten Rille des auf 175 °C vorgeheizten Ofens 50–60 Minuten goldbraun backen. Nach 20 Minuten kontrollieren: wird die Oberfläche zu dunkel, mit Alufolie schützen.
5. Aus dem Ofen nehmen, 10 Minuten abkühlen lassen. In Stücke schneiden und warm servieren.

♀ Ein kräftiger Dôle.

Ein Hauptgericht für 4–6 Personen

Für eine Pie- oder Springform von 22 cm ø
Butter für die Form
1 Portion Quarkblätterteig, 450 g
5 EL Paniermehl

Füllung:
1 Zwiebel, fein gehackt
150 g Rohessspeck, fein gewürfelt
Butter zum sanften Braten
500 g Bohnen, gerüstet
75 g Paniermehl
150 g Rahmquark
1 Ei
1 Eigelb
½ TL Salz, Pfeffer aus der Mühle
je eine Prise Muskatnuss und Currypulver
2 TL frisches Bohnenkraut, fein gehackt

1 Eigelb zum Bestreichen

Quarkblätterteig siehe im «Küchenlatein» Seite 281.

Wirzstrudel mit Zwiebelkompott

Ein Hauptgericht für 4 Personen

Teig:
175 g Mehl
0,5 dl Wasser
1 Ei
2 EL Rapsöl
1 Prise Salz

500 g Wirz, gerüstet
Butter zum Dünsten
100 g Rohschinken, in feine Streifen geschnitten
1 dl Bouillon
Salz, Pfeffer aus der Mühle
wenig Kümmel
1 TL Thymianblättchen

flüssige Butter oder Bratcreme zum Bestreichen

Zwiebelkompott:
2 grosse rote Zwiebeln, in Streifen geschnitten
2 EL Honig
1 dl Rotwein
Salz, Pfeffer aus der Mühle
2 EL Apfelessig

Thymian zum Garnieren

1. Alle Zutaten für den Teig in eine Schüssel geben und zu einem geschmeidigen Teig kneten. Zugedeckt ca. 1 Stunde kalt stellen.

2. Die dicken Blattrippen aus den Wirzblättern schneiden. Blätter in feine Streifen schneiden und in Butter dünsten. Rohschinken, Bouillon und Gewürze zufügen und zugedeckt ca. 15 Minuten schmoren. Abtropfen und auskühlen lassen.

3. Den Strudelteig auf bemehltem Küchentuch rechteckig auswallen und papierdünn ausziehen (ca. 40 auf 50 cm), mit Butter bestreichen.

4. Den Wirz auf dem Strudelteig verteilen, das obere Drittel frei lassen. Längsseiten einschlagen, den Strudel aufrollen und mit dem Verschluss nach unten auf ein mit Backpapier belegtes Blech legen. In der Mitte des auf 200 °C vorgeheizten Ofens 15–20 Minuten backen. Während des Backens mit flüssiger Butter bestreichen.

5. Für das Kompott die Zwiebeln mit Honig, Rotwein, Pfeffer und Salz bei kleiner Hitze weich dünsten. Mit dem Essig abschmecken.

6. Den Strudel aus dem Ofen nehmen, in Stücke schneiden, mit dem Zwiebelkompott auf Tellern anrichten und mit Thymian garnieren.

35 Gemüse

Rüebli-Tarte mit Zimtrahm

Dessert für 4 – 6 Personen

Für ein Wähenblech von 26 cm ø
Butter für das Blech
Backpapier
Hülsenfrüchte oder Fruchtsteine zum Blindbacken

Mürbeteig:
250 g Mehl
80 g Butter
100 g Zucker, 1 Prise Salz,
1 Ei, 2 EL Milch

Füllung:
500 g geschälte Rüebli
200 g Zucker
2 dl Rahm, 1,5 dl Apfelsaft
4 Eigelb, 2 Eier
1 TL Zimt

Zimtrahm:
1,8 dl Rahm, steif geschlagen
Honig, flüssig, ½ TL Zimt

1. Mehl, Butter, Zucker und Salz mit einem grossen Messer fein krümelig durchhacken. Das Ei mit Milch verrühren, beifügen und rasch zu einem Teig zusammenfügen. Zugedeckt 30 Minuten kalt stellen.

2. Den Teig auf einer bemehlten Unterlage auswallen, in das ausgebutterte Wähenblech legen, mit der Gabel mehrmals einstechen und für 15 Minuten in den Tiefkühler stellen.

3. Teigboden mit Backpapier belegen, Hülsenfrüchte darauf verteilen, im auf 200 °C vorgeheizten Ofen 10–15 Minuten goldgelb backen. Auskühlen lassen, Backpapier und Hülsenfrüchte entfernen.

4. Für die Füllung die Rüebli in feine Scheiben schneiden, im Dampf weich garen und auskühlen lassen. Rüebli, Zucker, Rahm, Apfelsaft, Eigelb, Eier und Zimt sehr fein pürieren.

5. Füllung auf dem Boden glatt streichen und in der Mitte des auf 180 °C vorgeheizten Ofens ca. 30 Minuten backen. Auskühlen lassen.

6. Rahm nach Bedarf mit Honig süssen, mit Zimt abschmecken und zur Tarte servieren.

Fritierter Rhabarber mit Honigschaum

Ein Dessert für 4 Personen

4 EL flüssiger Honig, ca. 100 g
1,8 dl Rahm

400 g Rhabarber, gerüstet
150 g Zucker
1,5 dl Wasser

Ausbackteig:
80 g Mehl
2 Eigelb
0,5 dl Weisswein
1 EL Zucker
2 Eiweiss
1 Prise Salz
2 TL Mohnsamen
5 Minzeblättchen, gehackt

Öl zum Fritieren

Puderzucker zum Bestreuen
Minzeblättchen zum Garnieren
einige Erdbeeren zum Garnieren

1. Honig und Rahm vermischen und mit dem Schneebesen flaumig schlagen, kühl stellen.

2. Rhabarber in gleichmässige Stäbchen von ca. 6 cm Länge schneiden. Zucker und Wasser aufkochen, Rhabarber zufügen, Pfanne von der Platte ziehen und zugedeckt ca. 15 Minuten ziehen lassen. Herausnehmen und auf Küchenkrepp abtropfen lassen.

3. Für den Ausbackteig das Mehl in eine Schüssel geben, Eigelb, Weisswein und Zucker zufügen und glatt rühren. Zugedeckt 30 Minuten ruhen lassen. Eiweiss mit Salz steif schlagen und mit Mohn und Minze unter den Teig heben.

4. Die Rhabarberstücke durch den Ausbackteig ziehen, im 180 °C heissen Öl fritieren und auf Küchenkrepp abtropfen lassen.

5. Rhabarber und Honigschaum auf Tellern anrichten. Mit Puderzucker bestäuben, mit Erdbeeren und Minze garnieren.

- Der Rhabarber kann auch in der Bratpfanne halbschwimmend in Öl gebacken werden.

Rapsöl

Sie atmete beglückt den Duft ein, der von den Raps- und Kleefeldern herüberkam, oder folgte dem Aufsteigen der Lerchen und zählte die Ziehbrunnen und Tröge, daran das Vieh zur Tränke ging.

(Fontane: Effi Briest)

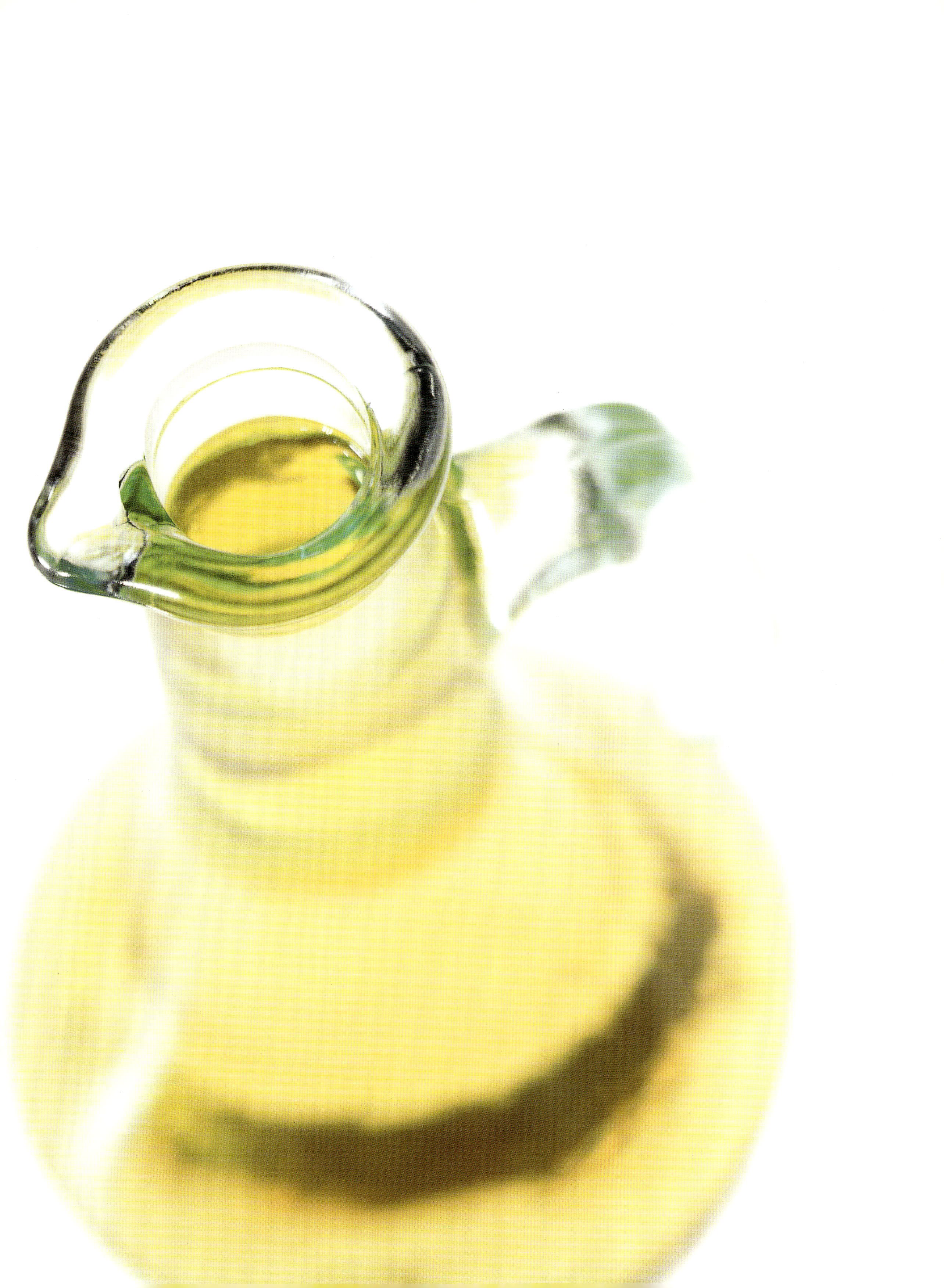

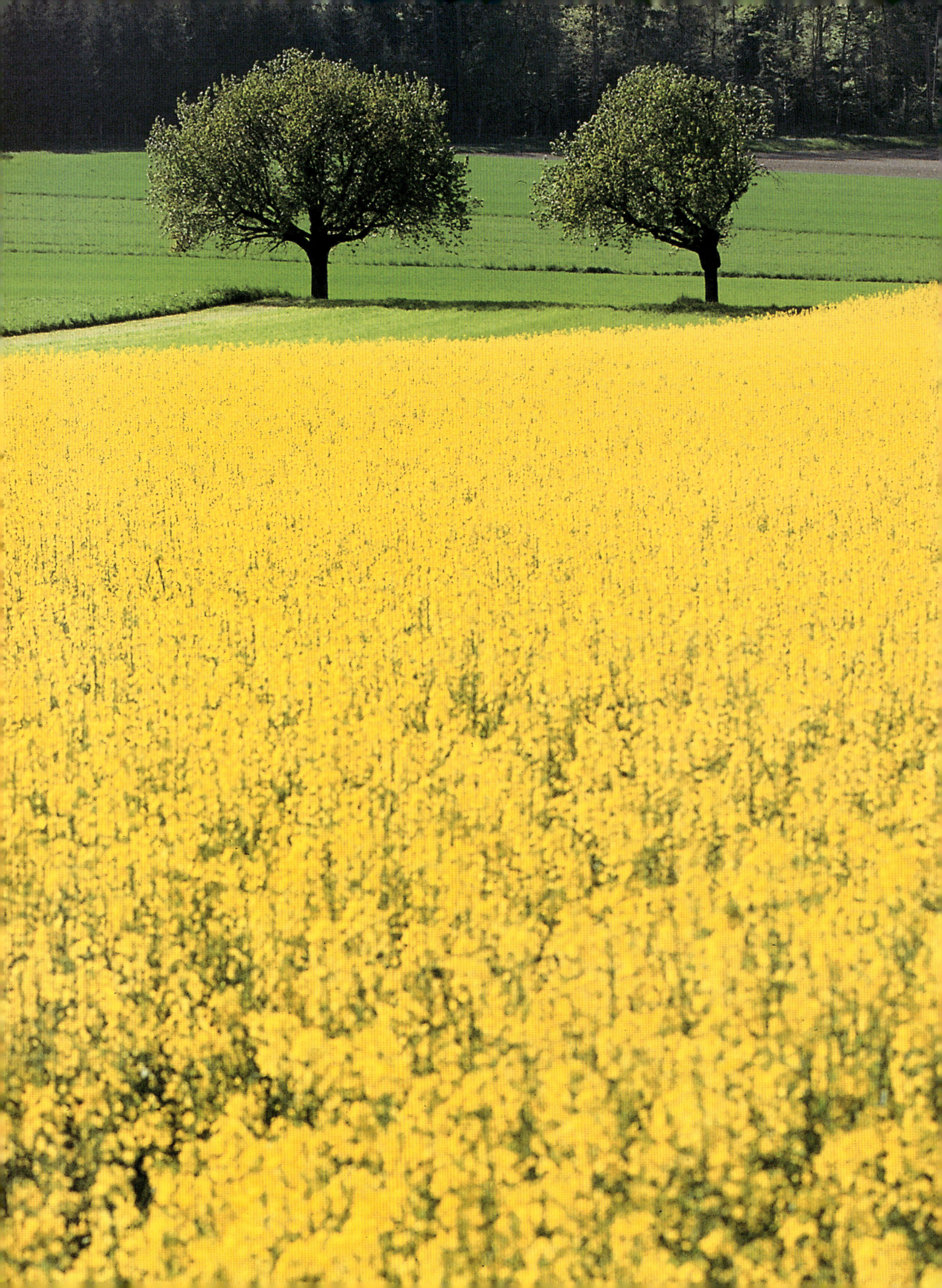

Der Ertrag der gelben Felder

Rapsöl ist das einzige Speiseöl, dessen Rohstoff allein aus der Schweiz stammt. Die im Frühsommer so prächtig blühenden Felder liefern den Samen, den hochwertigen Rohstoff, der in den Ölmühlen zu flüssigem Gold verarbeitet wird.

Drei Ölwerke gibt es in der Schweiz. Das grösste ist das der Lipton Sais in Horn, das kleinste die SABO in Manno. Dritte im Bunde ist die Ölmühle der Firma Florin in Muttenz. Sie liegt nicht zufällig an der viel befahrenen Bahnlinie Basel–Zürich: Rapssamen werden in Eisenbahnwagen angeliefert, von denen jeder 50 Tonnen fasst. Werden die Entladeklappen geöffnet, ist der Waggon in 15 Minuten direkt in den unter den Gleisen liegenden Keller entleert.

Die für die Florin bestimmten Rapsladungen können vom Bodensee oder vom Lac Léman stammen, denn überall nördlich der Alpen wird Raps angebaut. Wenn die gelben Blüten verblüht sind und sich die grauschwarzen Samen in den langen Schoten gebildet haben, wird der Raps gedroschen, ganz so, wie das auch mit Getreide geschieht. Die Samen, die so ähnlich wie Mohn aussehen, nur dass die Körner etwas grösser sind, werden von den Bauern zu einer der vielen Sammelstellen gebracht. Die der Florin nächstgelegene befindet sich im Fricktal. Je nach Bedarf wird der kostbare Rohstoff dann abgerufen und angeliefert.

Wie aus unscheinbaren Körnern goldgelbes Öl wird

Von der Kellerzelle aus wird die Saat pneumatisch, also mittels Luftdruck, in die Produktionsabteilung transportiert. Dort wird sie zuerst einmal gereinigt, die leichten Spelzen werden ausgeblasen. Nachdem die Spreu von der Saat getrennt ist, werden die Körner ins Walzwerk befördert und aufgebrochen. Die derart präparierte Saat wird in einem so genannten Toaster auf gut 100° Celsius vorgewärmt. Das dient dazu, die Rapssaat zu trocknen und sie auf die richtige Temperatur für die Pfanne zu bringen, in der sie anschliessend landet.

Dann folgt die erste Pressung, die Vorpressung. Das Ergebnis ist auf der einen Seite ein noch trübes Öl, auf der anderen ein relativ lockerer Ölkuchen, bestehend aus den

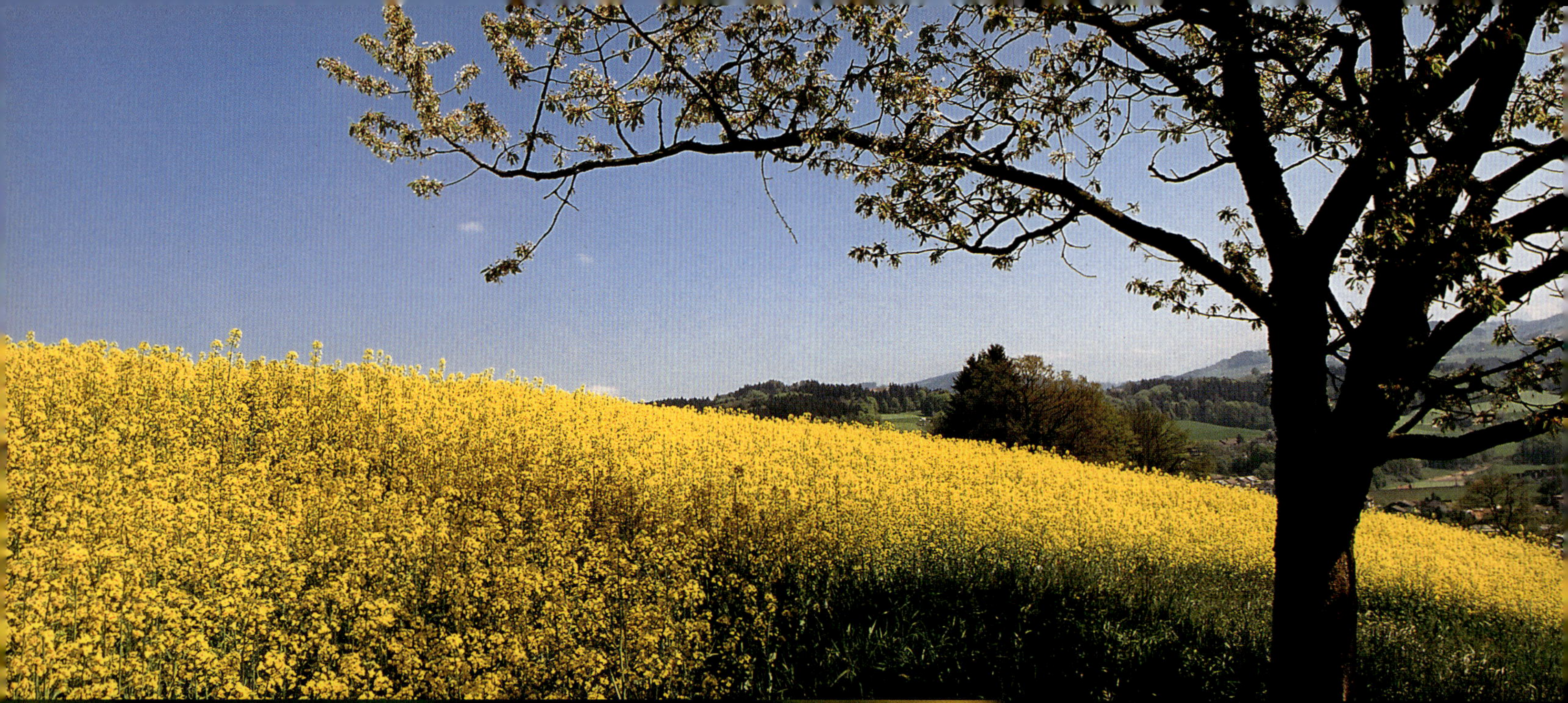

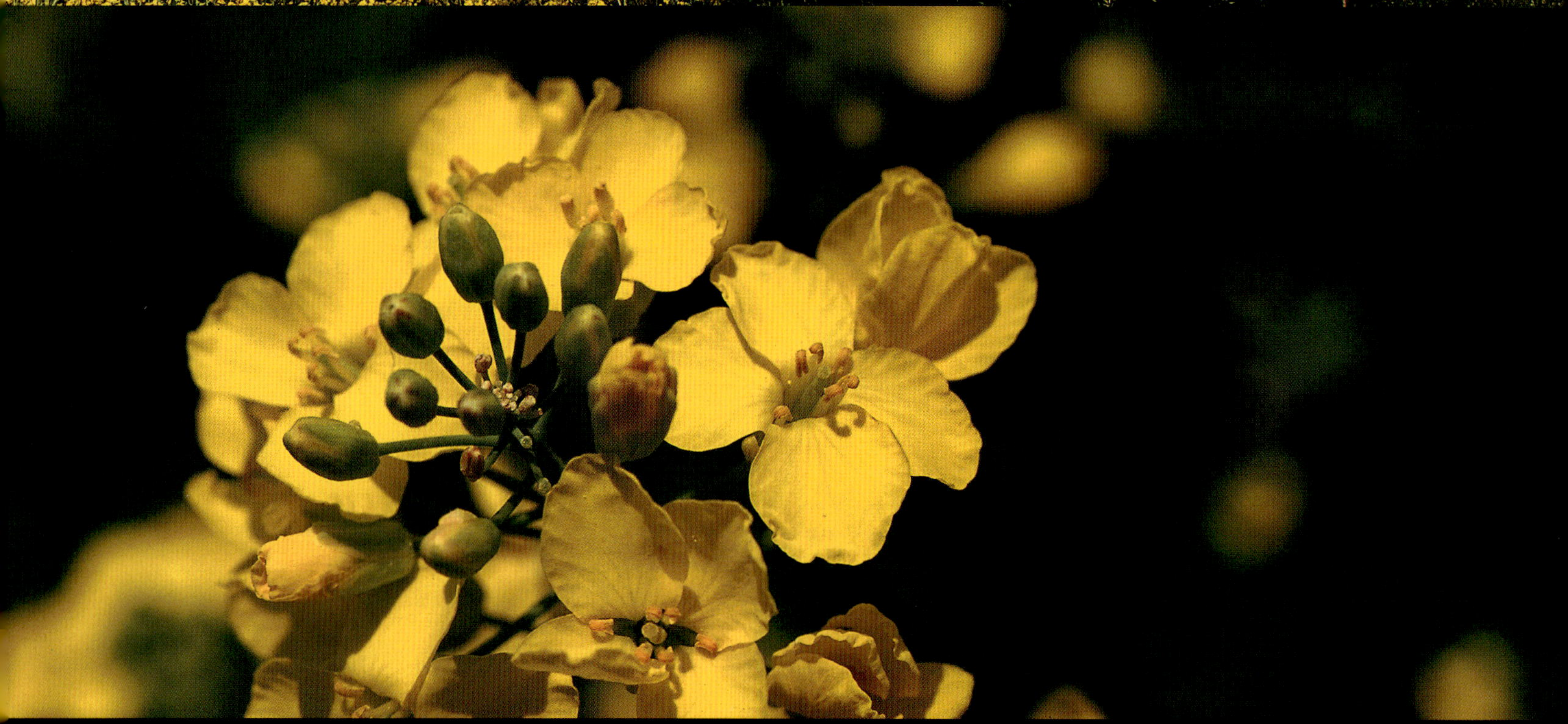

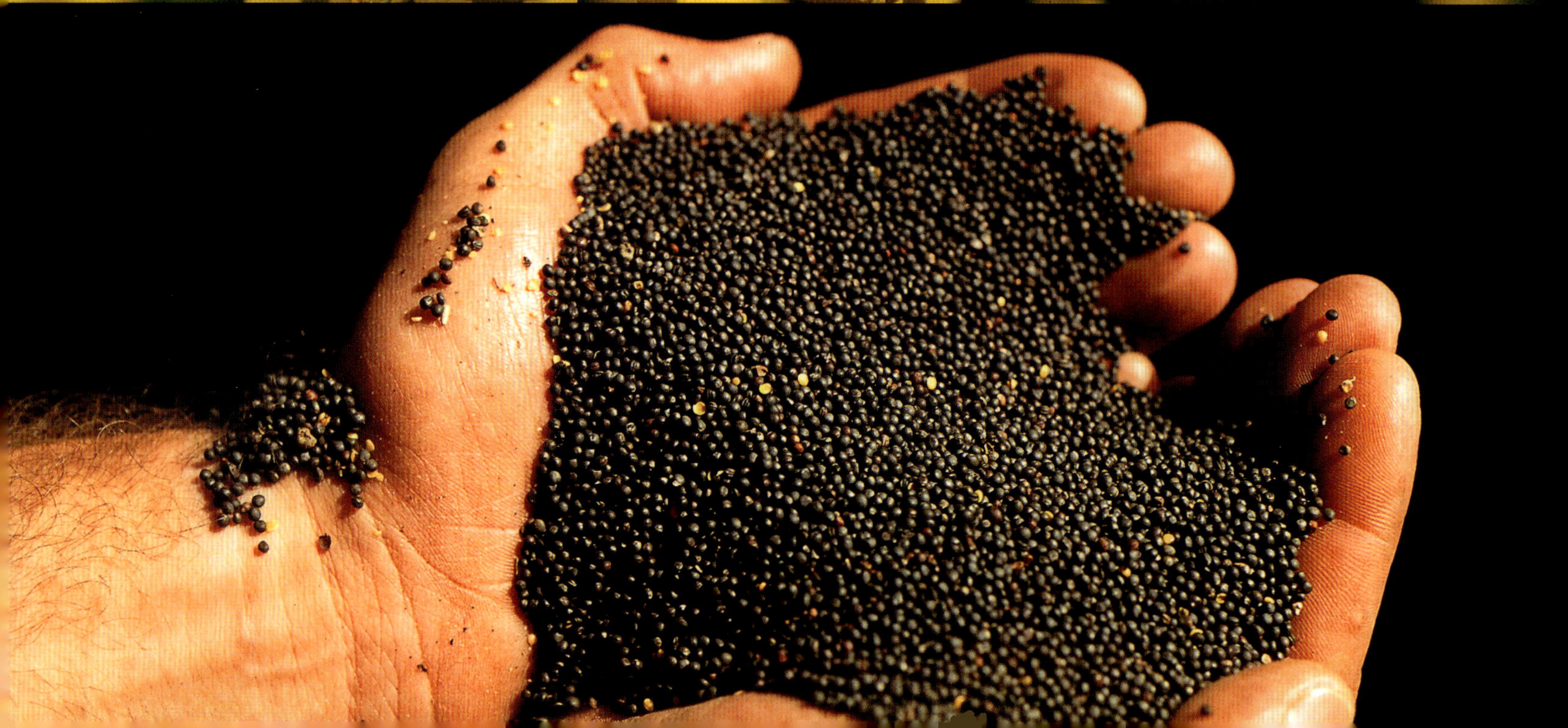

zusammengepressten Körnern. Das Öl wird gesammelt, der Kuchen zerschlagen, nochmals erwärmt und ein zweites Mal gepresst. Der Kuchen der Nachpressung ist viel härter als der erste. Auch er wird in der Schlagmühle wieder zerbrochen und anschliessend zu hochwertigem Kraftfutter verarbeitet.

Auch die zweite Pressung hat nicht alles Öl herausgeholt, vier Prozent stecken immer noch im Kuchen. Diesen Rest könnte man zwar mit chemischen Hilfsmitteln extrahieren, aber darauf verzichtet man bei Florin. In Muttenz setzt man allein auf Physik: Druck und Wärme.

Zu sehen ist von diesen Vorgängen so gut wie nichts. Denn Silos, Toaster, Pfannen, Pressen, Conditioner und die verschiedenen Tanks sind praktisch alle geschlossen. Nur die Filtrieranlage gewährt gewisse Einblicke. Darin erhält das Rapsöl den letzten Schliff, bevor es abgefüllt wird.

Für einen Lebensmittelproduzenten ist die Qualitätskontrolle erste Pflicht. Und die wird bei Florin mit modernsten Messmethoden und Laborgeräten durchgeführt. Und zwar auf allen Stufen, von der eintreffenden Saat bis zum raffinierten Öl. Die Ergebnisse werden im Computer gespeichert und können bei Bedarf blitzschnell abgerufen werden. Daneben läuft aber noch eine ganz altmodische Testmethode: die Degustation. Dafür stehen eine eigene Backstube und eine Testküche zur Verfügung. Das Öl wird aber auch pur verkostet und auf einer Skala von 5 bis 1 bewertet: 5 heisst gut, fein im Geschmack und absolut neutral. 1 wäre schlechter Geschmack, starke Ranzigkeit, ausgeprägter Fremdgeschmack. Unverändert in den Verbrauch gehen nur die Stufen 5 und 4. Die Stufen 3, 2, 1 werden nochmals gefiltert und aufbereitet oder gleich anderweitig verwertet.

Einmal abgefüllt, hält es das Schweizer Rapsöl nicht mehr lange in Muttenz. Dann macht sich der direkte Gleisanschluss zum zweiten Mal auch ökologisch bezahlt: Florin-Produkte gehen per Bahn an ihre Empfänger.

< **Aus gelben Blüten werden unscheinbare Körner.**
> **Aus unscheinbaren Körnern wird flüssiges Gold.**

Raps ist eine uralte Kulturpflanze

Der Name Raps kommt vom lateinischen Wort «rapun», was Wurzel oder Rübe heisst. Kein Wunder, denn Raps und der ihm engverwandte Rübsen (er hat etwas schwächere Stengel und kleinere Blüten) gehören wie Kohl und Rettich zur Familie der Kreuzblütler.

Die Pflanze war nicht erst den alten Römern ein Begriff: Bereits vor 4000 Jahren schätzte man sie in China und Indien als Gemüse. Am nördlichen Alpenrand hat man in bronzezeitlichen Pfahlbauresten Rübsensamen gefunden. Doch erst seit dem 17. Jahrhundert wird die Pflanze im grossen Stil auf europäischen Feldern angebaut. Heute besonders in Frankreich, Schweden, Polen und Deutschland. China und Indien sind Rapsländer geblieben, Kanada ist zu einem geworden.

< **Von der Anlieferung bis ins Labor: das einzige rein schweizerische Speiseöl.**

Eine kleine Warenkunde

Der Raps ist die ölreichste Ackerpflanze der Schweiz. Der hier vorwiegende Winterraps wird in der zweiten Augusthälfte angesät. Im Frühling tragen die starken Stengel grosse, gelbleuchtende Blüten, aus denen sich die zweifächerigen Schoten mit zahlreichen Samen entwickeln, woraus dann das bekömmliche Öl gepresst werden kann. Normale Erntezeit ist Mitte Juli.

Verwendung

Das Rapsöl wird vor allem in der kalten Küche, für Salatsaucen, Marinaden, Dipsaucen und Vorspeisen eingesetzt, kann aber auch für die warme Küche zum Braten, Dünsten, Grillieren (bis 180 °C) verwendet werden.

Nährwert

Ein massvoller Konsum von Fetten und Ölen ist unentbehrlich, denn sie sind Träger der lebenswichtigen Vitamine A, D und E sowie essenzieller, also lebenswichtiger Fettsäuren.

Rapsöl zeichnet sich durch eine äusserst ausgewogene Fettsäurenzusammensetzung aus. Es enthält gut 30 % mehrfach ungesättigte Fettsäuren, die aus 22 % Linolsäuren und 9 % vorwiegend Linolensäuren bestehen. Essenzielle Fettsäuren kann unser Organismus nicht selber aufbauen.

Einkauf

Neben dem normalen Rapsöl ist auch kalt gepresstes aus besonders umweltschonendem Extenso-Anbau erhältlich.

Lagerung

Rapsöl soll wie alle Fette und Öle vor Licht und Wärme geschützt aufbewahrt werden. Die Lagerfähigkeit beträgt sechs bis acht Monate.

Eier

Man lief und sprang um die Wette nach aufgestellten Eiern, man warf mit Eiern nach Eiern, man stiess mit Eiern gegen Eier, und wessen Ei eingeknickt wurde, der hatte verloren.
Die Kinder von ganz Gelnhausen suchten nach Eiern, welche der grosse Königliche Geheime Ober-Hofosterhase in versteckten Winkeln ins hohe Gras gelegt hatt; kurz, die Freude war allgemein.

(Brentano: Italienische Märchen)

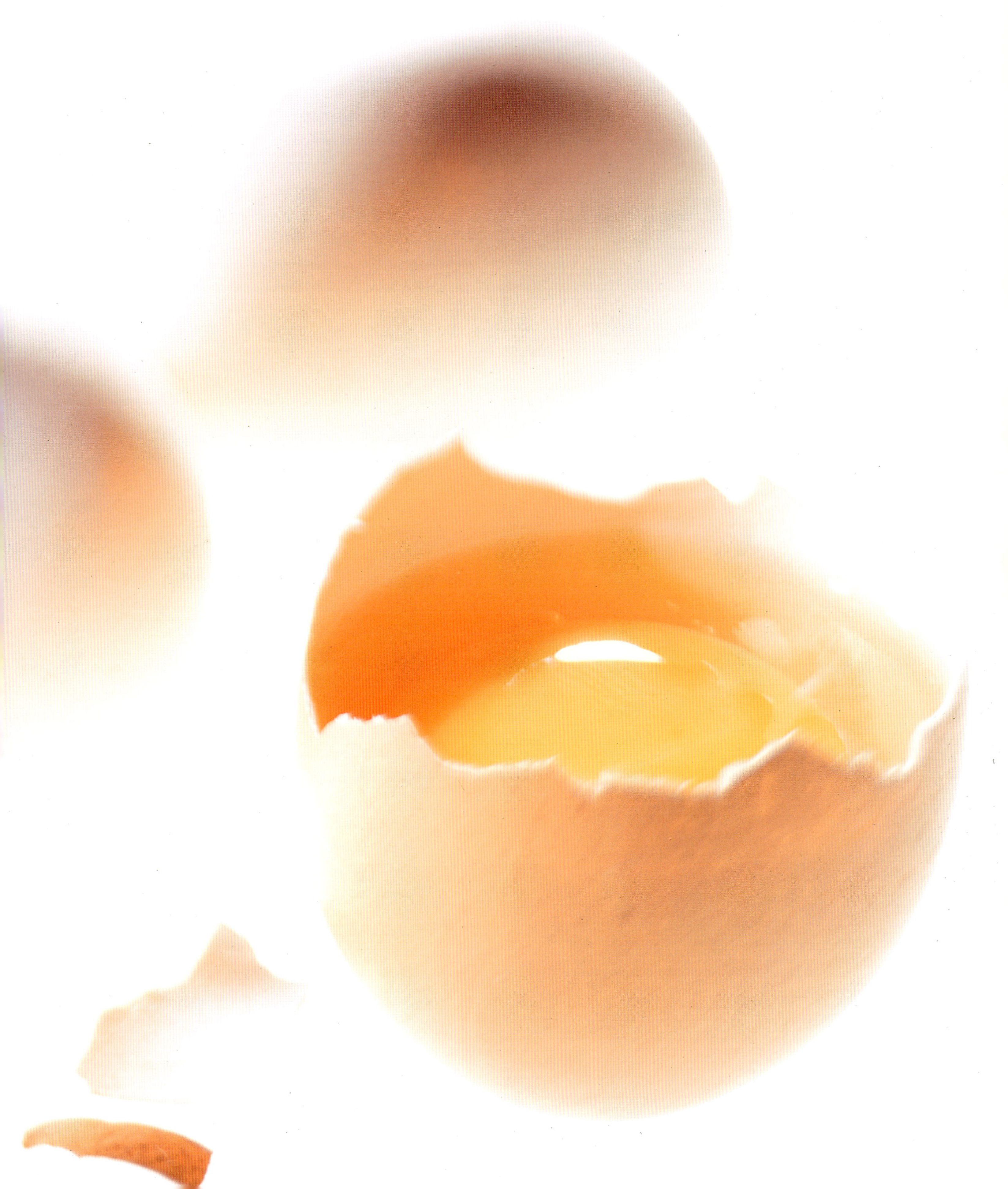

Wenn Eier sich in Schale werfen

Wenn einst ein Schuldner seinem Gläubiger die letzte Rate bezahlt hatte, bekam er von ihm als Quittung eine Unterschrift auf einem rot gefärbten Ei. Und weil das zumeist am Gründonnerstag geschah, ist das so genannte Antlass- also Entlassungsei eine Ur-Form des Ostereis.

Moderne Ostereier haben ausser dem Zeitpunkt ihres Erscheinens mit diesem alten Brauch natürlich nichts mehr zu tun. Zudem gibt es heute sehr unterschiedliche Arten, Eier zu färben und zu verzieren. Entweder man färbt die Eier «en famille» mit Lebensmittelfarben oder mit natürlichen Farbgebern wie Zwiebelschalen, Rotholz, Tagetesblüten und Kaffee. Oder man kauft die gekochten und gefärbten Eier fertig ein. Ob so oder so: Das Färben macht die Eier haltbarer weil es die Eierschalen luftdichter abschliesst.

Eier vom Hightech-Osterhasen

Die sicher aktuellste Eierkoch- und -färbeanlage des Landes steht in Bern. Die eingangs kontrollierten und in drei Grössenklassen eingeteilten Eier wandern durch 60-°C-Vorwärmbecken sowie 90-°C-Dampfkammern und werden anschliessend kalt abgeschreckt. Danach kommen sie – von innen nachgeheizt – zur Spritzanlage, wo sie Stück für Stück auf Dreibeine gestellt, gedreht und besprüht werden. Dafür werden nur Lebensmittelfarben verwendet, und als Spezialität für Auslauf-Haltungseier wurden natürliche Erdfarben entwickelt. Ausserdem kann nicht nur uni, sondern auch in Multicolor gespritzt werden. In Spitzenzeiten können so bis zu 18 000 Eier pro Stunde gekocht, gefärbt und verkaufsfertig abgepackt werden. Die farbigen Eier können zusätzlich mit Motiven bedruckt werden.

Nur schade, dass sich die Hühner in ihren Legegewohnheiten nicht darauf einrichten, dass sich die Nachfrage nach Ostereiern auf zwei Monate konzentriert. Während ihrer besten Zeit zwischen der 30. und 44. Lebenswoche legen sie bis zu sieben Mal die Woche ein Ei, unbeirrt von der Nachfrage.

So müssen die für die diffizile Koch- und Spritzarbeit eigens konstruierten Anlagen das ganze Jahr arbeiten. Das natürlich auch, um sich bezahlt zu machen. Darum wurde das farbige Picknick-Ei erfunden. Die kunterbunten Dinger

< **Nur Hennen mit roten Ohrläppchen legen braune Eier.**
> **In der modernsten Anlage der Schweiz können bis zu 18 000 Eier pro Stunde geprüft, sortiert, gekocht, gefärbt und abgepackt werden.**

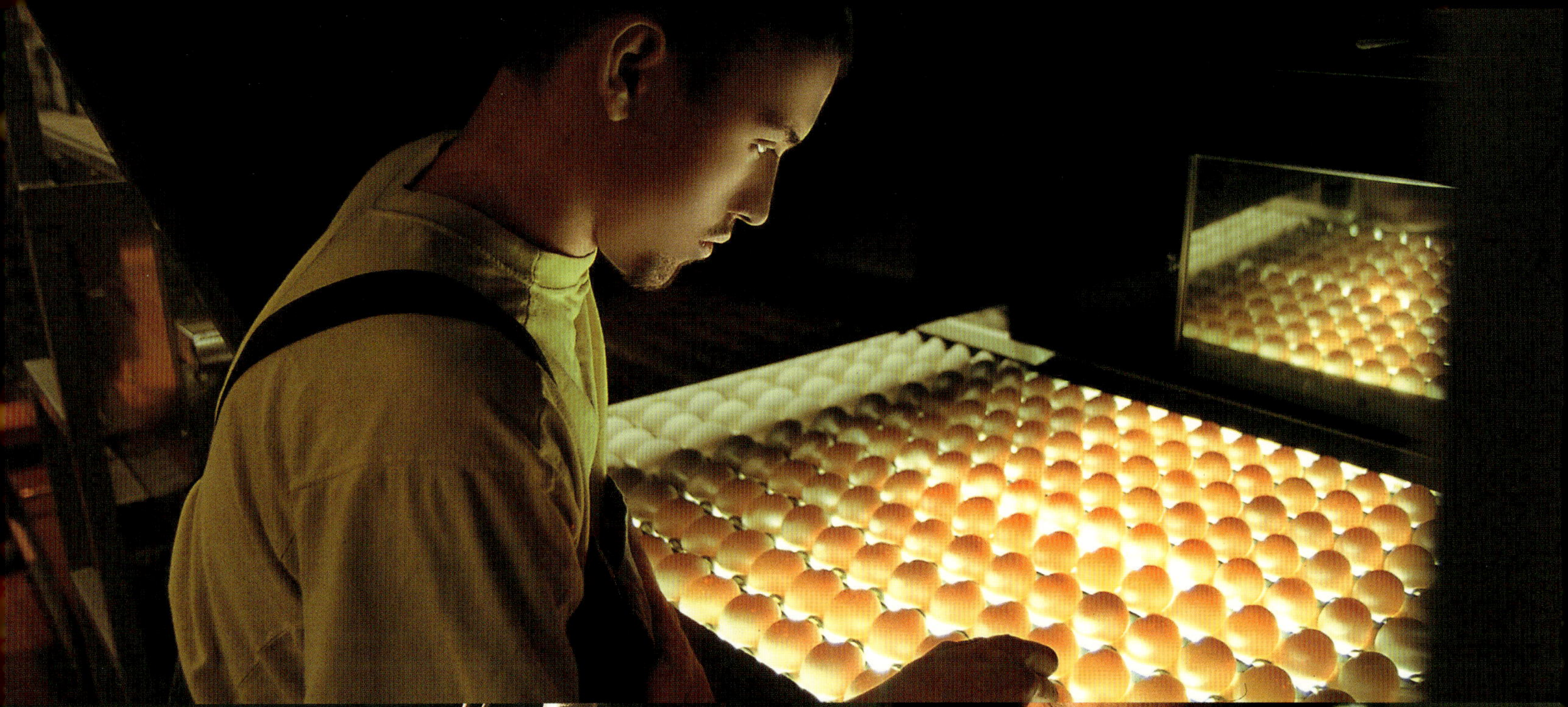
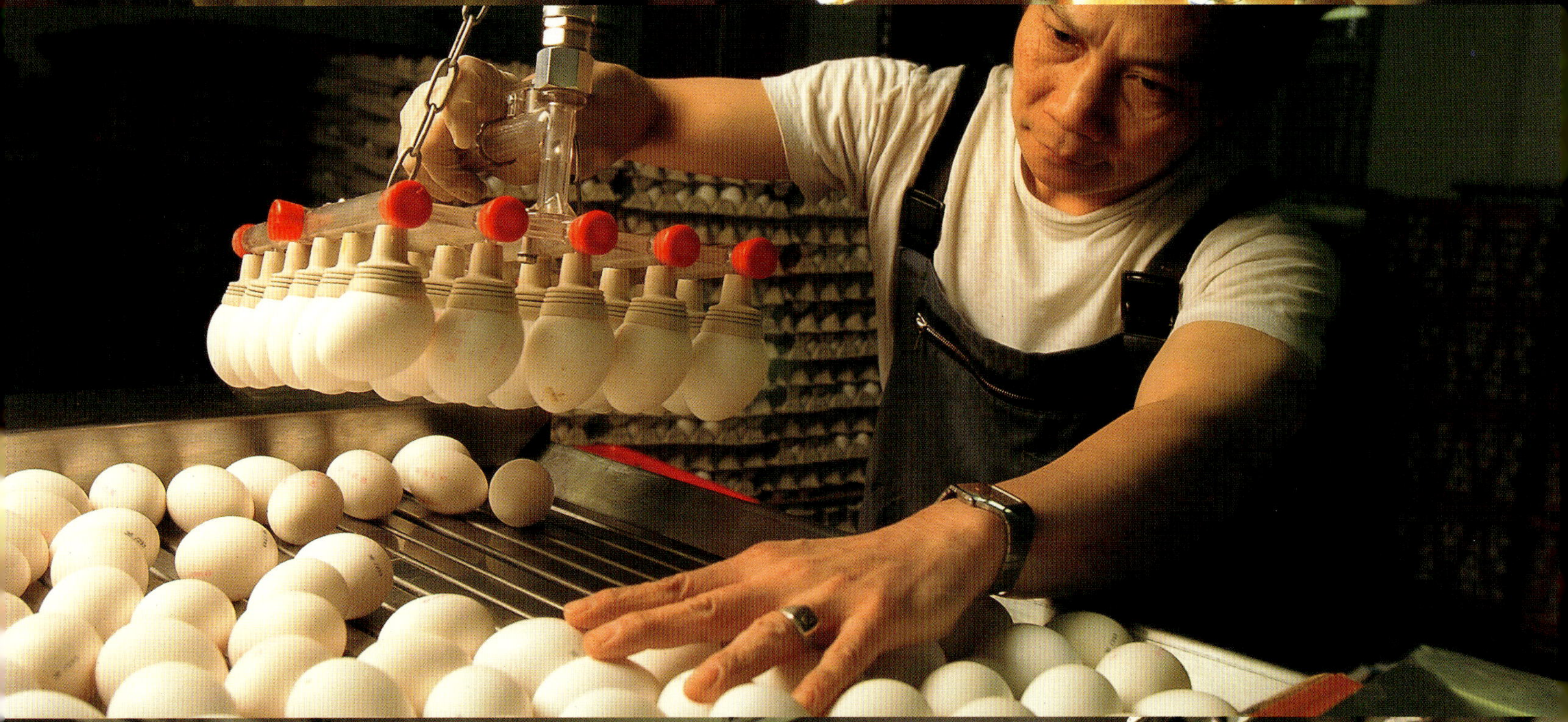
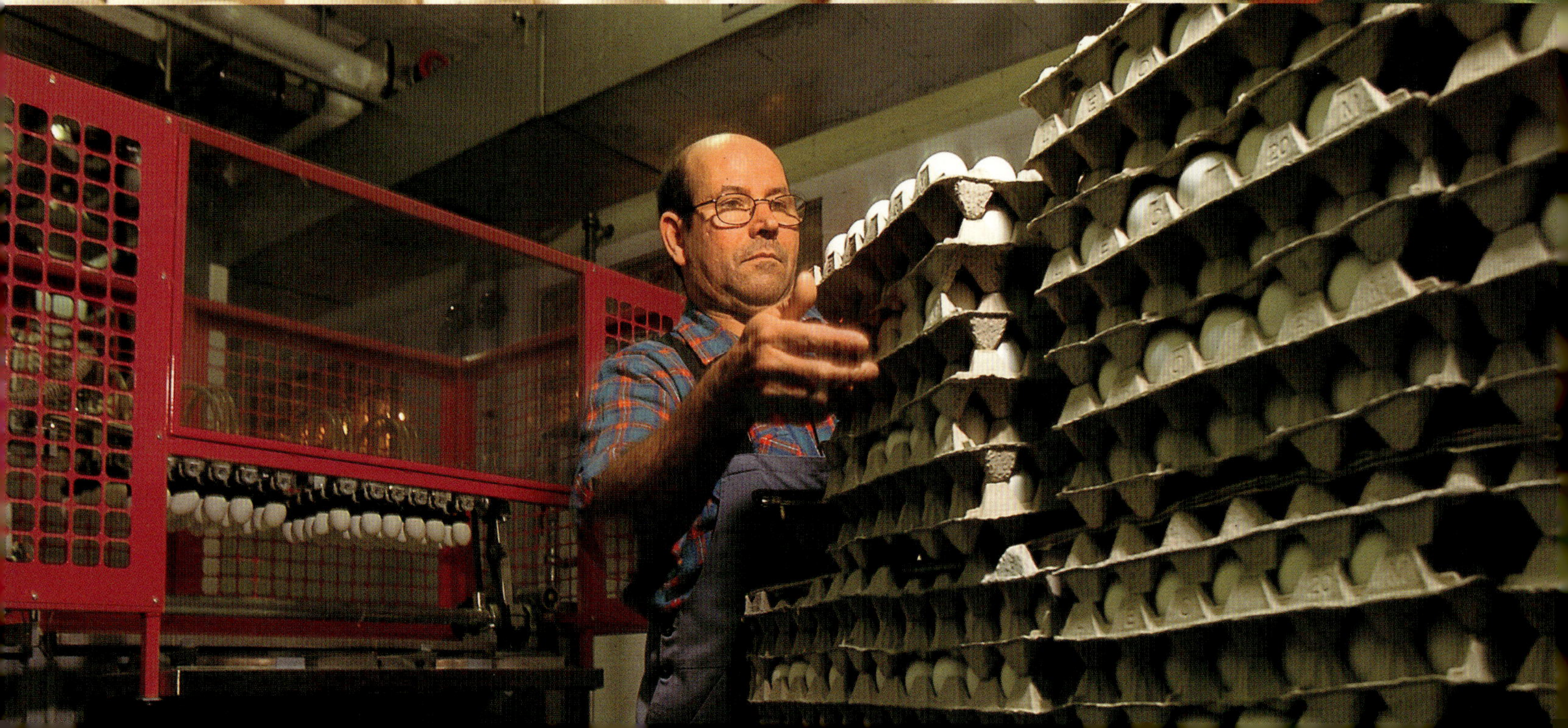

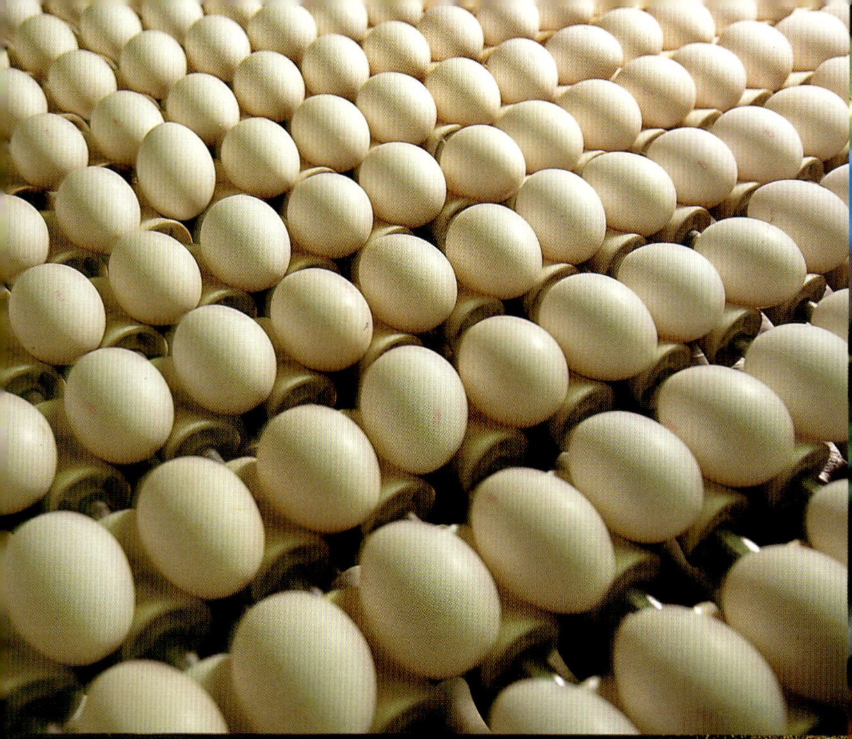
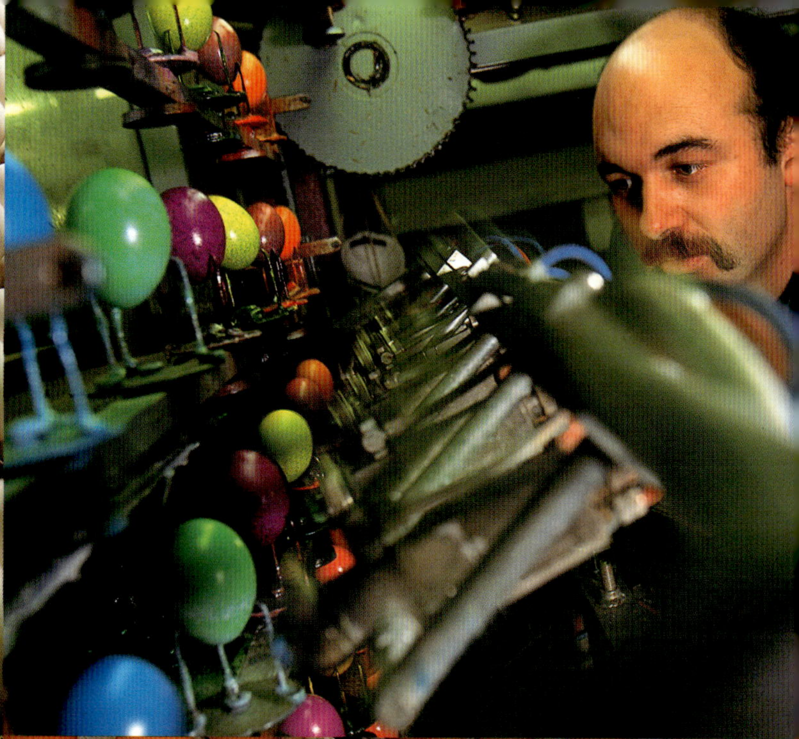
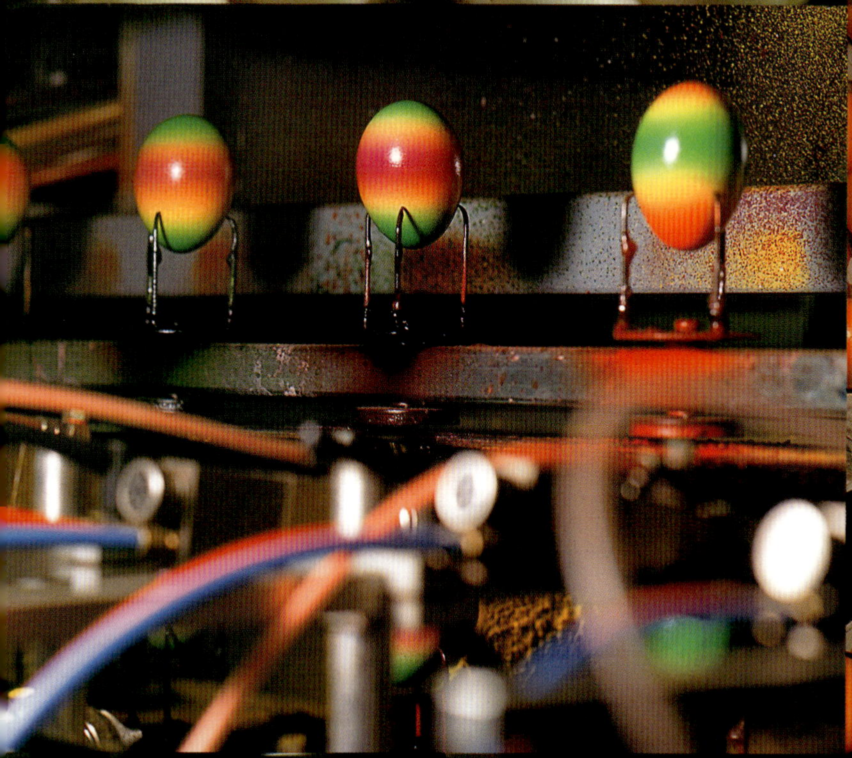
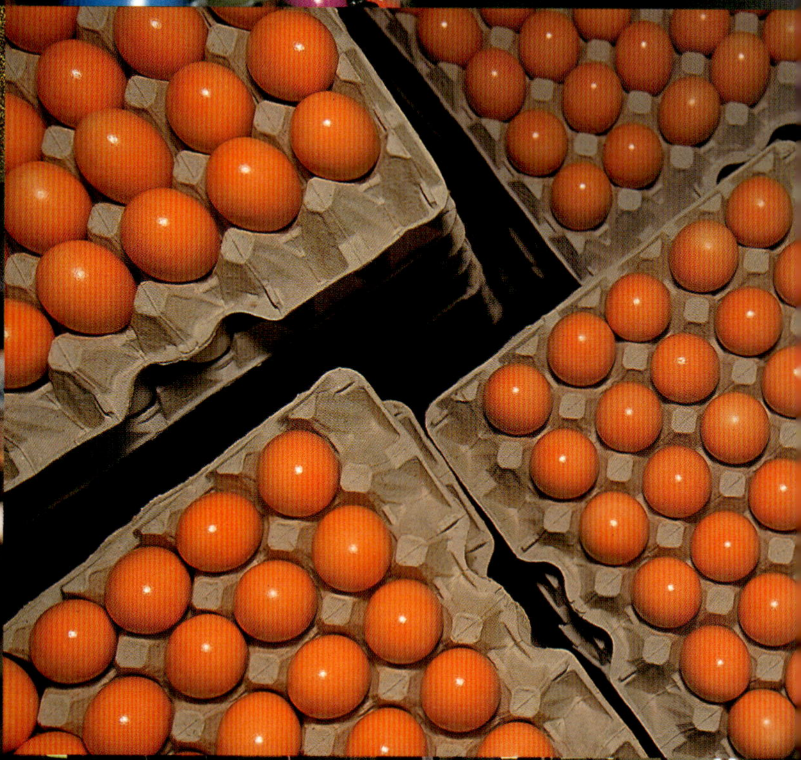
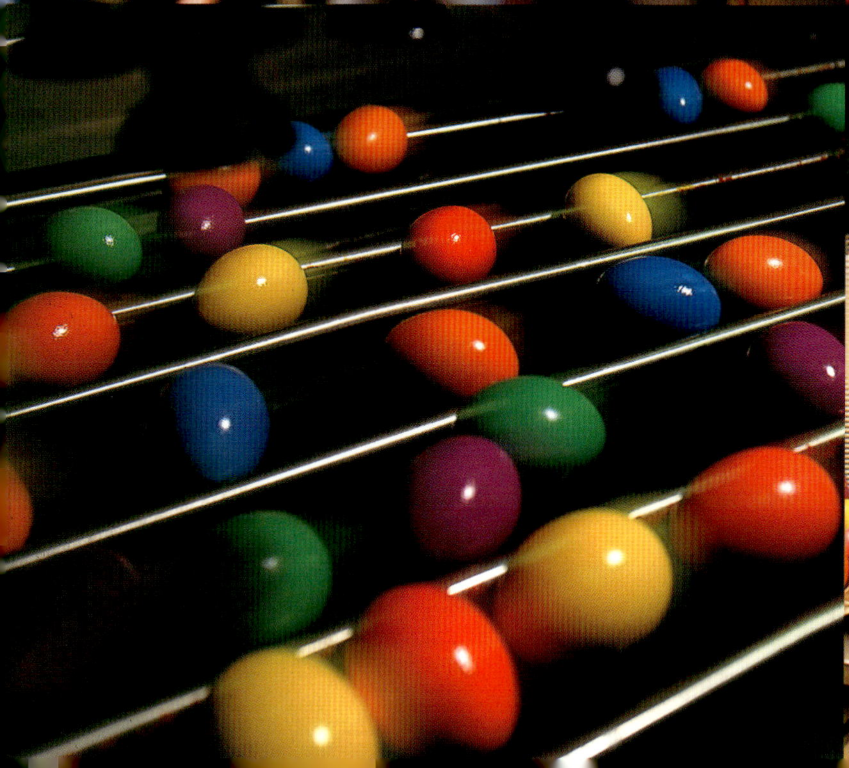
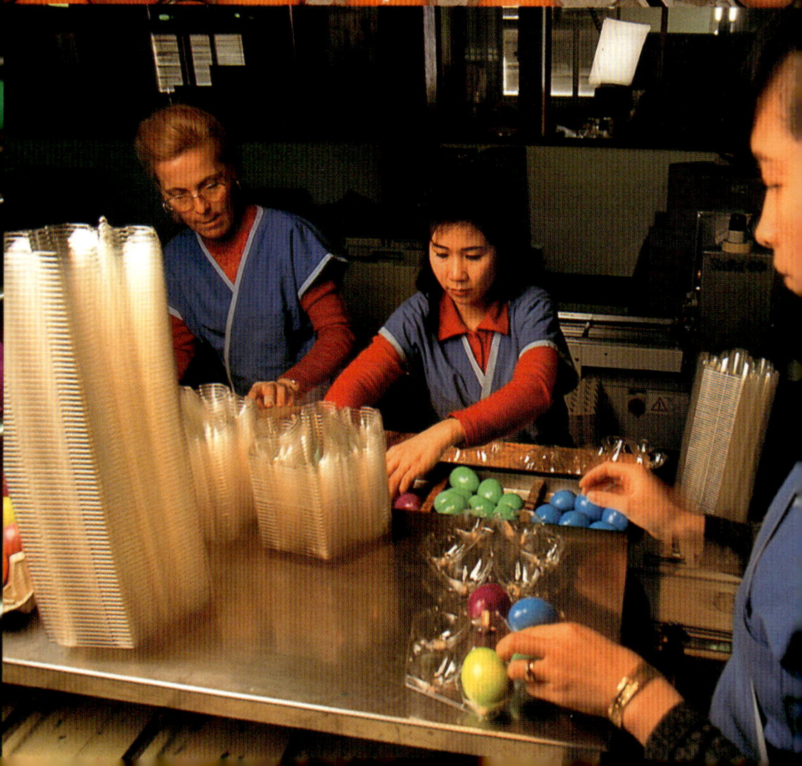

sind Fast Food, Sandwichbelag und Salatzutat. Kurz: bestens geeignet für unterwegs und die kalte Küche. Sie haben sich sozusagen als eigenständiges Produkt von Ostern emanzipiert.

Was die nachträgliche Einfärbung der Eier übrigens nicht unwesentlich beeinflusst ist die Schalenfarbe: Weiss oder Braun. Diese natürliche Färbung ist abhängig von der Hühnerrasse: Hennen mit weissen Ohrläppchen legen weisse Eier, Hennen mit roten Ohrläppchen braune. Neben dem normalen Osterei, das zum mehr oder weniger baldigen Verzehr gedacht ist, gibt es sozusagen das Kunstei, das nur optisch zu geniessen ist, denn es ist ausgeblasen, besteht nur noch aus Schale.

Wie man Landeier aufputzt

Für Maria Widmer ist das ganze Jahr Ostern. Seit sie vor zehn Jahren eine Ostereierausstellung besuchte, die Kinder aus dem Haus sind und sie etwas mehr Musse hat, schlägt sie beim Kochen nur noch selten ein Ei auf. Die meisten werden mit einer kleinen Luftpumpe ausgeblasen, die Schalen zur Seite gelegt, später einige Male mit Seifenwasser ausgespült und bis zur Verschönerung gelagert.

Die Kosmetik erfolgt mittels Japanmesser oder Pinsel und Farbe. Maria Widmer beherrscht beide Techniken. «Wenn man die Eier ritzt, kann man die Arbeit zwischendurch einmal zur Seite legen. Wenn man sie anmalt, kann man nur schlecht unterbrechen.» Ganz nach Lust und Laune verschönt sie im Jahr zwanzig, dreissig Eier, wobei sie für jedes einige Stunden aufwendet.

Mit der Beschreibung der Ostereier-Verschönerung lassen sich Bände füllen. Und das ist auch schon geschehen. Im Standardwerk von Heidi Haupt-Bataglia, das beim Schweizer Heimatwerk erhältlich ist, werden rund zehn Haupt- und etliche Untertechniken aufgeführt: Färben, Gravieren, Kratzen, Zeichnen, Malen, Batiken, Collagieren, Schablonieren, Spritzen und Vergolden. Ausserdem gibt es Eierschalenvirtuosinnen, die mit dem Zahnarztbohrer mustergültige Aussparungen in den Kalk fräsen. Und im Gegenzug andere, die den Eiern mit Knetmasse auf die Schale rücken und sie so zu Teekännchen oder Hasenköpfen samt Ohren ausformen.

Kunterbunte Eier gibt es während des ganzen Jahres und nicht nur zu Ostern.

Eine Technik ist allerdings aus der Mode gekommen: Früher beschlugen junge Schmiede Eier mit kleinen Hufeisen, um ihren Angebeteten zu beweisen, dass sie sich auch auf Zartes verstehen. Zu sehen sind solche und ähnliche kunsthandwerklich bearbeitete Eier in den beiden Wochen vor Ostern in Ausstellungen in der ganzen Schweiz. Bei einigen handelt es sich um Tausch- und Sammlerbörsen, bei anderen um Verkaufsveranstaltungen.

Das Heimatwerk als Eier-Lobby
Elisabeth Dickenmann hat im Hauptgeschäft des Heimatwerks an der Zürcher Wühre, wo die Limmat vorbeirauscht, vieles zu bieten: In mehr als dreissig Nestern arrangiert die Geschäftsführerin jeweils zwei Wochen vor Ostern die Arbeiten ebenso vieler Künstlerinnen und auch Künstler – auf zehn Frauen kommt in dem Gewerbe allerdings höchstens ein Mann. Und diesen Fingerspitzenartisten, wie Maria Widmer eine ist, kann man bei ihrer Verschönerungsarbeit am Schweizer Landei über die Schulter schauen.

Als das Heimatwerk 1975 mit diesen Präsentationen begann, kosteten die Eier zwischen fünf und zehn Franken. Inzwischen ist keines unter Fr. 9.50 zu haben. Dafür erhält man in Zwiebelschalensud gefärbte und mit Kräutlein verzierte Stücke. Nach oben ist die Preisskala zwar nicht offen, aber doch sehr, sehr lang und sicher nur noch für angefressene Sammler interessant. Zu den Prachtstücken gehören aufklappbare, mit einem Scharnier versehene Eierhälften, die innen wie aussen üppig mit alten Bordüren und Papieren verziert sind. Andere, mit einem Schlitz versehene Eier enthalten ein herausziehbares Spruchband, das mittels einer kleinen Kurbel wieder eingerollt werden kann. Andere, typisch schweizerische Erscheinungsformen des Ostereis sind mit zierlichen Scherenschnitten umgürtete Exemplare.

Auch die Ostereier aus der Koch- und Färbeanlage in Bern haben natürlich ihren Preis. Und zwar einen ungleich tieferen. Denn schliesslich sind Eier, ob frisch oder bereits verzehrbereit, ein Grundnahrungsmittel: Der statistische Durchschnittsschweizer isst jeden zweiten Tag eines davon. Letzte Neuigkeit von der Berner Färberfront: Das Ei ist inzwischen nicht nur in österlicher, sondern auch in weihnachtlicher Ausprägung zu haben: als goldener, besternter Schmuck für den Tannenbaum. Eier zu Ostern verkaufen ist schliesslich keine Kunst – aber zu Weihnachten, die Idee muss man aber zuerst einmal haben.

Ei, Glück und Glas – wie leicht bricht das

Ostern und Eier gehören schon seit unendlichen, vorchristlichen Zeiten zusammen: Ostern als Fest des Frühlings. Und das Ei als Zeichen des ewigen und des im Frühling wiedererstehenden Lebens, später als Symbol der frohen Botschaft von der Auferstehung Christi. Ganz klar, dass sich dabei neben dem mit gefärbten und geschmückten Eiern behängten Osterbaum auch Bräuche herausgebildet haben, bei denen sich die Jugend unbeschwert in der frischen Frühlingsluft bewegen und sich im Wettkampf messen konnte. Das Spiel, die Eier zu verstecken, zu suchen und zu finden, ist lebendig wie eh und je. Doch nur wenige der anderen Bräuche sind heute noch lebendig.

Da ist zum einen das Eiertütschen, das landauf, landab eine beliebte Osterunterhaltung war. Es hat sich sogar in Städten wie Bern und Zürich erhalten. «Gupf auf Gupf, Spitz auf Spitz» wurde gezielt. Und es gab und gibt wahre Tütschmeister, die mit ein paar Dutzend eingeschlagener Eier als Siegesbeute nach Hause kommen.

Ein anderer Brauch, der noch hie und da in Ehren gehalten wird, ist das Eierlaufen zu Ostern oder am Sonntag danach. Dabei steht Geschicklichkeit einer sportlichen Leistung gegenüber: Während die Läufer eine bestimmte Wegstrecke zurücklegen müssen, sammelt die andere Partei eine bestimmte Anzahl Eier ein, die natürlich unversehrt sein muss. Es gewinnt die Gruppe, die ihre Aufgabe zuerst erledigt hat. Besonders lebhaft geht es dabei in Effingen im Aargau zu.

Eine von vielen Varianten war die Eierlesete von Lommis im Thurgau. Bis 1860 wurden Eier in gleichmässigen Abständen auf die Hauptstrasse gelegt. Sie mussten von einem Sammler mit einer Schaufel in den Korb eines Reiters geworfen werden. Das Gelb der geplatzten Eier wurde mit Strassenstaub gemischt und vorwitzigen Zuschauern ins Gesicht geschmiert. Kein Wunder, dass sich dieser Brauch nicht halten konnte.

< **Geschmückte Ostereier sind lebendig gebliebenes Brauchtum.**
> **Nur zum Anschauen: Kleine Kunstwerke gibt es beim Schweizer Heimatwerk.**

Eine kleine Warenkunde

Als Ei versteht man im Allgemeinen das Ei des Haushuhns, ein wertvolles und preiswertes Grundnahrungsmittel mit lebenswichtigen Baustoffen. Seit 1992 ist die Haltung von Hühnern in Batterien in der Schweiz verboten. Wenn auf der Eierschachtel keine Angaben über die Haltungsart aufgedruckt sind, handelt es sich bei Schweizer Eiern um tierschutzkonform erzeugte Eier aus Bodenhaltung. Haben die Hühner auch Zugang zu einem Auslauf ins Freie, so werden sie als «Freilandeier» oder «Eier von Hennen mit Auslaufhaltung» deklariert. Aus dem Ausland eingeführte Eier, d. h. Importeier, ohne Haltungsangaben stammen in der Regel aus intensiver Batteriehaltung.

Verwendung

Eier sind äusserst vielseitig verwendbar. Generell können sie gekocht oder gebraten für sich allein stehen: Spiegelei, Frühstücksei, Oster- oder Picknick-Ei, Rührei und dergleichen. Eier sind Zutaten in Gratins, Omeletten, Süss- und vielen anderen Speisen. Roh wird das Ei vorwiegend für Desserts, für Mayonnaise, Eiergetränke, aber auch Fleischgerichte wie Tartar verwendet.

Nicht zu vergessen der versteckte Gebrauch von Eiern im Gebäck und in den Teigwaren. Eier können zudem als Bindemittel für Suppen, Saucen und Cremen dienen – ein Ei bindet 2 dl Flüssigkeit zu einer Creme. Steif geschlagenes Eiweiss kann als Lockerungs- und Treibmittel für Cremen, Soufflées und Kuchen eingesetzt werden.

Nährwert

Ein normalgrosses Hühnerei wiegt rund 60 g. Sein goldgelber Kern, der Eidotter, beansprucht rund 30 % des Gesamtgewichtes, das Eiweiss (oder genauer gesagt das Eiklar) etwa 60 %. Die restlichen 10 % bilden die Verpackung d.h. die Schale. Das Ei liefert hochwertiges Eiweiss, Lezithin und wichtige Mineralstoffe sowie – vor allem im Eigelb – alle Vitamine ausser C. Auch Kalzium, Phosphor und Eisen sind in grösseren Mengen enthalten. Im Eiweiss finden sich Natrium und Kalium. Ein Ei liefert einen Achtel des Tagesbedarfes der Vitamine A und B_2, ferner einen Fünftel des knochenstärkenden Vitamins D. Das Eigelb enthält zudem das lebensnotwendige Cholesterin. (Der Organismus kann Cholesterin selber produzieren und tut dies auch, wenn ihm mit der Nahrung zu wenig zugeführt wird. Neueste Untersuchungen weisen darauf hin, dass Eier den Cholesterinspiegel möglicherweise senken.)

Einkauf

Die Klassifizierungen in Extra und A wurden abgeschafft. Neu gibt es nur noch die beiden Frischegrade: Erstens Eier, die ungekühlt bis zu 20 Tage nach Legedatum verkauft werden. Zweitens gekühlte Eier, die älter als 20 Tage sind.

Jedes Ei muss auf der Schale das Herkunftsland ausweisen (Schweiz = CH). Bei der Direktvermarktung vom Produzenten zum Endverbraucher ist diese Herkunftskennzeichnung nicht vorgeschrieben.

Für Speisen mit rohen Eiern ausschliesslich Schweizer Eier verwenden, die nicht älter als zwei Wochen sind.

Lagerung

Frische Schweizer Eier, die höchstens 20 Tage alt sind, lagert man im Kühlschrank, entweder in der Verpackung oder in den für Eier vorgesehenen Fächern, aber immer mit der Spitze nach unten. So können Eier noch nach Wochen problemlos verwendet werden. Eier sollten keinen Temperaturschwankungen ausgesetzt werden, sonst altern sie schneller. Sie dürfen auch nicht gewaschen werden, weil dies ihre natürliche Schutzschicht zerstört.

Ganze Eier können nicht tiefgekühlt werden. Eiweiss und Eigelb eignen sich getrennt jedoch gut dafür. Dem Eigelb etwas Salz oder Zucker beigeben und im Kühlschrank auftauen lassen.

Zubereitung

Zu den hygienischen Grundregeln gehört es, beim Aufschlagen der Eier die Schalen nicht mit dem Finger auszustreichen. Eierschalen wegwerfen und die Hände waschen. Arbeitsfläche mit nassem Haushaltpapier reinigen. Die gebrauchten Utensilien abspülen.

Roheierspeisen sofort kühl stellen und am gleichen Tag konsumieren.

1 So muss ein Ei aussehen, das man bedenkenlos verwenden kann.
2 Ein schlechtes Ei ist auf den ersten Blick zu erkennen.

Marmorierte Randen-Eier mit rosa Füllung

Apéro-Häppchen für 4 bis 6 Personen

5 dl Gemüsebouillon
3 dl Randensaft
6 schwarze Pfefferkörner
2 Lorbeerblätter
1 TL Kümmel
6 Eier

100 g Mascarpone
1 TL scharfer Senf
2 TL Randensaft
½ TL Salz, Pfeffer aus der Mühle

Kerbelblättchen zum Garnieren

1. Gemüsebouillon mit Randensaft, Pfefferkörnern, Lorbeerblättern und Kümmel aufkochen.

2. Die Eier darin 8 Minuten kochen. Pfanne von der Platte ziehen. Die Eier herausnehmen, kalt abschrecken und die Schale mit dem Rücken eines Löffels leicht klopfen, sodass sie viele feine Risse bekommt. Die Eier zurück in die Kochflüssigkeit legen und darin erkalten lassen.

3. Die Eier schälen und halbieren. Das Eigelb vorsichtig entnehmen, mit Mascarpone, Senf, Randensaft verrühren und mit Salz und Pfeffer abschmecken. Die Masse in einen Spritzsack mit gezackter Tülle geben und die Eiweisshälften füllen.

4. Mit Kerbelblättchen garnieren und auf Tellern anrichten.

Salat aus pikant eingelegten Eiern

Eine Vorspeise für 4 Personen

Eingelegte Eier (3 Tage vorher einlegen):
8 Eier
2 Estragonzweige, 1 Dillzweig
3 dl Wasser, 2,5 dl Weisswein
2 Lorbeerblätter
1½ TL Salz, 10 schwarze Pfefferkörner
1 TL helle Senfkörner, 1 TL Fenchelsamen
2 Knoblauchzehen, geschält, halbiert

ca. 200 g gemischte Blattsalate,
z. B. Schnittsalat, Portulak, Kresse, Frisée
1 Handvoll gemischte Wildkräuter,
z. B. Löwenzahn, Rucola, Brunnenkresse, Sauerampfer, Bärlauch
1 Handvoll gemischte Kräuterblättchen,
z. B. Dill, Estragon, Kerbel, Schnittlauch
einige essbare Blüten, z. B. Kapuzinerkresse, Veilchen, Stiefmütterchen, Boretsch

Salatsauce:
6 EL Rapsöl, 2 EL Zitronensaft
1 TL scharfer Senf
Salz, Pfeffer aus der Mühle

1. Die Eier 8 Minuten kochen, kalt abschrecken, schälen und in ein Einmachglas schichten. Estragon und Dill dazwischen stecken.

2. Wasser und Weisswein mit Salz, Lorbeerblättern, Pfefferkörnern, Senfkörnern, Fenchelsamen und Knoblauch aufkochen, 20 Minuten ziehen lassen. Die Gewürzflüssigkeit mit allen Gewürzen noch heiss über die Eier giessen und mindestens drei Tage ziehen lassen.

3. Blattsalate, Wildkräuter und Kräuter in mundgerechte Stücke zupfen, mischen, waschen und gut abtropfen lassen.

4. Alle Zutaten für die Sauce miteinander verrühren.

5. Den Salat mit Sauce anmachen, auf vier grosse Teller verteilen. Die eingelegten Eier vierteln und zusammen mit den Blüten zwischen die Salatblätter stecken.

- Die eingelegten Eier halten sich im Kühlschrank mindestens zwei Wochen. Sie werden dabei von Tag zu Tag pikanter.

Rancher-Eier mit pikanter Sauce

**Eine Vorspeise oder
kleine Mahlzeit für 4 Personen**

**4 grosse Tomaten à 200 g
50 g Schinken, fein gewürfelt
1 Bund Schnittlauch, fein geschnitten
4 Eier
Salz, Pfeffer aus der Mühle**

**Sauce:
1 Schalotte, fein gehackt
1 Zehe Knoblauch, gepresst
2 TL Mehl
Butter zum Andünsten
1 EL Petersilie, fein gehackt
½ Peperoncini, entkernt,
fein gehackt oder wenig Cayennepfeffer**

1. Von jeder Tomate einen Deckel abschneiden und beiseite legen. Die Tomaten mit einem Kugelausstecher aushöhlen und in eine ausgebutterte Gratinform setzen. Das Ausgehöhlte hacken und beiseite stellen.

2. In jede Tomate etwas Schinkenwürfel und Schnittlauch geben. Je ein Ei aufschlagen, in eine Tomate gleiten lassen, mit einer Prise Salz und Pfeffer würzen und den Deckel aufsetzen.

3. Im auf 180 °C vorgeheizten Ofen 30–35 Minuten backen. Garprobe: Einen Deckel etwas anheben und mit einem Finger fühlen, ob das Eiweiss fest ist.

4. Für die Sauce Schalotten, Knoblauch und Mehl in Butter andünsten. Das Ausgehöhlte der Tomaten zugeben, 5 Minuten leicht köcheln, fein pürieren und durch ein Sieb streichen. Petersilie und Peperoncini zugeben und mit Salz abschmecken. Zu den Tomaten servieren.

- Als Vorspeise mit Blattsalaten, als Hauptgericht mit Bratkartoffeln.

⚱ Ein frischer Weisser vom Neuenburger- oder Bielersee.

59 Eier

Goldschnitten mit Johannisbeer-Joghurt

Kleines Gericht für 4 Personen

4 Eier
2,5 dl Milch
1 Prise Salz
350 g Toastbrot,
12 bis 16 Scheiben – je nach Grösse

360 g Joghurt nature
flüssiger Honig zum Süssen und Beträufeln
250 g rote Johannisbeeren, abgezupft

Butter zum sanften Braten

Johannisbeeren zum Garnieren

1. Eier mit Milch und einer Prise Salz verrühren. Toastscheiben nach Belieben in Dreiecke schneiden, einzeln kurz in die Eimasse tauchen, auf einem Backblech auslegen und mit der restlichen Eimasse begiessen. 5 Minuten ziehen lassen.
2. Joghurt mit Beeren mischen und mit Honig nach Belieben süssen.
3. Die getränkten Brotscheiben in Butter beidseitig sanft goldbraun braten und bis zum Servieren im auf 80 °C vorgeheizten Ofen warm halten.
4. Die Goldschnitten mit Johannisbeer-Joghurt und Honig servieren, mit Johannisbeeren garnieren.

Kirsch-Eierlikör mit Pistazien-Parfait

Dessert für 4 Personen und zusätzlich eine 5-dl-Flasche Likör

Eierlikör (ergibt ca. 8 dl):
2,5 dl Rahm
1½ EL Maisstärke
4 Eigelb, verrührt
250 g Puderzucker
1 Vanilleschote, Mark ausgeschabt
1 Sternanis
4 dl Kirsch

Parfait
(für 4 Förmchen von je 1,5 dl Inhalt):
80 g grüne Pistazien
4 EL Zucker
1 dl Milch
1 Eigelb
1 Eiweiss, steif geschlagen
1,8 dl Vollrahm, steif geschlagen

1. Für den Eierlikör Rahm mit Maisstärke unter ständigem Rühren aufkochen. Pfanne von der Platte ziehen, die Eigelb zugeben, gut rühren dann den Puderzucker unterrühren.

2. Vanilleschote, Vanillemark, Sternanis zugeben und abkühlen lassen. Den Kirsch unterrühren, die Masse durch ein feines Sieb giessen und in Flaschen abfüllen.

3. Für das Parfait 70 g Pistazien mit Zucker im Cutter sehr fein hacken. Zusammen mit Milch aufkochen, das Eigelb unterrühren, in eine Schüssel giessen und abkühlen lassen.

4. Das Eiweiss und den Rahm unter die Milchmasse ziehen und in die Förmchen füllen. Mindestens 3 Stunden gefrieren.

5. Die Parfaits zum Stürzen kurz in heisses Wasser tauchen und mit Eierlikör anrichten. Die restlichen Pistazien grob hacken und die Parfaits damit bestreuen.

- Den Eierlikör im Kühlschrank aufbewahren. Er entwickelt nach einigen Tagen sein volles Aroma, ist einige Wochen haltbar und auch ein originelles Geschenk.
- Anstelle von Pistazien können geröstete Baumnüsse verwendet werden.

Milch & Co.

«Doch dieser auf das Neue und doch Begreifliche gerichtete frische Blick ward gar bald auf ein Geniessbares geheftet: appetitliche Kuchen, frische Milch und sonst mancher ländliche Leckerbissen ward von uns begierig in Betracht gezogen.»

(Goethe: Wilhelm Meisters Wanderjahre)

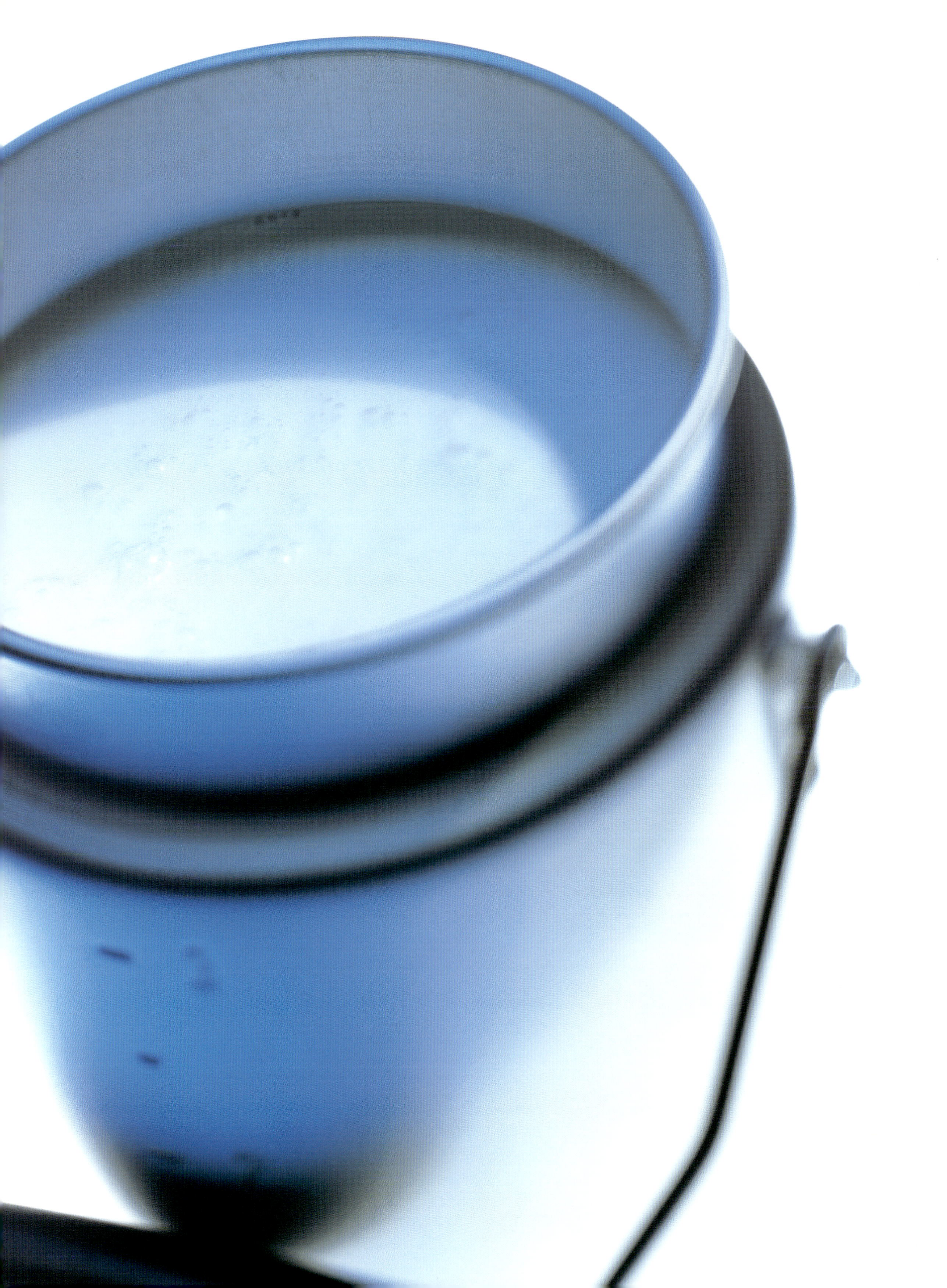

Greyerzer Rahm und was aus Milch sonst noch werden kann

Wer sich ein lebendiges Bild davon machen möchte, was die Milchwirtschaft noch heute für Menschen in ländlichen Gegenden bedeutet, findet im Greyerzerland reichlich Anschauungsmaterial. Dort wird nicht nur der Greyerzer Rahm gewonnen, es ist auch das Stammland des Gruyère-Käses. Zudem bieten sich interessante Einblicke in die Vergangenheit und reizvolle Ausblicke auf die Bergweiden und den Greyerzersee.

So zwischen halb sieben und halb acht am Morgen fahren sie vor: mit dem Traktor, dem Pick-up, dem Kleintransporter, dem Geländewagen, dem Kombi oder dem Familienauto mit Anhänger. Einer hat sein Leiterwägeli hinter den Töff gehängt. Aber er hat auch nur eine Kanne zu transportieren. Die andern bringen vier, fünf Kannen, einige wenige sechs. Sie wuchten die 40-Liter-Behältnisse auf die Rollenbahn, schlagen mit dem auf dem Fenstersims liegenden Gummihammer die Deckel hoch. Alles tausendfach eingeübte Griffe, seit Jahren, vielleicht Jahrzehnten Tag für Tag wiederholt.

Dort, wo die Rollenbahn an der Türöffnung ins Gebäudeinnere abdreht, übernimmt Emile Brodard von der «Laiterie La Roche» das Kommando. Die Kannen werden mechanisch angehoben und die Milch in den Wiegekessel geschüttet. Während die Waage das Gewicht der gesamten Milch eines Hofes automatisch zusammenzählt, entnimmt Brodard Proben mit einer Schnabelkelle und schüttet sie in Reagenzgläser. Verwechslungen sind ausgeschlossen. Jede Kanne ist mit der Nummer ihres Inhabers gekennzeichnet.

Die vier Kannen von Michel Koly haben die Nummer 19. Er ist einer von 45 Lieferanten der örtlichen Laiterie. Sein Hof und die Weiden liegen am Hang über der Molkerei. Im Stall stehen 20 Schwarzfleck-Milchkühe der Rasse Holstein-Frisian. Von ihrer Leistungsfähigkeit zeugen die vielen Plaketten an der Stalltür. In einem abgetrennten Teil stehen drei Kälbchen. Der Stall ist so sauber, wie ein Kuhstall überhaupt nur sein kann. Wenn es das Wetter auch nur einigermassen erlaubt, sind die Tiere zwischen dem Morgen- und dem Abendmelken auf der Weide.

< La crème de la crème.
> Michel Koly, einer von 45 Lieferanten der «Laiterie La Roche».

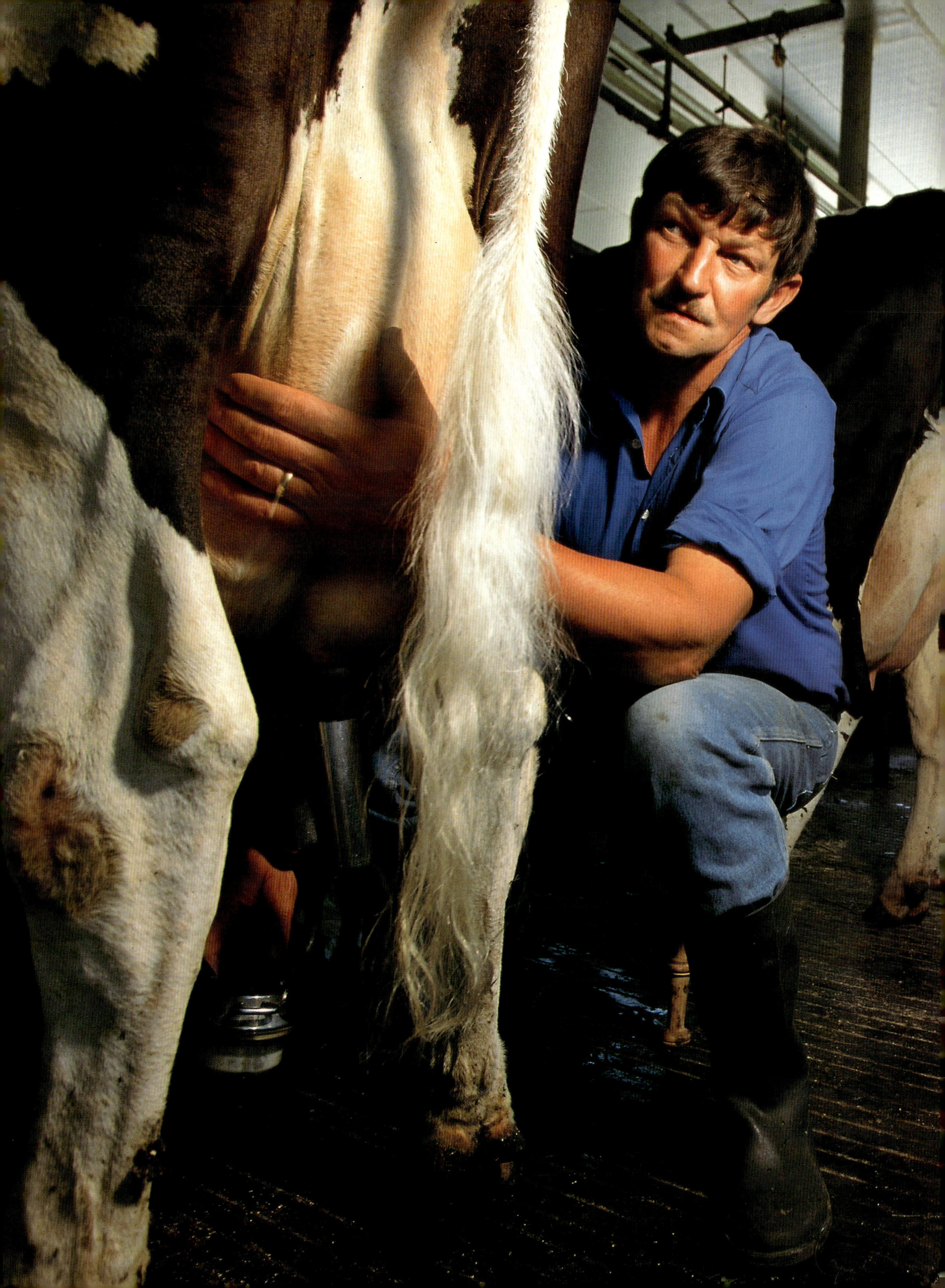

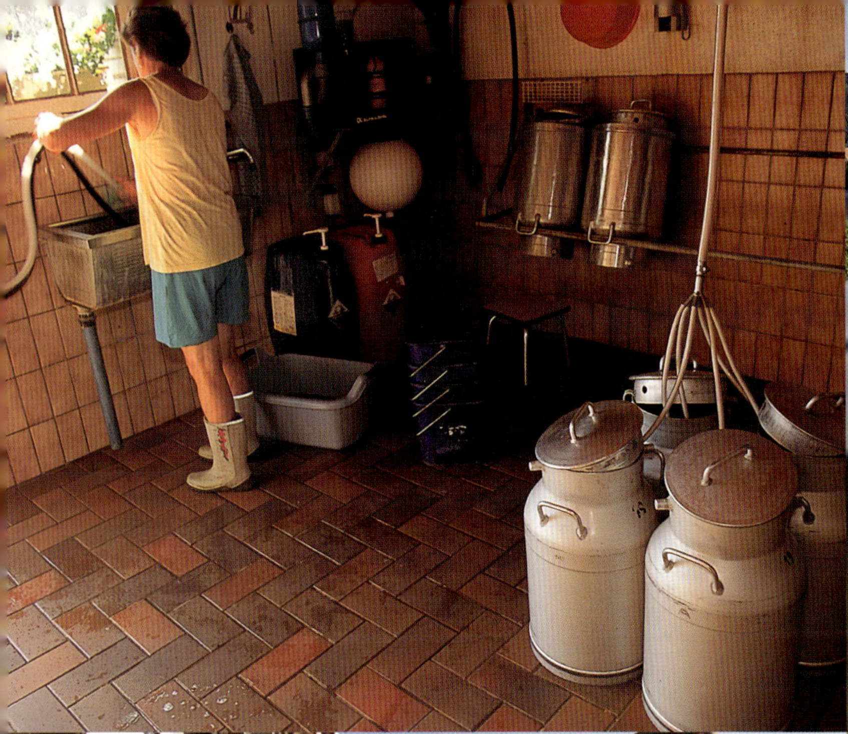
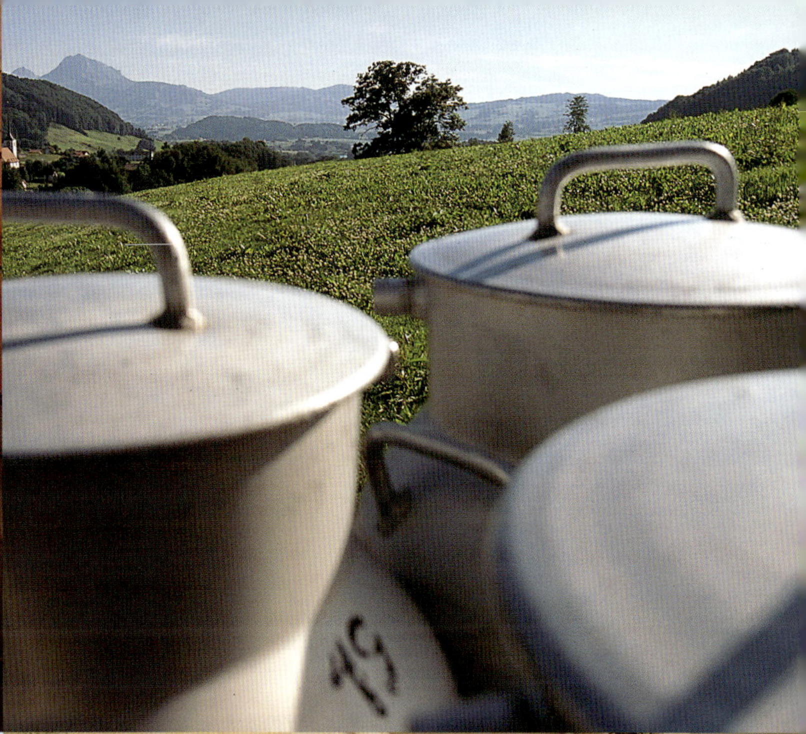
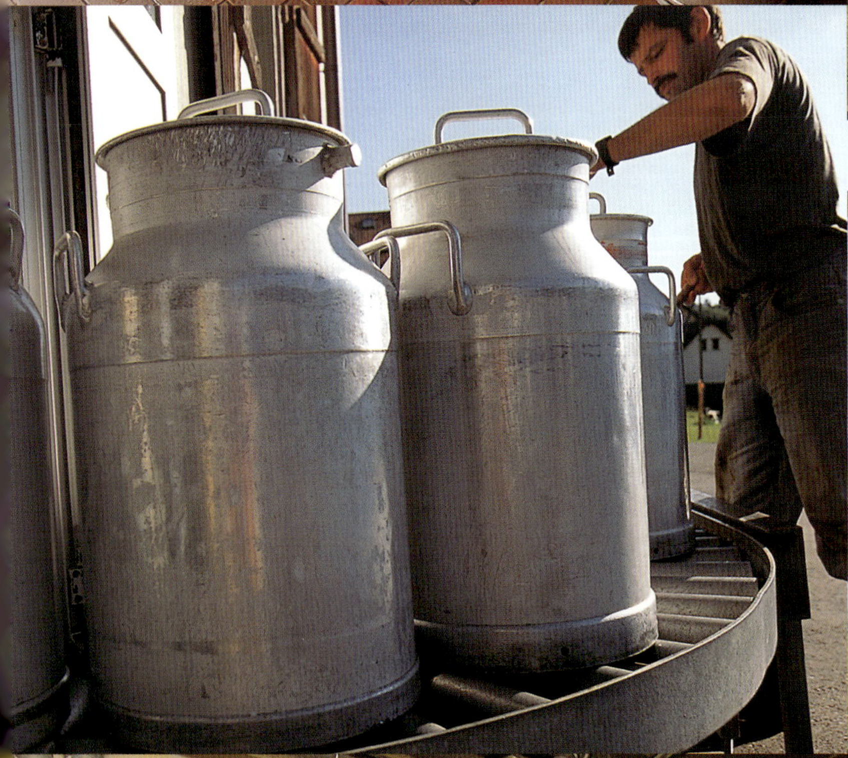
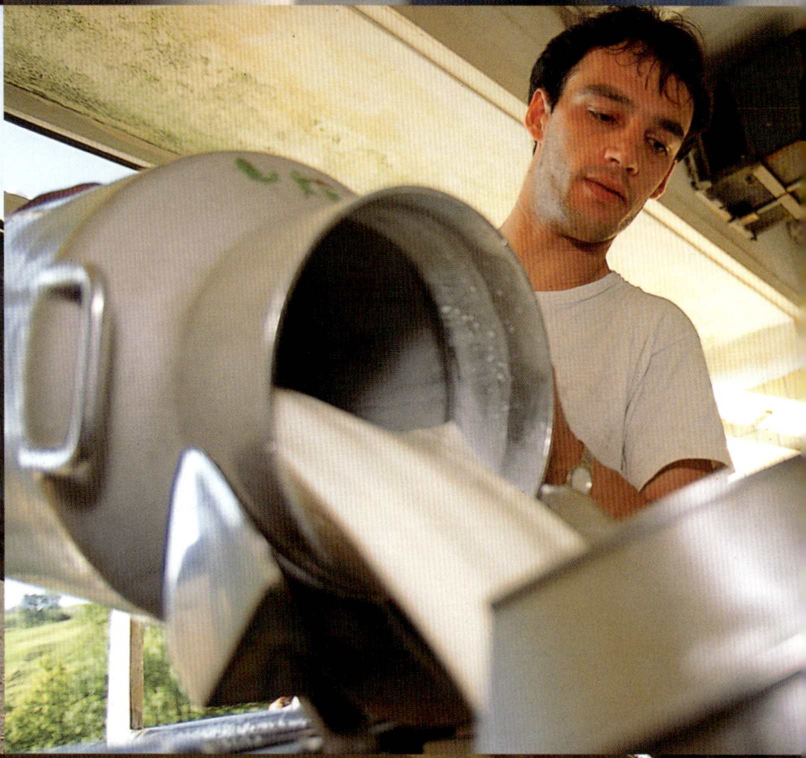
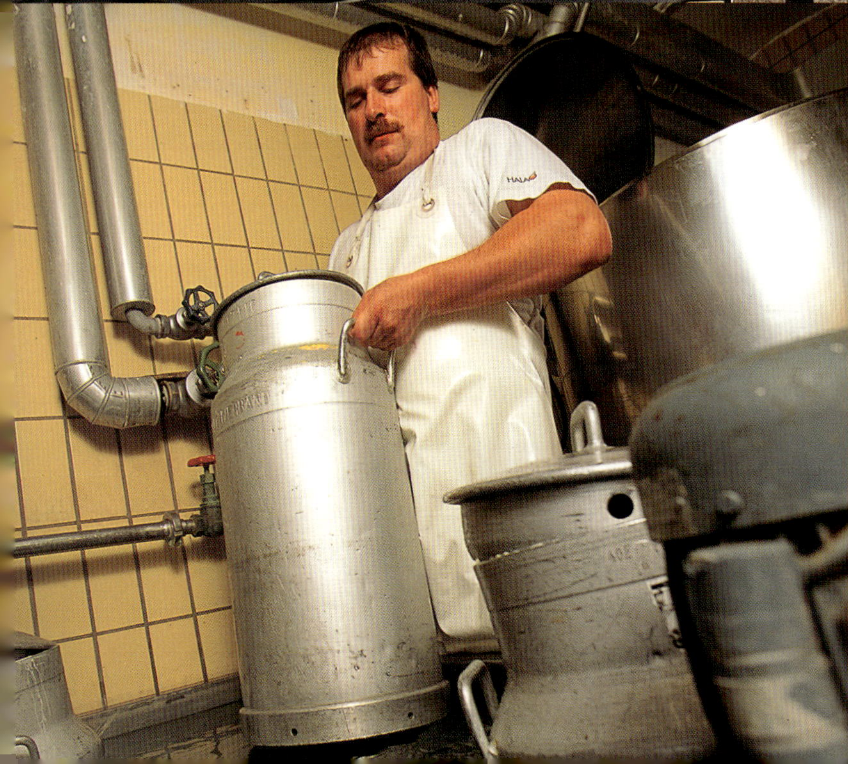
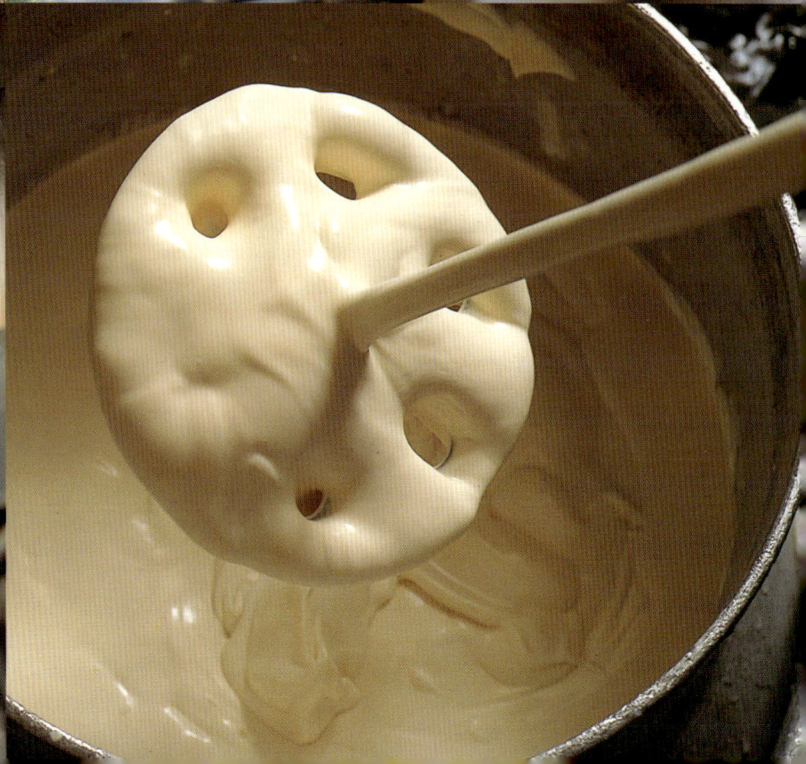

Ohne Gras keine Milch, ohne Milch kein Rahm
Die Schwarzweissen: Das sind also die Kühe, die aus Wiesenlisch-, Ray- und Knäuelgras, Wiesen- und Rohrschwingel sowie Klee, Löwenzahn und anderen Kräutern Greyerzer Rahm und Doppelrahm machen. Das heisst: Zuerst einmal produzieren sie natürlich Milch, bis zu 6000 Liter pro Jahr. Die Zeiten, in denen das Milchfett einfach oben abgeschöpft wurde, sind lange vorbei. Heute läuft die Milch auf dem Weg zum Käsekessi durch eine Zentrifuge, die den Rahm abscheidet.

Und das geht so: Eiweiss, Milchzucker und Wasser, also Magermilch, sind die schwereren Milchbestandteile. Milchfett, das heisst Rahm, ist leichter. Beim Zentrifugieren bleibt also der Rahm schön in der Mitte und kann problemlos entnommen werden. Mehr noch: Man kann einen vorher genau bestimmten Anteil Rahm entnehmen. Das heisst: die Milch hat auf jeden Fall genügend Fettanteile, um zu klassischem Gruyère verarbeitet zu werden. Übrigens: auch dort, wo der andere der beiden bekanntesten Schweizer Hartkäse hergestellt wird, im Emmental, wird vorher der Rahm entnommen, um im Idealfall zwischen zwei Meringue-Schalen zu landen.

Ist eine Rahmkanne gefüllt, wird sie sofort in ein Becken mit eiskaltem, laufendem Wasser gestellt. Denn nur so behält der Rahm die dickflüssige Konsistenz, mit der er als Creme überall im Greyerzer Land zum Kaffee serviert wird. Ganz gleich ob im Café «Aux Montagnards», der Dorfbeiz von La Roche, oder dann auf der anderen Seite des Greyerzersees, in der Autobahnraststätte «La Gruyère», wo es nicht ganz so geruhsam zugeht.

< Zweimal täglich: vom Bauernhof zur Molkerei und retour.
> Emile Brodard rahmt ab.

Alles dreht sich um die Kuh

Michel Koly, seine Frau und die Kinder gehören zu den vielen Schweizer Bauernfamilien, die für eine sichere Weide, einen sauberen Stall und saubere Gerätschaften sorgen. Zu Letzteren gehört zum Beispiel die Melkmaschine. Sie kümmern sich um die Gesundheit der Kühe und ihr Winterfutter. Sie hören das nächtliche Muhen der Kühe vor dem Kalben, sind Geburtshelfer. Ganz klar, dass der Bauer seine Kühe nicht nur beim Namen kennt, sondern auch ganz genau weiss, was jede für Besonderheiten hat. Und wann welche Launen.

Die Kühe regeln den Lebens- und Arbeitsrhythmus. Zweimal am Tag wird gemolken, zweimal am Tag wird die Milch in die Dorfmolki gebracht. Und so treffen denn auch in La Roche so zwischen halb sieben und halb acht am Abend alle wieder mit ihren Autos ein, die eines gemeinsam haben, nämlich von der nützlich-zweckmässigen Art zu sein. Jetzt, wo die Tagesarbeit geleistet ist, läuft alles etwas geruhsamer ab. Manche Bauern haben ein Kind oder den Hofhund dabei. Es ist auch Zeit für einen kleinen Schwatz oder Scherz. Das Ausspülen und Reinigen der geleerten Milchkannen geht etwas gemächlicher über die Bühne. Und man hilft der jungen Bäuerin, die anstelle ihres Mannes gekommen ist, die Kannen von der Ladefläche auf die Rollen zu hieven.

La Roche und seine Laiterie, die gleichzeitig Fromagerie ist, steht für viele andere im Greyerzerland – und darüber hinaus in der ganzen Schweiz. Überall zwischen St. Gallen und Genf, Basel und Chiasso fahren die Bauern zweimal täglich mit den mehr oder weniger gefüllten Kannen zur Sammelstelle. Was aus der Milch gemacht wird, ist sehr unterschiedlich. Denn Milch ist der ideale Rohstoff für viele Produkte. Von der Trinkmilch selbst und den weit über 450 Arten von Schweizer Käse einmal abgesehen, werden in kleinen Dorfmolkereien und grossen Produktionsbetrieben Rahm, Butter, Quark, Joghurt, Kefir und dergleichen hergestellt.

Wanderung zwischen Gestern und Heute

Wie nebenbei haben die Schweizer Bäuerinnen und Bauern während Jahrhunderten eine eigene Kultur entwickelt, die heute noch in kunstvollen Möbeln und Geräten, prachtvollen Trachten, Melodien, Tänzen und anderem Brauchtum erhalten ist. Sichtbarster Ausdruck sind die stattlichen, nicht zu übersehenden Bauernhäuser. Wer diesen Dingen nachspüren will, ist im Greyerzerland am richtigen Ort. Eine Besonderheit des Greyerzer Brauchtums sind die Poya-Malereien. Man findet sie an den Wänden und Toren mancher Bauernhöfe. Im Greyerzer Dialekt bedeutet poyi so viel wie «auf die Alp steigen». Und Poya hiess der Alpaufzug. Später nannte man so auch die Bilder, die dieses Ereignis festhielten.

Idealer Ausgangspunkt für eine kulturelle Entdeckungsreise ist das befestigte Städtchen Gruyères, schon von weitem erkennbar, hoch auf einem Hügel gelegen. Das mittelalterliche Stadtbild ist, abgesehen von einigen Reklametafeln, praktisch unverfälscht erhalten. Das Schloss, eines der herrschaftlichsten der Schweiz, überragt die um den Marktplatz gruppierten Häuser noch.

Was man im «Château de Gruyères» sehen kann, ist allerdings weniger bäuerlicher Natur als hochherrschaftlicher Herkunft: Bis 1555, dem Jahr ihres Bankrotts, residierten hier die Grafen von Gruyères, später ihre Gläubiger in Person der Freiburger Vögte und Oberamtmänner. Geblieben sind Schlosssäle mit herrlichen Möbeln, Malereien und Wandteppichen. Auch eine komplette Küche mit vielen Gerätschaften ist erhalten, die auf einen regen Gebrauch von Milch, Rahm, Butter und Käse hinweisen. Wer die Unterschiede im damaligen und heutigen Umgang mit Milch kennen lernen will, sollte sich am Fusse des Hügels in der Schaukäserei von Pringy umsehen.

Pringy kann übrigens auch der Ausgangspunkt für eine gut zweistündige Wanderung hinauf nach Moléson-sur-Gruyères mit seiner Alpkäserei sein. Der Weg führt durch grüne Weiden, vorbei an Kuhherden und Alphütten: entweder links oder rechts der Landstrasse über die Reybes- oder Prôveta-Route. Von Mai bis Oktober sind sie ideale Wege für eine Annäherung der besonderen Art an die Schweizer Milchwirtschaft.

> **Greyerzerland und Greyerzer Kühe**

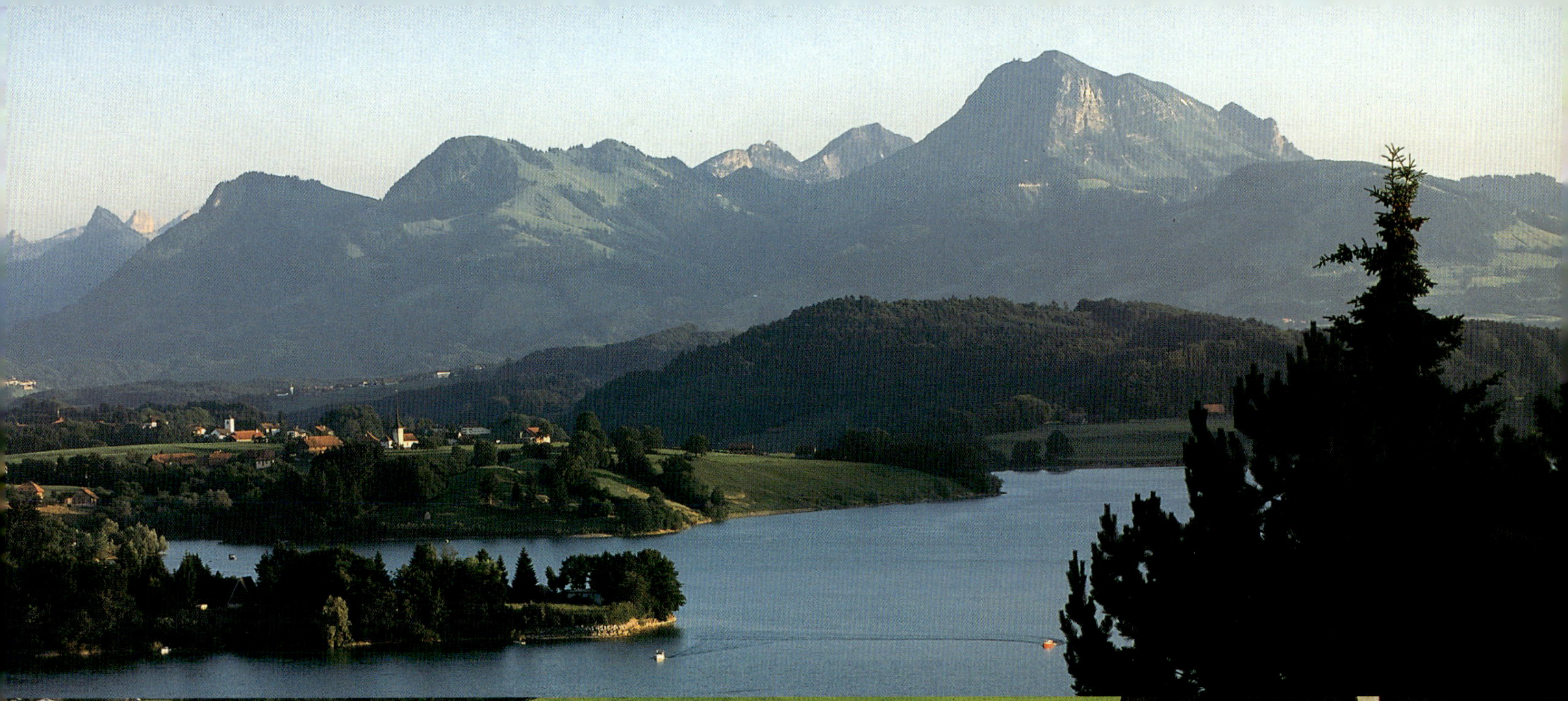
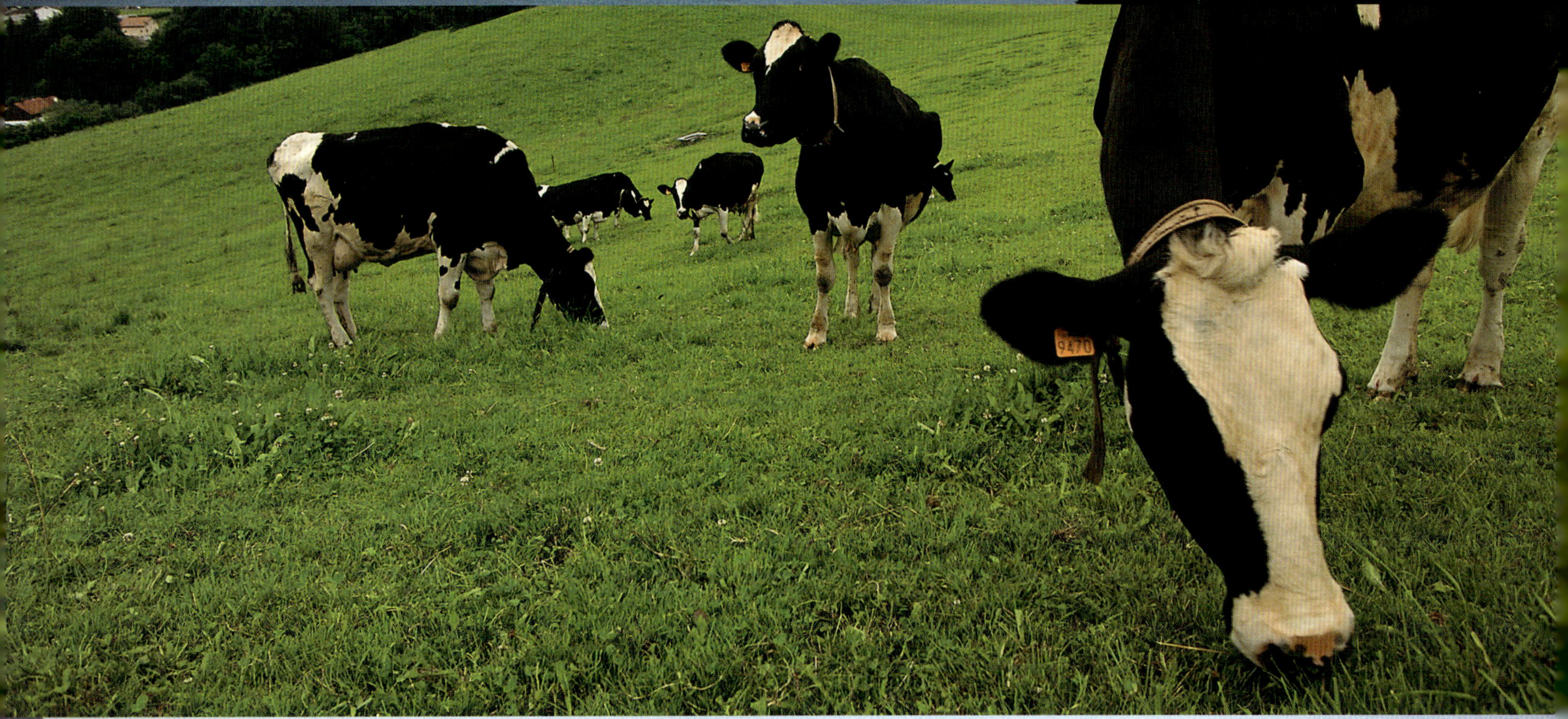
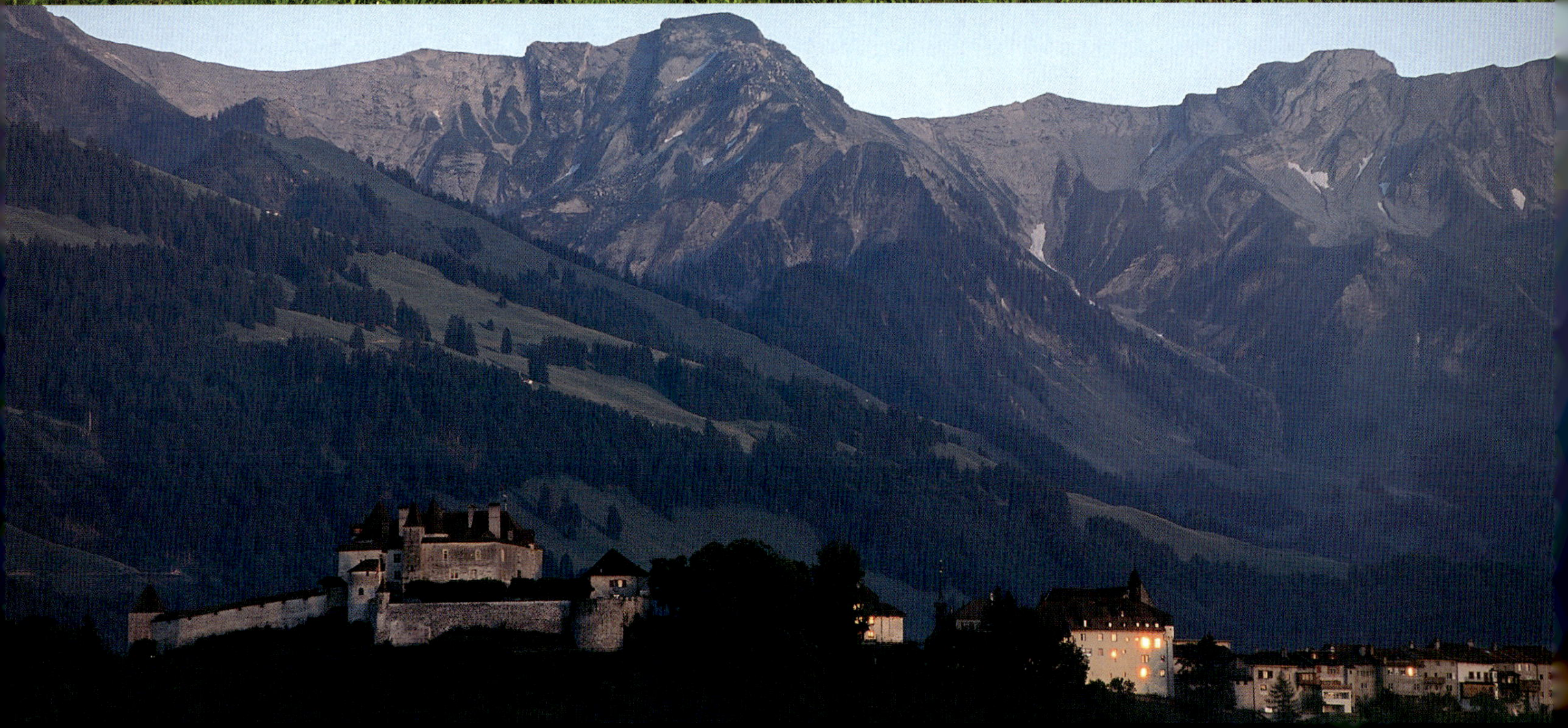

Eine kleine Warenkunde

Milch und Milchprodukte gehören zu den täglichen Trink- und Essensfreuden und sind ein wichtiger Bestandteil einer gesunden Ernährung. Sie gehören auf den Speiseplan von Menschen aller Altersklassen. Milchprodukte sind wichtige Kalziumlieferanten und tragen zudem zur Deckung des Vitaminbedarfs bei. Als Beitrag zu einer ausgeglichenen Ernährung gilt die Faustregel: ein Glas Milch, ein Becher Joghurt und ein Stück Käse pro Tag.

Aufgrund ihrer Zusammensetzung ist Milch und alles, was man daraus macht, so etwas wie flüssige Nahrung. Milchprodukte bieten sich stets für eine Zwischenverpflegung oder eine schnell zubereitete Mahlzeit an.

Auf rund achtzig Prozent des landwirtschaftlich nutzbaren Kulturlandes in der Schweiz wächst aus klimatischen und topografischen Gründen nur Gras. Deshalb ist die Milchproduktion von jeher einer der wichtigsten Betriebszweige unserer Landwirtschaft. Und wird das auch bleiben.

Bio-Milch und Bio-Milchprodukte müssen aus anerkannten Bio-Betrieben stammen. Die strengen Anforderungen werden von der Bio-Suisse (Vereinigung schweizerischer Bio-Landbau-Organisationen) kontrolliert. Produkte aus Betrieben, die vor weniger als zwei Jahren auf Bio-Landbau umgestellt haben, sind mit der Bezeichnung «Umstellung» gekennzeichnet.

Milch

In der schweizerischen Lebensmittelverordnung wird Milch (Vollmilch) als Kuhmilch mit unverändertem Nährstoffgehalt bezeichnet. Milch von anderen Säugetieren oder deren Mischung mit Kuhmilch muss speziell bezeichnet werden. Das grosse Angebot an Milch unterscheidet man nach Fettgehalt und erfolgter Behandlungsart. Vollmilch hat die höchste Nährwertdichte: Wenn Milch entrahmt wird, vermindert sich der Gehalt an Vitamin A, D und E, da diese ans Milchfett gebunden sind und mit ihm entfernt werden.

Sorten: Milch ist nicht einfach Milch, sondern Rohmilch, Pastmilch, UHT-Milch. Und Vollmilch, Milchdrink, Magermilch. Mit anderen Worten: Milch unterscheidet sich nach der Behandlungsart und dem Fettgehalt.

Begriffserklärung: Pasteurisation heisst, dass die Rohmilch während 15–30 Sekunden auf 72–75 °C erwärmt und sofort wieder abgekühlt wird. Sie ist keimarm und trinkfertig.

UHT heisst Ultra-Hoch-Temperatur. Beim UHT-Verfahren wird die Milch während einiger Sekunden auf 135–155 °C erhitzt und schnell wieder abgekühlt.

Das Homogenisieren verhindert, dass Rohmilch aufrahmt, wenn sie stehengelassen wird: Die Milchfettkügelchen werden mechanisch so weit verkleinert und verteilt, dass sie sich nicht mehr zu Rahm zusammenschliessen können. Die Homogenisation erfolgt immer zusammen mit der Pasteurisation und der Uperisation.

Butter

Eines der ältesten Nahrungsmittel der Menschen ist von jeher in der feinen warmen und kalten Küche unentbehrlich: Butter zum Braten, Backen, Dünsten und als Brotaufstrich, sowohl in der gehobenen Gastronomie wie in der Alltagsküche.

Fette sind nicht nur Energielieferanten, sondern haben lebenswichtige Bau- und Schutzfunktionen und erfüllen als Träger fettlöslicher Vitamine wichtige Aufgaben. Unabhängig davon, ob tierischer oder pflanzlicher Art, bestehen alle Fette aus einer Mischung verschiedener Fettsäuren. Unser Körper braucht nicht nur mehrfach ungesättigte Fettsäuren, sondern auch einfach ungesättigte und gesättigte in einem ausgewogenen Verhältnis.

Verschiedene Milchsorten

1 «Die Butter» 2 Vorzugsbutter 3 Bratbutter
4 Bratcreme 5 Kräuterbutter

Butter ist insofern ein Phänomen, als das Milchfett wie kein anderes in seiner Zusammensetzung ideal auf den Menschen abgestimmt ist. Es enthält praktisch alle Arten von Fettsäuren und unterscheidet sich damit von allen anderen pflanzlichen und tierischen Fetten. Es enthält zudem die fettlöslichen Vitamine A, D und E und ist besonders leicht verdaulich.

Butter ist ein einheimisches Naturprodukt, das keinerlei milchfremde Zusatzstoffe wie Emulgatoren, Stabilisatoren, Farbstoffe oder Aromen enthalten darf. (Ausnahme: Glarner Ankeziger mit Stabilisatorzusatz.) Butter wird ökologisch sinnvoll produziert, geht nur kurze Transportwege und hat einen tiefen Verarbeitungsgrad.

Sorten: Auch bei der Butter gibt es wieder für jeden Zweck die richtige: Die feine Vorzugsbutter wird ausschliesslich aus Milchrahm hergestellt. Das Gleiche gilt für die kalorienreduzierte Light-Butter. Die kräftigere Käsereibutter aus einer Mischung von Milchrahm und Sirtenrahm, das ist der, der beim Käsen anfällt. «Die Butter» schliesslich ist ein Gemisch aus Vorzugsbutter, Käsereibutter und – je nach Marktlage – auch aus Importbutter. Daneben gibt es eine reiche Spezialitätenauswahl: gesalzene Butter, Kräuterbutter, Bifidusbutter, Ankeziger und dergleichen mehr. Speziell für die warme Küche gibt es Bratbutter, Bratbutter soft und die flüssige Bratcreme.

Lagerung: Butter ist vor Licht und Fremdgerüchen geschützt im Kühlschrank zu lagern. Bratbutter und Bratcreme sowie Bratbutter soft können bei Zimmertemperatur aufbewahrt werden. Die aufgedruckte Datierung ist zu beachten. Kochbutter kann in der Originalverpackung zwei Monate, alle anderen Sorten können sechs Monate tiefgekühlt aufbewahrt werden.

Rahm

Rahm ist reine Natur: der fettreiche Teil der Milch, der durch Stehenlassen oder Zentrifugieren der Milch gewonnen wird. Dabei wird das spezifisch leichtere Milchfett von den schwereren Bestandteilen wie Eiweiss, Milchzucker und Wasser getrennt. Dadurch lässt sich der Fettgehalt des Rahms genau einstellen. Anschliessend wird er – je nach Sorte – angesäuert, homogenisiert, pasteurisiert oder ultrahocherhitzt.

Rahm lässt sich für klassische Gerichte genauso gut einsetzen wie in der modernen kreativen Küche. Er nimmt der Schärfe die Spitze, mildert Saures, verfeinert Süsses. Er bringt die Aromastoffe der Kräuter und Gewürze so richtig zur Geltung.

Sorten: Die Bezeichnungen für Rahm ergeben sich aus dem Milchfettgehalt:
Doppelrahm und Mascarpone haben mindestens 45 % Milchfett
Vollrahm, Saucenrahm und Sauerrahm mindestens 35 % Fett
Halbrahm und Saucenhalbrahm mindestens 25 % Fett
Saurer Halbrahm und Kaffeerahm mindestens 15 % Fett
Fitness pour le Café mindestens 9 % Fett

Sauerrahm und saurer Halbrahm werden durch geeignete Milchsäurebakterien angesäuert. Die Zumischung von Fremdfetten und Butteröl sowie Wasser ist verboten.

Damit die Homogenisierung des Milchfettes auch bei längerer Haltbarkeit des Rahms bestehen bleibt, wird den ultrahocherhitzten Rahmsorten ein pflanzliches Bindemittel zugesetzt.

Lagerung: Alle Rahmsorten müssen vor Licht und Fremdgerüchen geschützt im Kühlschrank bei +5 °C aufbewahrt werden. Aufgedruckte Datierungen sind zu beachten. Einmal geöffnete Packungen sollten in einigen Tagen aufgebraucht werden.

1 Kaffeerahm **2** Vollrahm geschlagen **3** Halbrahm
4 Saurer Halbrahm **5** Crème fraîche

Milchfrischprodukte: Sauermilch, Joghurt & Co

Angesäuerte Milcherzeugnisse gehören zu den ältesten Milchprodukten. Heute zählen sie zu den beliebtesten Milchfrischprodukten überhaupt.

Früher liess man die Milch selbst säuern. Heute werden für die Fermentierung gezielt Mikroorganismen eingesetzt, die den Milchzucker in Milchsäure umsetzen. Dabei wird die Milch dicklich. Die bekanntesten Milchfrischprodukte sind Joghurt, Sauermilch, Kefir, Buttermilch und Molke. Neben den traditionellen Joghurtbakterien werden seit einiger Zeit auch Bifidusbakterien, Lactobacillus acidophilus sowie Probiotika zur Fermentierung gebraucht. Diese Bakterien können sich im Darm ansiedeln. Sie unterstützen eine gesunde Darmflora, helfen Krankheitskeime abzuwehren und stärken das Abwehrsystem.

Milch & Milchprodukte

1 Buttermilch **2** Sauermilch **3** Kefir **4** Joghurt

1 Mozzarella **2** Mozzarelline **3** Quark **4** Hüttenkäse
5 Blanc Battu **6** Doppelrahm-Frischkäse

Sorten:

Joghurt:

Nature

Frucht – gerührt oder stichfest

Bifidus – Acidophilusbakterien

Bio-Joghurt

Sauermilch:

Nature

Mit Früchten oder anderen geschmacksgebenden Zutaten

Mit probiotischen Kulturen

Joghurt-Sauermilch-Drinks:

Nature

Mit Früchten

Kefir (entsteht durch kombinierte Milchsäure und alkoholische Gärung):

Nature

Mit Früchten

Buttermilch (entsteht bei der Verbutterung von Rahm):

Nature

Mit Früchten, Buttermilchdessert mit Früchten

Molke, auch Sirte (entsteht beim Käsen):

Nature

Mit Fruchtzusätzen

Verwendung: Die meisten dieser Frischmilchprodukte eignen sich sehr gut für Müesli, Cremen, kalte Saucen, für Dips oder ganz einfach als erfrischende Zwischenmahlzeit. Auch in der warmen Küche haben diese Produkte ihre Reize. Kefir, Joghurt und Sauermilch allerdings sollten bei einer Temperatur unter 42 °C beigegeben werden und dürfen nicht mitkochen, sonst flocken sie aus.

Lagerung: Sauermilchprodukte sollten in der Originalverpackung im Kühlschrank bei +5 °C aufbewahrt werden. Das aufgedruckte Konsumationsdatum ist zu beachten. Sauermilchprodukte mit abgelaufenem Datum sind noch über längere Zeit geniessbar. Der Säuregehalt nimmt dabei langsam zu, da die Milchsäurebakterien weiter aktiv sind.

Quarkterrine mit Tomaten-Vinaigrette

Eine Vorspeise für 4 Personen

Für 1 Terrinenform von 30 cm Länge und 3,5 dl Inhalt
Klarsichtfolie für die Form

100 g Stangensellerie, gerüstet

4 Blatt Gelatine,
in kaltem Wasser eingeweicht
2 EL kräftige Gemüsebouillon
100 g Rahmquark
1 dl Rahm, geschlagen
Salz, Pfeffer aus der Mühle

Tomaten-Vinaigrette:
6 EL Rapsöl
3 EL Weissweinessig
Salz, Pfeffer aus der Mühle
1 EL Küchenkräuter, gehackt
2 Tomaten, entkernt und in Würfeli geschnitten

6 EL Haselnüsse, gerieben, leicht geröstet

Stangenselleriebätter zum Garnieren
2 EL Haselnüsse halbiert

1. Den Stangensellerie in Salzwasser knapp kochen, in Würfeli schneiden, im kalten Wasser abschrecken und mit Küchenpapier trockentupfen.

2. Die gut ausgedrückte Gelatine mit Bouillon im Wasserbad auflösen, nach und nach den Quark zufügen, den Stangensellerie beimischen. Den Rahm unterheben, abschmecken. Die Masse in die vorbereitete Terrinenform füllen und im Kühlschrank mindestens 4 Stunden fest werden lassen.

3. Für die Vinaigrette Öl, Essig, Salz und Pfeffer vermischen. Küchenkräuter und Tomaten unterrühren.

4. Die Terrine aus der Form stürzen und in den geriebenen Haselnüssen wenden.

5. Mit einem heissen Messer in Scheiben schneiden, auf Tellern anrichten und mit Stangenselleriebättern garnieren. Die Vinaigrette darüber träufeln, mit Haselnüssen bestreuen und servieren.

- Anstelle von Stangensellerie lassen sich sehr gut Broccoli, Karotten oder Spargeln verwenden.
- Haselnüsse können durch geröstete und im Cutter geriebene Sonnenblumenkerne ersetzt werden.

♀ Ein Pinot Gris aus dem Baselbiet.

75 Milch & Milchprodukte

76 Milch & Milchprodukte

Kümmelbrioche mit Frischkäse-Mousse

1. Für den Teig die Hefe und den Zucker in kalter Milch verrühren. Mehl, Kümmel und Salz in einer Schüssel mischen, eine Mulde formen, Eier und Hefegemisch beigeben und zu einem Teig kneten. Die Butter zufügen und mindestens 10 Minuten weiterkneten, bis ein elastischer Teig entstanden ist.

2. Den Teig zu einer 3 cm dicken Rolle formen. Zwei Drittel davon in 30 Stücke teilen und zu Kugeln formen. Den restlichen Teig zu 30 kleinen Kugeln formen. Die grossen Kugeln mit einem Finger eindrücken und die kleinen hineinlegen. Auf ein mit Backpapier belegtes Blech legen und mit Eigelb bestreichen. Mit Kümmel bestreuen und ca. 1 Stunde um das Doppelte aufgehen lassen.

3. Im auf 180 °C vorgeheizten Ofen ca. 10–12 Minuten backen. Aus dem Ofen nehmen und auskühlen lassen.

4. Die Zutaten für die jeweilige Füllung bis und mit Joghurt mischen, den Rahm sorgfältig darunterziehen. Abschmecken.

5. Die Brioches halbieren. Die beiden Füllungen mit einem Spritzsack auf die Böden spritzen, Deckel aufsetzen und die Brioches servieren.

♀ Ein Bündner Schiller.

Apérohäppchen oder Snack, ca. 30 Stück

Teig:
¼ Würfel Hefe, 10 g
1 Prise Zucker
1 EL Milch
250 g Mehl
1 TL Kümmel
½ TL Salz
2 Eier, verrührt
70 g Butter, in Würfel geschnitten

1 Eigelb mit 1 EL Milch gemischt,
zum Bestreichen
wenig Kümmel zum Bestreuen

Paprika-Mousse:
160 g Doppelrahm-Frischkäse, z. B. Gala
1 Knoblauchzehe, gehackt
1 EL Zwiebeln, gehackt
Salz, Pfeffer aus der Mühle
1 TL Paprika, edelsüss
1 EL Joghurt
1 dl Rahm, geschlagen

Rohschinken-Mousse:
160 g Doppelrahm-Frischkäse, z. B. Gala
2 EL Kresse, ca. 20 g, grob gehackt
50 g Rohschinken,
in Würfelchen geschnitten
Salz, Pfeffer aus der Mühle,
1 EL Joghurt
1 dl Rahm, geschlagen

Grüner Spargelsalat mit Hüttenkäse und Gänseblümchen

Ein leichtes Hauptgericht oder eine reichliche Vorspeise für 4 Personen

Für 4 Förmchen von 2 dl Inhalt

600 g grüne Spargeln
200 g Rüebli, geschält
400 g Hüttenkäse
2 EL Pfefferminzblättchen, fein geschnitten

Vinaigrette:
1½ TL Salz
5 TL Birnendicksaft
4 EL Weissweinessig
6 EL Rapsöl
schwarzer Pfeffer aus der Mühle

ca. 30 Gänseblümchen zum Garnieren

1. Die holzigen Enden der Spargeln abschneiden und anschliessend mit einem Sparschäler in ca. 1 mm dünne Streifen schneiden. Ca. 2 Minuten im Dampf knackig garen, mit kaltem Wasser abschrecken und gut abtropfen lassen. Die Spargelstreifen locker auf vier Tellern anrichten.

2. Rüebli an der Röstiraffel reiben, mit dem Hüttenkäse, Pfefferminze und 4 EL Vinaigrette vermengen. Die Masse in vier Förmchen füllen, gut andrücken und in die Mitte der Spargelstreifen stürzen.

3. Für die Vinaigrette Salz und Birnendicksaft im Weissweinessig auflösen. Rapsöl beigeben und mit Pfeffer würzen.

4. Den Salat mit Vinaigrette beträufeln und mit Gänseblümchen garnieren.

- Pfefferminze durch fein geschnittene Zitronenmelisse ersetzen.

☥ Einer der feinen Weissen aus dem Lavaux oder Chablais.

79 Milch & Milchprodukte

Roher Pastinaken-Salat mit Emmentaler

1. Alle Zutaten der Sauce mischen und mit Salz und Pfeffer abschmecken.
2. Die Kürbiskerne in Bratcreme rösten, auskühlen lassen.
3. Pastinaken und Rüben mit einem Sparschäler oder Gemüsehobel in sehr feine Scheiben schneiden. Mit Schalotten, Emmentaler, Kürbiskernen und zwei Drittel der Sauce mischen.
4. Den Pastinaken- und Nüsslisalat auf Tellern anrichten, mit der restlichen Sauce beträufeln und mit Emmentaler garnieren.

- Pastinaken lassen sich sehr gut durch Knollensellerie und Pfälzer Rüben durch Rüebli ersetzen.
- Gemüse und Emmentaler können auch an der Röstiraffel geraffelt werden.

♀ Apfelsaft oder saurer Most.

Eine Vorspeise für 4 Personen

Sauce:
1 dl Rahm
0,5 dl Apfelsaft
1½ TL Apfelessig
½ TL Salz, Pfeffer aus der Mühle

4 EL Kürbiskerne
1 TL Bratcreme

300 g Pastinaken, geschält
150 g Pfälzer Rüben, geschält
3 Schalotten, in feine Ringe geschnitten
150 g Emmentaler, fein gewürfelt

4 schöne kleine Scheiben Emmentaler zum Garnieren
1 Handvoll Nüsslisalat, gerüstet und gewaschen

Kalte Buttermilch-Suppe mit geräucherter Forelle

1. Die Buttermilch mit Gemüsebouillon, saurem Halbrahm und Estragon mixen. Mit Salz, Pfeffer und Zitronensaft abschmecken und kühl stellen.

2. Die Suppe in vorgekühlten Tellern anrichten, Forellenfilets und Gurkenwürfeli darauf verteilen, mit Kapuzinerkresse garnieren.

- Anstelle von Estragon Basilikum verwenden.

Eine Suppe für 4 Personen

3 dl Buttermilch
1 dl kräftige Gemüsebouillon, kalt
180 g saurer Halbrahm
1 EL Estragon, geschnitten
Salz, Pfeffer aus der Mühle
½ Zitrone, Saft

**2 geräucherte Forellenfilets,
in Streifen geschnitten**
**100 g Salatgurke,
in Würfeli geschnitten**

Kapuzinerkresseblüten zum Garnieren

Warmer Tomatenpudding an Mascarpone-Sauce

Eine Vorspeise für 4 Personen

**Für 4 Förmchen von 1,5 dl Inhalt
Butter und Mehl für die Förmchen**

40 g Butter, 50 g Mehl
1 dl Milch, 2 Eigelb

1 EL Tomatenpüree
2 Tomaten, geschält, entkernt und in Würfel geschnitten
4 grosse Blätter Basilikum, gehackt
Salz, Pfeffer aus der Mühle
2 Eiweiss
1 Prise Salz
2 Tomaten, geschält, entkernt und in feine Streifen geschnitten

Sauce:
1 dl kräftige Gemüsebouillon
200 g Mascarpone
1 EL Basilikum, geschnitten
Salz, Pfeffer aus der Mühle

Basilikumblättchen zum Garnieren

1. Die Butter in der Pfanne zergehen lassen und das Mehl zufügen, kurz anschwitzen, ohne Farbe zu geben. Die Milch beigeben und unter starkem Rühren zu einer dicken Masse kochen. Vom Herd nehmen, die Eigelbe zufügen und gut mischen.

2. Tomatenpüree, Tomatenwürfel und das Basilikum in die Masse rühren. Mit Salz und Pfeffer würzen.

3. Die Eiweisse mit einer Prise Salz steif schlagen und vorsichtig unterheben. Die Masse in die vorbereiteten Förmchen füllen und mit je zwei Tomatenstreifen belegen. Im auf 200 °C vorgeheizten Ofen 15–20 Minuten backen.

4. Für die Sauce die Bouillon aufkochen, Mascarpone und Basilikum darunter rühren und abschmecken.

5. Je einen Pudding pro Teller anrichten. Mit der warmen Mascarpone-Sauce umgiessen, mit den restlichen Tomatenstreifen und Basilikum garnieren.

Winzer-Rahmfladen

Ein Hauptgericht für 4 Personen

4 hauchdünne Fladen von ca. 30 cm Ø

Hefeteig:
½ Hefewürfel
1 TL Zucker
3 dl lauwarmes Wasser
450 g Ruchmehl
2 TL Salz
50 g Butter, flüssig – nicht heiss

Belag:
400 g Crème fraîche
150 g Rohessspeck,
in dünne Scheiben geschnitten
300 g rote Zwiebeln,
in feine Ringe geschnitten
250 g blaue Weintrauben,
halbiert, entkernt
50 g Baumnüsse, grob gehackt
Pfeffer aus der Mühle

1. Für den Teig Hefe und Zucker im lauwarmen Wasser auflösen. Ruchmehl mit Salz mischen, Hefelösung und Butter zugeben und alles zu einem glatten Teig kneten. Mit einem Küchentuch zugedeckt bei Raumtemperatur auf das Doppelte aufgehen lassen.
2. Den Teig in vier gleiche Stücke teilen und auf Backpapier zu Kreisen von ca. 30 cm Ø und einer Dicke von 2 mm auswallen. Die ausgewallten Böden auf Bleche legen und mit einer Gabel mehrmals einstechen.
3. Jeden Teigfladen mit Crème fraîche bestreichen, mit Rohessspeck, Zwiebelringen, Weintrauben und Baumnüssen belegen und mit Pfeffer würzen.
4. Die Fladen nacheinander in der Mitte des auf 250 °C vorgeheizten Ofens 5–7 Minuten backen und heiss servieren.

• Zur Verzierung die Teigränder vor dem Belegen dekorativ umschlagen.

♀ Ein kräftiger Dôle.

84 Milch & Milchprodukte

Gefüllter Lauch mit Hüttenkäse

1. Alle Zutaten für die Füllung gut miteinander verkneten.
2. Den weissen Teil des Lauches (ca. 15 cm) abschneiden und den Wurzelansatz entfernen. Je vier grosse Röhrchen herausdrücken, waschen und mit Hackfleischmasse füllen. Die gefüllten Lauchröhrchen in die vorbereitete Gratinform legen, mit Sbrinz bestreuen und im auf 200 °C vorgeheizten Ofen 20 Minuten backen.
3. Den restlichen Lauch waschen, gut abtropfen lassen. Lauch und Champignons fein schneiden. In einer grossen Bratpfanne Bratbutter oder Bratcreme erhitzen. Lauch und Champignons ca. 10 Minuten unter ständigem Rühren braten. Mit Weisswein ablöschen, einkochen lassen, mit Rahm auffüllen, auf die gewünschte Konsistenz einkochen und mit Salz, Pfeffer und Muskat abschmecken.
4. Die gefüllten Lauchröhrchen auf dem Lauchgemüse anrichten.

- Kleine halbierte Kartoffeln in etwas Bratcreme benetzen und im auf 200 °C vorgeheizten Ofen 20 Minuten backen. Mit etwas Salz und Kümmel würzen und dazu servieren.

♀ Ein Sauvignon Blanc vom Genfersee.

Ein Hauptgericht für 4 Personen

Für eine Gratinform von ca. 30 cm Länge
Butter für die Form

Füllung:
500 g Rindfleisch, gehackt
200 g Hüttenkäse
1 Ei
2 EL scharfer Senf
2 TL Salz, Pfeffer aus der Mühle
1 TL Paprikapulver, edelsüss
1 TL frische Thymianblättchen

2 grosse grüne Lauchstangen à 300 g
75 g Sbrinz, an der Röstiraffel gerieben
Bratbutter oder Bratcreme
200 g Champignons, gewaschen
1 dl Weisswein
2,5 dl Rahm
1 Prise Muskatnuss

Kalbsvoressen mit Bärlauch

Ein Hauptgericht für 4 Personen

1 dl Weisswein
5 dl Bouillon
800 g Kalbsschulter,
in Würfel von 30 g geschnitten
1 Zwiebel, geschält und halbiert
5 schwarze Pfefferkörner
Salz

Sauce:
2 EL Mehl und
2 EL Butter zu Mehlbutter vermischt
1 Handvoll Bärlauch, ca. 50 g,
in feine Streifen geschnitten
1,8 dl Saucenrahm
Salz
wenig Zitronensaft

einige Bärlauchblätter zum Garnieren

1. Weisswein und Bouillon aufkochen, das Kalbfleisch zufügen, aufkochen und mit einem Esslöffel den Schaum abschöpfen. Zwiebeln und Pfefferkörner beigeben, würzen und bei kleiner Hitze ca. 1 Stunde köcheln, bis das Fleisch gar ist.
2. Das Fleisch herausnehmen und zugedeckt in einer heiss ausgespülten Schüssel warm stellen.
3. Für die Sauce die Brühe absieben und 4 dl der Brühe mit der Mehlbutter verrühren, aufkochen und einige Minuten köcheln lassen, den Bärlauch zufügen und mixen. Den Saucenrahm beigeben, vermischen und die Sauce aufkochen.
4. Das Fleisch in die Sauce geben, mit Salz und Zitronensaft abschmecken, in eine Schüssel anrichten und mit Bärlauch garnieren und servieren.

- Statt Bärlauch eignet sich auch Basilikum, Spinat oder Sauerampfer.
- Zum Voressen passt Kartoffelstock.

87 Milch & Milchprodukte

88 Milch & Milchprodukte

Lammgigot in Rosmarinmilch

1. Den Gigot mit Salz, Pfeffer und Senf einreiben, in einer grossen Bratpfanne in Bratbutter rundum kräftig anbraten und anschliessend in einen Bräter legen. Den Bratensatz mit Milch ablöschen, aufkochen und über den Gigot giessen. Rosmarinzweige, Zwiebel, Knoblauch, Lorbeer und Pfefferkörner in die Milch legen.

2. Den Gigot offen in den auf 180 °C vorgeheizten Ofen schieben und während 2–2½ Stunden (je nach Grösse) schmoren. Dabei den Gigot gelegentlich mit Milch begiessen und jede halbe Stunde wenden.

3. Den Gigot aus der Milch nehmen, warm stellen. Flüssigkeit in eine kleine Pfanne absieben, Saucenrahm zugeben und mischen. Ist die Sauce zu dünn, mit wenig in kaltem Wasser angerührter Maisstärke binden. Mit Salz, Pfeffer und wenig Zitronensaft abschmecken.

4. Das Fleisch am Knochen entlang einschneiden. Den Knochen herausziehen und die verbleibenden Knorpel mit einem kleinen Messer entfernen. Das Fleisch quer zur Faser in feine Tranchen schneiden und mit der Sauce servieren.

- Zum Einlegen UHT-Milch verwenden, sie gerinnt weniger. Der Gigot kann auch rosa gebraten werden. Die Garzeit verkürzt sich dann auf 1–1½ Stunden. Mit einem Bratenthermometer die Kerntemperatur prüfen. Sobald 60 °C erreicht sind, den Gigot aus der Milch nehmen und warm stellen.

Ein Hauptgericht für 6–8 Personen

1 Lammgigot mit Knochen, 1,5–1,8 kg
1 TL Salz, Pfeffer aus der Mühle
1 EL scharfer Senf
Bratbutter oder Bratcreme zum Anbraten

1 l Milch
30 g Rosmarinzweige, ca. 8 Stück
1 Zwiebel, geschält, halbiert
2 Knoblauchzehen, halbiert
3 Lorbeerblätter
10 schwarze Pfefferkörner

1,8 dl Saucenrahm
Salz, Pfeffer aus der Mühle
1–2 EL Zitronensaft

90 Milch & Milchprodukte

Biskuitroulade mit Brombeerquark

1. Für das Biskuit Eigelbe mit Vanillezucker und 50 g Zucker schaumig rühren. Eiweisse steif schlagen, den restlichen Zucker einrieseln lassen und weiterschlagen, bis die Masse glänzt und sich Spitzen bilden. Mehl und Maisstärke mischen und mit Eiweissen unter die Eigelbmasse heben. Den Teig gleichmässig auf das mit Backpapier ausgelegte Blech streichen.
2. In der Mitte des auf 240 °C vorgeheizten Ofens ca. 8 Minuten goldgelb backen.
3. Die Teigplatte sofort auf ein mit 4 EL Zucker bestreutes Küchentuch stürzen, mit einem feuchten Küchentuch bedecken und auskühlen lassen.
4. Für die Füllung die Brombeeren mit Milch pürieren, durch ein feines Sieb streichen und mit Honig und Rahmquark mischen. Die Gelatine gut ausdrücken und mit Brombeergeist wärmen, bis sie geschmolzen ist. Die Quarkmasse nach und nach unterrühren, zuletzt den geschlagenen Rahm unter die Masse heben und wenig ansulzen lassen.
5. Das Backpapier vom Biskuit abziehen, mit Füllung bestreichen, zusammenrollen und in Alufolie wickeln. Im Kühlschrank mindestens 2 Stunden fest werden lassen.
6. Die Roulade mit Zucker bestreuen, in Tranchen schneiden und mit frischen Brombeeren anrichten.

- Die Roulade kann auch tiefgekühlt serviert werden.

Dessert für 6–8 Personen

Für eine Biskuitrolle von 45 cm Länge
Grosses Backblech und Backpapier

Biskuit:
8 Eigelb
1 Päckchen Vanillezucker
100 g Zucker
4 Eiweiss
80 g Mehl
2 EL Maisstärke
4 EL Zucker
zum Bestreuen eines Küchentuches

Füllung:
200 g Brombeeren
1 dl Milch
130 g Honig, flüssig
300 g Rahmquark
7 Blatt Gelatine,
in kaltem Wasser eingeweicht
2 EL Brombeergeist oder Apfelsaft
1,8 dl Rahm, steif geschlagen

Zucker und Brombeeren zum Garnieren

Pfefferminzparfait mit Sommerbeeren

Dessert für 4 Personen

Für 4 Förmchen von 2 dl Inhalt

5 EL Zucker
2 EL Wasser

1 Hand voll Blattspinat
1 Hand voll Pfefferminzblättchen
200 g Crème fraîche
1 Eiweiss
1,8 dl Rahm, steif geschlagen
2 EL Pfefferminzlikör nach Belieben

200 g gemischte Sommerbeeren,
z. B. Stachelbeeren, Himbeeren,
Johannisbeeren, Walderdbeeren

Pfefferminze zum Garnieren

1. 4 EL Zucker mit Wasser in einer kleinen Pfanne aufkochen, abkühlen lassen.
2. Spinat zusammen mit Pfefferminzblättchen und Crème fraîche im Cutter zu einer feinen grünen Masse verarbeiten.
3. Eiweiss steif schlagen, 1 EL Zucker einrieseln lassen und weiter schlagen, bis die Masse glänzt und sich Spitzen bilden. Zuckerwasser, Eischnee, geschlagenen Rahm und Pfefferminzlikör unter die Pfefferminzmasse heben. In Förmchen abfüllen und mindestens 3 Stunden gefrieren.
4. Zum Servieren die Förmchen kurz in heisses Wasser tauchen, Parfait auf Teller stürzen und eventuell leicht antauen lassen. Mit Sommerbeeren anrichten und mit Pfefferminze garnieren.

Quarktorte mit Heidelbeeren

Dessert für 6 Personen

Für eine Springform von 22 cm Ø
Backpapier für die Form

150 g Butterbiskuits (Petit Beurre)
75 g Butter, weich
30 g Puderzucker

500 g Magerquark
80 g Birnendicksaft oder Honig
50 g Zucker
1 dl roter Traubensaft
8 Blatt Gelatine,
in kaltem Wasser eingeweicht
250 g Heidelbeeren

500 g Hüttenkäse
2 Päckchen Vanillezucker

50 g schöne Heidelbeeren zum Garnieren

1. Die Butterbiskuits fein zerbröckeln und mit Butter und Puderzucker zu einer bröseligen Masse verkneten. Den Boden und den Rand der Springform mit Backpapier auslegen. Die Biskuitbrösel auf den Boden geben und mit dem Rücken eines Esslöffels gleichmässig andrücken.

2. Quark mit Birnendicksaft und Zucker verrühren, bis der Zucker sich gelöst hat. Den Traubensaft aufkochen, von der Platte ziehen und die gut ausgedrückte Gelatine darin auflösen. Die Quarkmasse nach und nach unter den Traubensaft mischen und zuletzt die Heidelbeeren darunter heben. Die Masse auf den Boden geben, glatt streichen und mindestens 3 Stunden kalt stellen.

3. Die Torte aus der Form nehmen und das Backpapier abziehen. Den Hüttenkäse mit Vanillezucker mischen und die Tortenoberfläche sowie den Rand damit bestreichen. Die Torte mit schönen Heidelbeeren garnieren.

Madeleines mit Zitronengeranie an Honig-Sauermilch

1. Die Förmchen grosszügig mit Butter ausstreichen, in jedes Förmchen ein Blatt Zitronengeranie legen und etwas andrücken. Kalt stellen.
2. Eier, Eigelb und Zucker sehr schaumig rühren. Zitronensaft, gehackte Zitronengeranienblätter, Mehl und Maisstärke in dieser Reihenfolge unterrühren. Zuletzt die Butter beifügen. Den Teig in die Förmchen verteilen.
3. In der Mitte des auf 200 °C vorgeheizten Ofens 15–20 Minuten backen. Etwas auskühlen lassen, dann vorsichtig stürzen.
4. Die Sauermilch mit Honig nach Belieben süssen und zu den Madeleines servieren.

- Anstelle der Zitronengeranie kann auch Zitronenmelisse verwendet werden.

Dessert für 6 Personen

Für 6 Förmchen von 1 dl Inhalt
Butter für die Förmchen
6 Zitronengeranienblätter

2 Eier
1 Eigelb
125 g Zucker
2 EL Zitronensaft
2 EL Zitronengeranienblätter, fein gehackt
100 g Mehl
4 EL Maisstärke
75 g Butter, flüssig – nicht heiss

180 g Sauermilch
Honig, flüssig

Zitronengeranie siehe «Küchenlatein», Seite 283.

Holunderblüten-Creme

1. Holunderblüten und Zitronenschale in Milch aufkochen und 5 Minuten ziehen lassen.
2. 0,5 dl Milch, Zucker, Eigelbe und Maizena zusammen verrühren.
3. Die heisse Milch durch ein feines Sieb zur Eimasse rühren. Alles zusammen zurück in die Pfanne geben und bei kleiner Hitze unter stetem Rühren aufkochen lassen und zurück in die Schüssel giessen. Mit dem Zucker bestreuen und zugedeckt auskühlen lassen.
4. Creme gut durchrühren, den Rahm darunter ziehen und in vier Schalen füllen. Mit Holunderblüten garnieren.

- Die Holunderblüten können durch Minze oder Melisse ersetzt werden.

Ein Dessert für 4 Personen

6 Holunderblütendolden, gewaschen
1 Stück dünn abgeschälte Zitronenschale
4 dl Milch

0,5 dl Milch
120 g Zucker
2 Eigelb
3 EL Maizena

½ EL Zucker

1,8 dl Rahm, geschlagen

Holunderblüten zum Garnieren

Guetzlivariationen

Für ca. 30 Stück

Grundrezept:
150 g Butter
75 g Zucker
1 Vanillestängel, Mark
1 Prise Salz
½ Zitrone, abgeriebene Schale
1 Eiweiss
250 g Weissmehl

Zucker zum Ausrollen des Teiges

1. Die Butter mit Zucker, Vanillemark, Salz und Zitronenschale schaumig rühren. Das Eiweiss beigeben und daruntermischen. Das Mehl zufügen und schnell zu einem Teig zusammenfügen.
2. Auf Zucker zu Rollen von 4 cm Durchmesser formen und im Kühlschrank fest werden lassen. In 1,5 cm dicke Scheiben schneiden und auf ein mit Backpapier belegtes Blech legen.
3. Im auf 200 °C vorgeheizten Backofen 8–10 Minuten backen.

Variationen
- Dem Teig 100 g verschiedene Nüsse gemahlen, gehackt oder ganz beigeben.
- Dem Teig 100 g Schokoladewürfeli oder 4 EL Schokoladepulver beigeben.
- Den Teig 7 mm dünn auswallen und mit Förmchen ausstechen, mit Eigelb bestreichen, mit 4 EL Hagelzucker bestreuen und 6–8 Minuten backen.
- Unter die Hälfte des Teiges 2 EL Kakaopulver mischen, beide Teige leicht verkneten und Marmorplätzchen herstellen.
- Die Rollen vor dem Backen in geriebenen Nüssen wenden.

Garnituren
- 1 Beutel Schokoladenglasur
- 30 Haselnüsse
- 2 EL Schokoladenpulver, ungezuckert
- 4 EL gehackte Haselnüsse
- 1 Eigelb zum Bestreichen
- 2 EL Hagelzucker zum Bestreuen

Dekorationen
- Nach dem Backen mit flüssiger Schokoladenglasur überziehen und mit einer Haselnuss garnieren. Glasur fest werden lassen.
- Guetzli nach dem Backen mit flüssiger Schokoladenglasur fadenartig dekorieren.

97 Milch & Milchprodukte

Kartoffeln

Schon rötlich die Kartoffeln sind
Und weiss wie Alabaster.
Sie däun so lieblich und geschwind
Und sind für Mann und Weib und Kind
Ein rechtes Magenpflaster.

(Claudius: Kartoffellied)

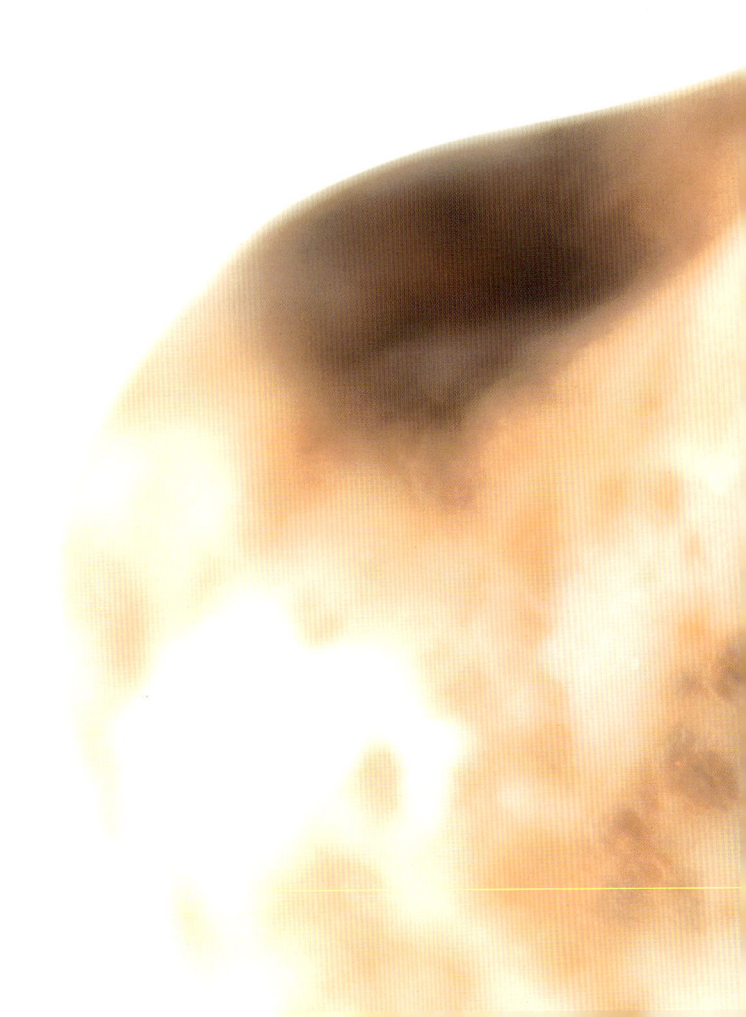

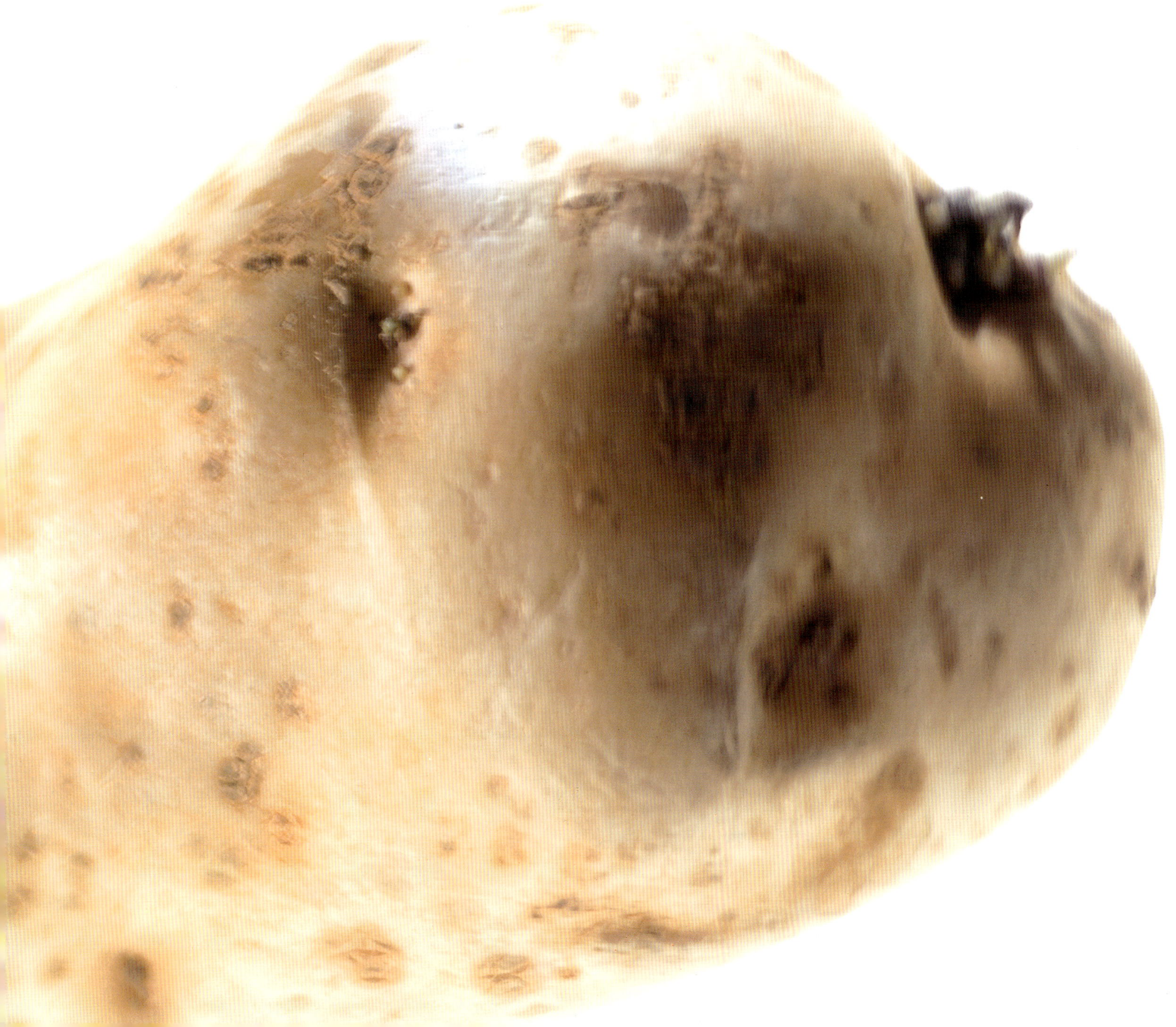

100 Kartoffeln

Delikatesse aus dem Untergrund

Vor 6000 Jahren begannen die Bewohner einiger hoch gelegener Andentäler aus einer nussgrossen, bitteren Knolle die essbare Kartoffel zu züchten – das andere Gold der Inkas, das von den spanischen Eroberern aber zunächst nicht beachtet wurde.

Die Kartoffel war nicht die einzige wilde Pflanze, die in dieser Weltgegend kultiviert wurde. Die Bergbauern pflanzten auch Tomaten, Erdnüsse, Bohnen, Kürbisse, Mais und Quinoa an. Doch die Kartoffel wurde zur wichtigsten Nahrung der Inkas. Entlang ihrer Kriegspfade, die vom heutigen Ecuador bis Feuerland reichten, legten sie Kartoffeldepots an. Und sie beherrschten bereits die Technik des Gefriertrocknens: Chuño heisst die Konserve, die dabei herauskommt, wenn man Kartoffeln nachts in 4000 Metern Höhe gefrieren lässt, sie tagsüber auftaut und mit den Füssen den Saft herausstampft. Die getrocknete Knolle bleibt mehrere Jahre haltbar, das Verfahren wird in Peru noch heute praktiziert.

Der erste Europäer, der den Wert der Kartoffel erkannte, war ein Konquistador namens Gonzalo Jimenez de Quesada. Er interessierte sich für «die Trüffeln, weiss, lila, gelb und wohlschmeckend». Denn: so weiss bis goldgelb wie heute war die Kartoffel nicht immer. Es gab – und gibt – sie auch in Dunkelrot und Rosa, Schwarz und Grau: ein unendliches Potenzial, um den bekannten Sorten neue Impulse zu geben. In Peru hält das internationale Kartoffelzentrum (CIP) verschiedene Sorten für jedes Klima und jeden Boden bereit.

Die ersten Kartoffelfelder der Alten Welt lagen an den Ufern des Guadalquivir

Im 16. Jahrhundert segelten die schwer mit Beute beladenen Galeonen heim nach Sevilla, um am Torre del Oro ihre Ladung zu löschen. Doch schon vorher, in Sanlucar, wo der Fluss ins Meer mündet, konnten die Heimkehrer an Land gehen und all die Dinge ausladen, die nicht für die Schatzkammern der «Reyes Catòlicos» bestimmt waren: Kartoffeln zum Beispiel.

< Aussaat bei Kohlis im bernischen Riffenmatt.
> Das ganze Schweizer Mittelland ist auch Kartoffelland.

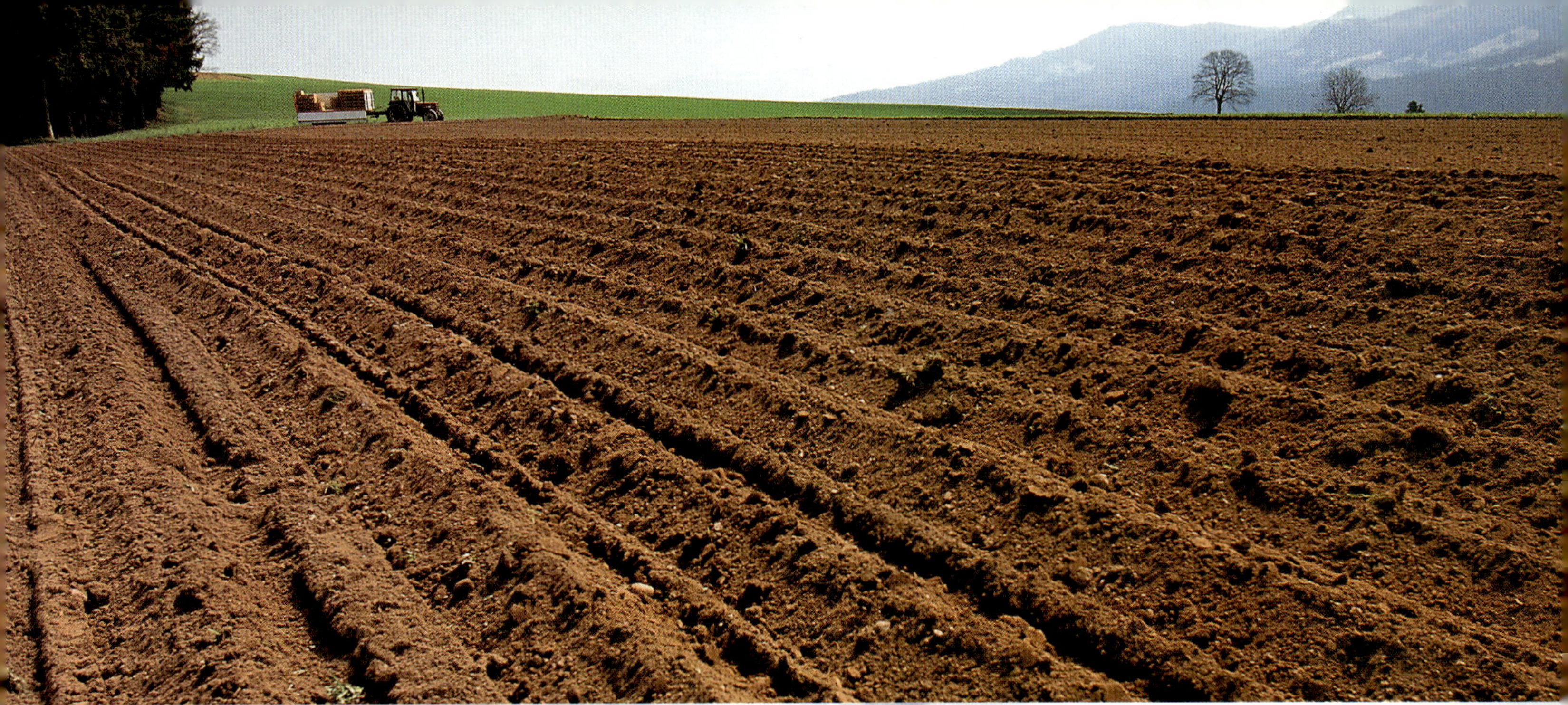
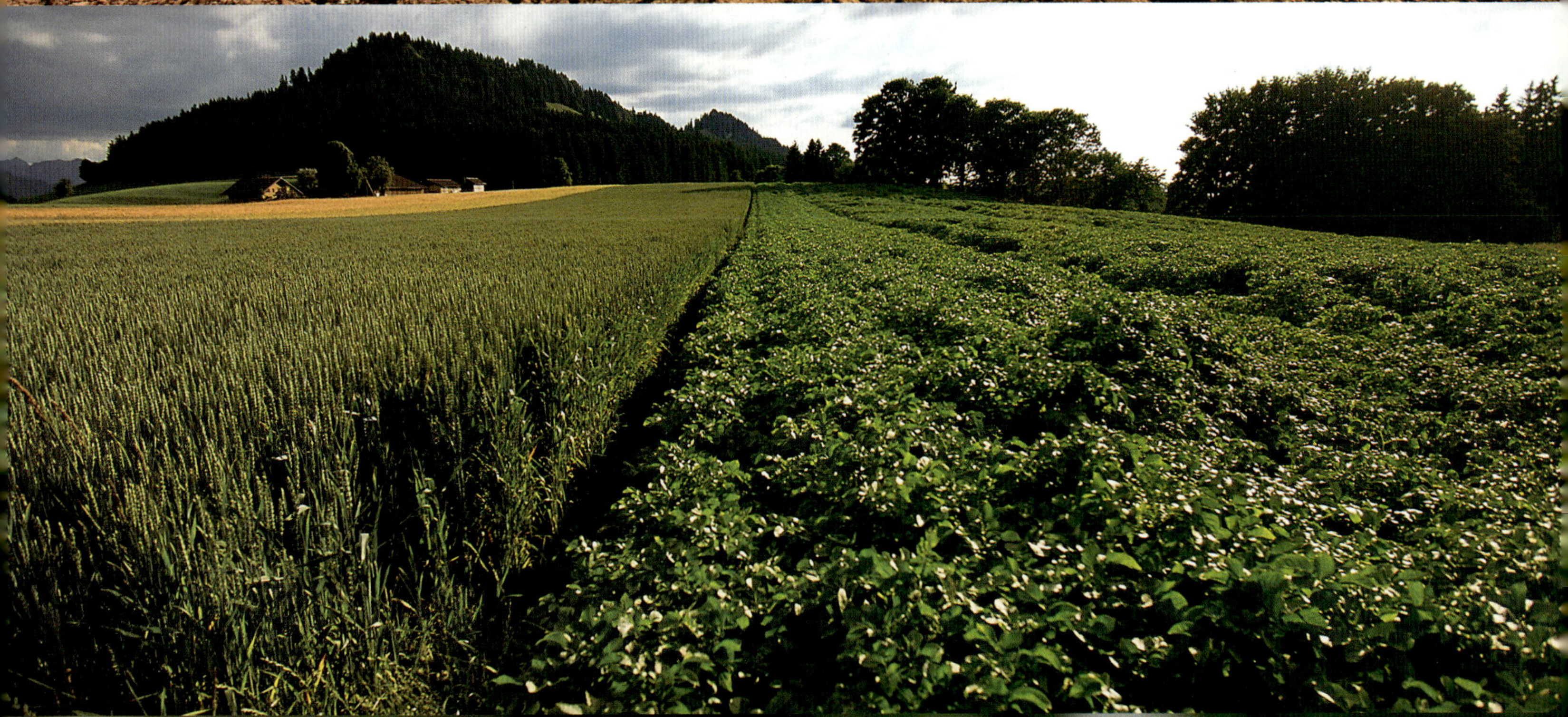
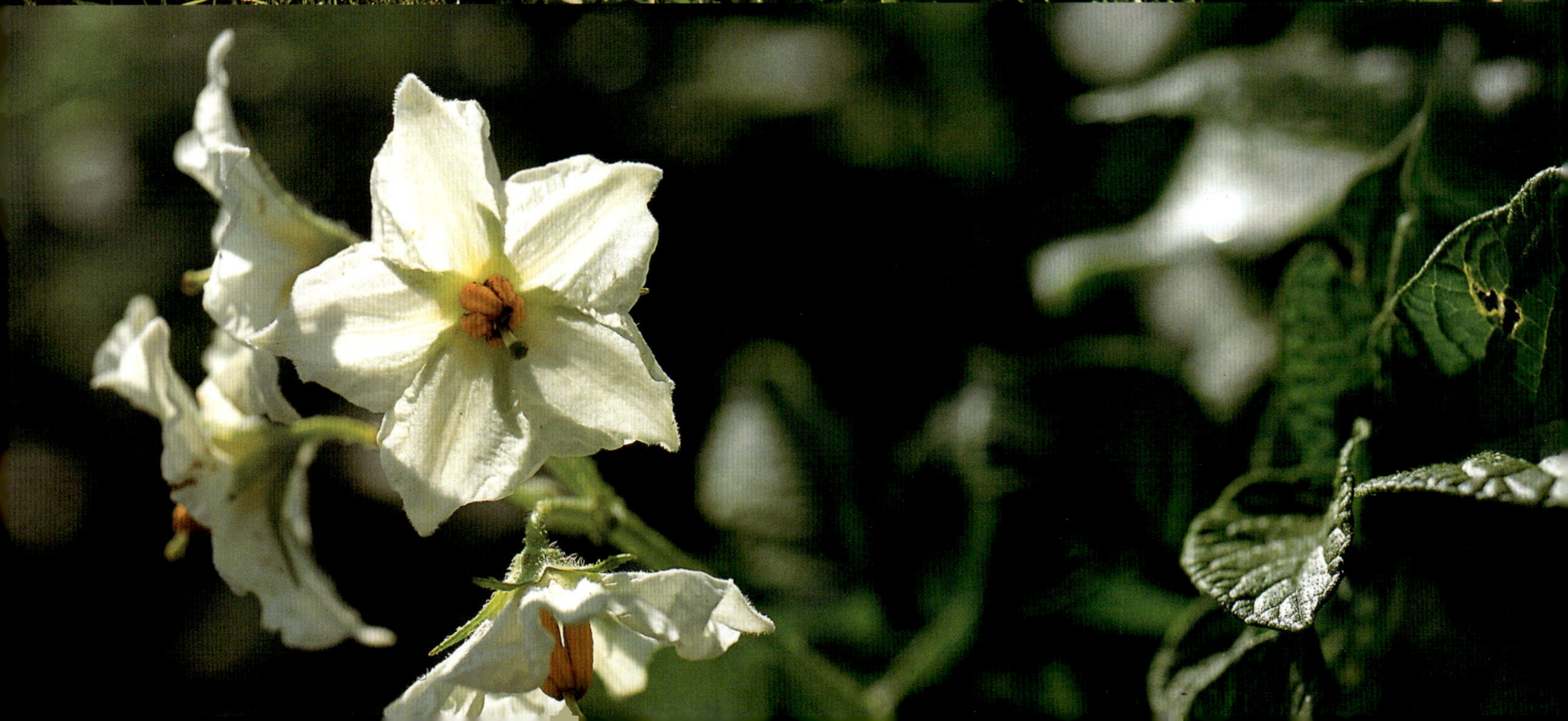

Immerhin müssen einige der Knollen doch bis nach Madrid gekommen sein. Denn 1580 überreichte der spanische Herrscher Philipp II. dem Papst in Rom ein paar Kartoffelpflanzen als königliches Geschenk. Das aber nicht der Knollen, sondern der Blüten wegen, die Kartoffel galt als Zierpflanze. Als solche wurde sie denn auch in botanischen Gärten gezogen, unter anderem in Basel. Und Königin Elisabeth I. heftete ihren Rittern Raleigh und Leicester als Dank für geleistete Dienste Kartoffelblüten an die Heldenbrust.

Um 1590 kamen die ersten Kartoffeln in die Schweiz. Heimkehrende Schweizergardisten brachten sie aus Rom mit. Angebaut wurden die Knollen zuerst in Glarus. Um 1640 gab es im Freiburgischen bereits Erdäpfelfelder. Die «Tartuffeln» fanden bei den Bauern und ihren Herren kulinarisch weit weniger Anklang als die Trüffeln, von denen man sie namentlich herleitete. Obwohl bei einigen begüterten Leuten als exotische Delikatesse wohlgelitten, herrschte beim Landvolk die Meinung, dass die «sündhafte und giftige Teufelswurzel Dummheit erzeuge».

«Was der Bauer nicht kennt, frisst er nicht.»

Dieses Sprichwort stammt aus genau jener Zeit. «Und was er nicht frisst, baut er auch nicht an», kann man ergänzen. Ausserhalb der Schweiz brauchte es königliche und kaiserliche Dekrete, um die Kartoffel durchzusetzen. In der Schweiz hingegen landete die «Grundbirne» vorerst im Schweinefutter.

Für den Preussenkönig Friedrich II. galt die Kartoffel als Soldatenproviant. Der Alte Fritz, wie er auch genannt wurde, befahl 1756, sie überall im Land anzubauen. Trotzdem kam der Anbau nicht recht voran. Erst eine List machte den Bauern die Feldfrucht schmackhaft: Der König liess die Felder von Soldaten bewachen. Nachts schlichen sich die Bauern heimlich auf die Felder, um nachzusehen, was es dort so streng zu bewachen gab. Die Soldaten schauten grosszügig selbst dann noch weg, als die verbotenen Früchte gleich sackweise gestohlen wurden. Danach wollte jeder Landmann den wertvollen Erdapfel anpflanzen.

Bei seinen Reisen durch die Mark Brandenburg und Schlesien liess sich der König während der Rast in kleineren Städten öffentlich Kartoffeln servieren. So brachte er auch die Städter auf den Geschmack.

Auch Zarin Katharina die Grosse, Zeitgenossin des Alten Fritz, setzte auf die Kartoffel. Sie drückte den Anbau im russischen Riesenreich gegen grosse Widerstände der Bauern durch und begegnete so den immer wieder drohenden Hungersnöten wegen Getreidemissernten.

Die Innerschweizer und Bündner als Trendsetter

Der Erdapfel wurde vor allem in der gebirgigen Innerschweiz, im Oberhasli und in Graubünden als Getreideersatz bald unersetzbar. Im Mittelland wurde auf Grund der dort erzielten guten Ergebnisse manches Brachland zum Kartoffelacker. Doch die Ratschläge fortschrittlicher Ökonomen stiessen manchen Orts noch lange Zeit auf grossen Widerstand. Als ein Berner Landvogt die Kartoffel im Waadtland einführen wollte, bedrohten ihn die Landleute und verklagten ihn in Bern. Der kartoffelfreundliche Beamte wurde von der Regierung gerügt.

Doch wer nicht hören will, muss fühlen: Eine Reihe von Getreidemissernten in der zweiten Hälfte des 18. Jahrhunderts verhalf der Kartoffel endgültig zum Durchbruch. Was dann allerdings auch nicht immer der Volksgesundheit diente – die bäuerliche Kartoffelschnapsbrennerei nahm so sehr überhand, dass sogar Jeremias Gotthelf gegen den Branntwein-Missbrauch wetterte und per Dekret aus Bern Verbote gegen den Kartoffelgenuss in flüssiger Form erlassen wurden.

Zu höheren kulinarischen Ehren kam der Erdapfel durch einen Apotheker

Friedrich der Grosse hin, Katharina die Grosse her: Die vielleicht grössten Verdienste um die Kartoffel hat sich Antoine Auguste Parmentier erworben. 1760 war Parmentier als Armee-Apotheker in der Nähe von Hannover in preussische Kriegsgefangenschaft geraten. Dort lernte er die ihm bis anhin unbekannte Pflanze kennen und schätzen. Er stellte chemische Untersuchungen an und stellte dabei fest, dass die Kartoffel nicht nur gut schmeckt, sondern auch einen hohen Nährwert hat. Zurück in Frankreich wurde er an den Hof von Ludwig XVI. und Marie-Antoinette eingeladen, und der König schenkte ihm für seine Promotionsarbeit in Sachen Erdapfel einen Strauss Kartoffelblüten.

1787 fand im Schloss von Versailles ein grossartiges Bankett statt, an dem auch der amerikanische Gesandte Benjamin Franklin teilnahm. Die Tische waren mit Kartoffelblüten geschmückt. In den Stoff der königlichen Seidenrobe waren sie als Muster eingewebt. Gereicht wurden ausschliesslich Kartoffelgerichte, die von Parmentier «auf tausendfache Manier verkleidet» waren. Die Kartoffel war damit hoffähig geworden.

Das französische Königspaar setzte, anders als der Preussenkönig und die russische Zarin, auf gewaltlose Überzeugungsarbeit: Marie-Antoinette wies den Chefkoch an, die tägliche Menüfolge publik zu machen. Kartoffeln fehlten nie auf dem Speisezettel. Mit solcher Unterstützung des Königshofs unternahm Parmentier weiterhin alles, um sie den Franzosen schmackhaft zu machen. Ihm zu Dank und Ehren wurden viele Kartoffelgerichte der klassischen Küche mit seinem Namen versehen. Er starb 1813, lebte also 20 Jahre länger als seine 1793 enthaupteten königlichen Mitstreiter.

< **Nicht zum Verzehr bestimmt:**
Hier werden Saatkartoffeln geerntet und sortiert.

Eine kleine Warenkunde

Die Kartoffel ist eines der beliebtesten Nahrungsmittel unserer Zeit. In der Schweiz gehört sie zu den Grundnahrungsmitteln. Auf einer Fläche von etwa 15 000 Hektaren werden in der Schweiz rund zwanzig sehr unterschiedliche Sorten angebaut.

Sorten
Agria: Kochtyp B–C. Mittelfrühe Lagersorte. Winter bis Juni.
Bintje: Kochtyp B–C. Mittelfrühe Lagersorte. Vorwinter bis Juli.
Charlotte: Kochtyp A–B. Frühe Spezialsorte. Juli bis folgenden Mai.
Ditta: Kochtyp B. Mittelfrühe Sorte mit sehr guter Lagerfähigkeit.
Nicola: Kochtyp A. Mittelfrühe Sorte. Vorwinter bis Frühling.
Ostara: Kochtyp B. Frühkartoffel, die sich auch zum Fritieren eignet. Mai/Juni bis Vorwinter.
Sirtema: Kochtyp B. Frühkartoffel, sollte spätestens drei bis vier Monate nach der Ernte konsumiert werden. Auf dem Markt: Mai/Juni bis Herbst.
Urgenta: Kochtyp B. Rotschalige, mittelfrühe Sorte. Kann nicht allzu lange gelagert werden, da sie bald auskeimt. Bevorzugte Röstikartoffel. September bis Frühling.

Daneben gibt es die Veredlungssorten Eba, Erntestolz, Saturna, Santana, Panda und Markies zur industriellen Herstellung küchenfertiger Produkte.

Agria

Verwendung
Kochtyp A: Fest kochend, zerfällt auch bei längerem Kochen nicht. Das Fleisch ist feucht, glatt und schnittfest, der Stärkegehalt niedrig. Ideal für Kartoffelsalat, Salzkartoffeln, Schalenkartoffeln, gut für Bratkartoffeln und Kartoffelsuppe.
Kochtyp B: Vorwiegend fest kochend. Die Schale springt beim Kochen gerne auf, das Fleisch bleibt aber im Allgemeinen fest. Schwach mehlig. Mässiger bis mittlerer Stärkegehalt. Ideal für Rösti und gekochte Bratkartoffeln, gut für Schalenkartoffeln, Salzkartoffeln, Kartoffelsalat und Kartoffelsuppe.
Kochtyp C: Mehlig kochend. Springt beim Kochen stark auf, das Fleisch ist mehlig, ziemlich trocken, grobkörnig und locker. Mittlerer bis hoher Stärkegehalt. Ideal für Pommes Frites, Kartoffelstock, Gerichte aus Kartoffelteig wie Gnocchi, Knödel, Baked Potatoes, gut für Kartoffelgratin, Saucenkartoffeln, Bratkartoffeln und Kartoffelsuppe.

Nicola

Ostara

105 Kartoffeln

Bintje

Charlotte

Nährwert
Kartoffeln sind von hoher ernährungsphysiologischer Qualität. Ausser der hohen Konzentration an essenziellen Aminosäuren enthalten sie einen bedeutenden Anteil Fettsäuren, Vitamine und Mineralstoffe. Unter den mehr als zweihundert Inhaltsstoffen der Knolle befindet sich eine grosse Zahl von Bau- und Wirkstoffen, die für die menschliche Ernährung unerlässlich sind.

Einkauf
Kartoffeln werden während des ganzen Jahres lose oder abgepackt angeboten. Immer umfangreicher ist das Angebot von Halbfertig- oder Fertigprodukten. Je nach Aufbereitungsgrad wird das sogenannte Convenience-Food in vier Fertigungsstufen eingeteilt:
1. Teilbearbeitete Produkte wie vorfritierte Pommes Frites
2. Kochfertige Produkte wie Kartoffelflocken für Püree
3. Aufbereitete Produkte, wie Pommes Croquettes und Rösti
4. Tischfertige Produkte wie Pommes Chips, Kartoffelsalat

Lagerung
Kartoffeln ungewaschen in einem kühlen, frostsicheren Raum mit hoher relativer Luftfeuchtigkeit (85–95 %) aufbewahren und stets im Dunkeln lagern. Setzt man sie längere Zeit dem direkten Licht aus, werden sie grün und damit ungeniessbar.

Zubereitung
Um Verluste an Nährstoffen zu vermeiden, sollten die Kartoffeln möglichst kurz vor Gebrauch gewaschen und zerkleinert werden. Schonende Zubereitungsarten sind in jedem Fall empfehlenswert.

Sirtema

Urgenta

106 Kartoffeln

Kartoffeln mit heissem Käse-Dip

1. Die ungeschälten, gewaschenen Kartoffeln je mit einem Salbeiblatt und einer Speckscheibe umwickeln. Auf ein mit Backpapier belegtes Blech geben.
2. Im auf 180 °C vorgeheizten Ofen ca. 30 Minuten backen.
3. Für den Dip Knollensellerie in Gemüsebouillon und Rahm ca. 5 Minuten zugedeckt weich kochen. Sehr fein pürieren, Bratkäse unterrühren und mit Weisswein und Cayennepfeffer abschmecken. In einem Schälchen anrichten und heiss zu den Kartoffeln servieren.

- Zum Servieren Spiesschen oder Zahnstocher reichen. Dieses Gericht ergibt mit grilliertem Fleisch oder einem Salat aber auch eine Mahlzeit für vier Personen.
- Der Bratkäse kann durch Raclette-Käse ersetzt werden.

♀ Ein Ostschweizer RieslingxSilvaner. Oder ein Räuschling vom Zürichsee.

Ein Apéro für 8 Personen

32 kleine neue Kartoffeln, ca. 1 kg
32 Salbeiblätter
32 dünne Scheiben luftgetrockneter Rohessspeck, ca. 200 g

Dip:
150 g Knollensellerie, gewürfelt
1 dl Rahm
0,5 dl kräftige Gemüsebouillon
100 g Bratkäse, z. B. Nidwaldner, gerieben
1 EL Weisswein
1 Prise Cayennepfeffer

Kartoffelsuppe mit Schabziger

Eine Suppe für 4 Personen

**300 g Kartoffeln, mehlige Sorte,
z. B. Agria, Matilda, Désirée, geschält
Butter zum Andämpfen
1 Schalotte, fein gehackt
0,5 dl Weisswein
5,5 dl kräftige Gemüsebouillon
2,5 dl Rahm
¾ Stöckli Schabziger (75 g), zerbröckelt
1 Prise Muskatnuss
1 Handvoll Brunnenkresse oder
Gartenkresse, gewaschen**

1. Die Kartoffeln in Würfel schneiden und in Butter mit Schalotten andämpfen. Mit Weisswein ablöschen, etwas einkochen, mit Gemüsebouillon auffüllen und ca. 15 Minuten weich kochen.

2. Rahm und zwei Drittel des Schabzigers zugeben. Die Suppe fein pürieren und mit etwas Muskatnuss abschmecken.

3. Kurz vor dem Servieren die Suppe nochmals wärmen, in Suppentellern anrichten und mit Brunnenkresse sowie dem restlichen Schabziger bestreuen.

Lauwarmer Ofenkartoffelsalat

Ein leichtes Hauptgericht für 4 Personen

500 g kleine, neue Kartoffeln, ungeschält, halbiert
½ TL Salz, Pfeffer aus der Mühle
2 EL Bratcreme
100 g Erbsen, ausgehülst

Sauce:
1 EL grober Senf
3 EL Weissweinessig
5 EL Rapsöl
2 EL heisse Gemüsebouillon
2 Landjäger, in Rädchen geschnitten
1 rote Zwiebel, in Streifen geschnitten

150 g Schnittsalat

1. Die Kartoffeln mit ½ TL Salz und Pfeffer würzen. In einer Schüssel mit Bratcreme mischen, sodass die Kartoffeln rundum benetzt sind.
2. Ein Blech mit Backpapier belegen und die Kartoffeln in der Mitte des auf 200 °C vorgeheizten Ofens je nach Grösse 20–30 Minuten backen.
3. Die Erbsen 5 Minuten in Salzwasser garen, abschütten.
4. Für die Sauce Senf, Weissweinessig, Rapsöl und Gemüsebouillon mischen. Mit Salz und Pfeffer abschmecken.
5. Die gebackenen Kartoffeln mit Landjägern, Erbsen, Zwiebel und Sauce mischen und etwas ziehen lassen.
6. Den Kartoffelsalat zusammen mit Schnittsalat anrichten.

- Anstelle frischer Erbsen schmecken Fave sehr gut.

♀ Dazu passt gut saurer Most.

Meerrettich-Rösti mit Randensauce

Eine Vorspeise für 8 oder
ein Hauptgericht für 4 Personen

Für eine beschichtete Bratpfanne
von ca. 28 cm ø

800 g Kartoffeln, geschwellte, feste Sorte,
z. B. Charlotte, Nicola, Urgenta, Sirtema
¾ TL Salz, Pfeffer aus der Mühle
Bratbutter oder Bratcreme zum Braten
4–6 EL frisch geriebener Meerrettich
1 Bund Petersilie, fein gehackt

Schnittlauch zum Garnieren

Sauce:
400 g Randen, gekocht
200 g Crème fraîche
2 Bund Schnittlauch, fein geschnitten
Salz, Pfeffer aus der Mühle
wenig Curry

1. Kartoffeln schälen, an der Röstiraffel reiben.
2. Kartoffeln mit Salz und wenig Pfeffer bestreuen und in einer beschichteten Bratpfanne unter gelegentlichem Wenden in Bratbutter leicht anbraten.
3. Meerrettich und Petersilie zugeben, gut mischen und zu einem Kuchen formen.
4. Ohne Rühren bei kleiner Hitze ca. 10 Minuten braten, bis sich eine goldbraune Kruste gebildet hat. Rösti mit Hilfe eines flachen Tellers wenden und weitere 10 Minuten braten.
5. Für die Sauce die Randen fein würfeln, mit Crème fraîche und Schnittlauch mischen und mit Salz, Pfeffer und wenig Curry abschmecken.
6. Meerrettich-Rösti mit Randensauce auf Tellern anrichten und mit Schnittlauch garnieren.

⚱ Ein kraftvoller Rotwein, etwa ein Syrah aus dem Wallis.

111 Kartoffeln

Bunter Kartoffelstock

Eine Beilage für 4 Personen

1 kg Kartoffeln, mehlige Sorte,
z. B. Agria, Matilda, Désirée, geschält

Salz, Pfeffer aus der Mühle

2,5 dl Milch
50 g Butter
1 Prise Muskatnuss

Grüner Kräuter-Kartoffelstock:
200 g Erbsen
1 Bund Majoran, fein gehackt
1 Bund Petersilie, fein gehackt
1 Bund Schnittlauch, fein geschnitten

Rosa Randen-Kartoffelstock
mit Meerrettich:
200 g Randen, geschält
4 EL Meerrettich, frisch gerieben

Gelber Safran-Kartoffelstock:
200 g Pfälzer Rüben oder Rüebli, geschält
3 Brieflein Safran

1. Die Kartoffeln in Würfel schneiden und in Salzwasser weich kochen. Die Kartoffeln abgiessen, etwas ausdampfen lassen und durch ein Passe-vite treiben.

2. **Grün:** Erbsen in der Milch weich kochen, fein pürieren, die Butter darin schmelzen und Majoran, Petersilie und Schnittlauch zugeben.

2. **Rosa:** Randen an der Röstiraffel reiben, in der Milch weich kochen, fein pürieren, die Butter darin schmelzen und Meerrettich zugeben.

2. **Gelb:** Pfälzer Rüben oder Rüebli an der Röstiraffel reiben, in der Milch weich kochen, fein pürieren, die Butter darin schmelzen und Safran zugeben.

3. Die Kartoffelmasse mit der jeweiligen Gemüsemasse mischen und mit Salz, Pfeffer sowie Muskatnuss abschmecken.

- Ganz gleich in welcher Farbe: Der Kartoffelstock schmeckt sehr gut zu Kalbsbraten.

Mozzarella-Kartoffel-Tätschli mit Knoblauchquark

Ein leichtes Hauptgericht für 4 Personen

Tätschli:
700 g Kartoffeln, mehlige Sorte,
z. B. Agria, Matilda, Désirée, geschält
1 rote Zwiebel,
in feine Streifen geschnitten
2 Eier, 2 EL Mehl
20 g feine Haferflöckli
1½ TL Salz, Pfeffer aus der Mühle

Bratbutter oder Bratcreme zum Braten

2 Stück Mozzarella à 150 g,
in 8 Scheiben geschnitten
4 kleine Tomaten,
in 16 Scheiben geschnitten
2 EL Oregano, fein gehackt

Knoblauchquark:
1 kleine Freilandgurke
oder ½ Gemüsegurke, geschält
150 g Rahmquark
4 Knoblauchzehen, gepresst
Salz, Pfeffer aus der Mühle

1. Die Kartoffeln an der Röstiraffel reiben, mit Zwiebeln und Eiern, Mehl, Haferflöckli, Salz und Pfeffer mischen und mit den Händen zu acht Tätschli von ca. 10 cm ø formen.

2. In einer beschichteten Bratpfanne Bratbutter erhitzen. Die Tätschli auf einer Seite bei mittlerer Hitze ca. 5 Minuten braten. Wenden und jedes Tätschli mit einer Mozzarellascheibe und 2 Tomatenscheiben belegen, leicht mit Oregano, Salz und Pfeffer würzen und ca. 5 Minuten fertig braten. Nicht mehr wenden. Im auf 80 °C vorgeheizten Ofen warm halten.

3. Für den Knoblauchquark die Gurke halbieren, mit einem Teelöffel die Kerne ausschaben, an der Bircherraffel fein reiben und mit Rahmquark und Knoblauch mischen. Mit Salz und Pfeffer abschmecken und in Schälchen anrichten.

4. Tätschli anrichten und mit Knoblauchquark servieren.

114　Kartoffeln

Kartoffel-Triangoli
mit Speckfüllung an Rucolasauce

1. Kartoffeln in der Schale weich kochen, schälen und durch ein Passe-vite treiben. Etwas ausdampfen lassen. Mit Ei, Eigelb und Mehl gut mischen und mit Salz, Pfeffer und Muskatnuss würzen. 2 Stunden kalt stellen.

2. Für die Füllung Schinkenwürfel in einer Pfanne knusprig rösten, Frühlingszwiebeln zugeben, kurz andämpfen und auskühlen lassen.

3. Den Kartoffelteig auf einer stark bemehlten Unterlage ca. 3 mm dünn zu einem Rechteck auswallen. Den Teig in 20 Quadrate von ca. 9×9 cm schneiden und auf die Mitte jedes Quadrates einen gehäuften Esslöffel Füllung geben, die Ränder mit etwas Wasser anfeuchten, zu einem Dreieck falten und andrücken.

4. Die Triangoli in Butter in einer beschichteten Bratpfanne beidseitig sanft braten. Im auf 80 °C vorgeheizten Ofen warm stellen.

5. Für die Sauce Rucola mit Schalotten in Butter andämpfen und im Cutter fein pürieren. Mit Saucenrahm und Weisswein mischen, nochmals aufkochen und mit Salz, Pfeffer und einigen Tropfen Zitronensaft abschmecken.

6. Kartoffel-Triangoli mit Sauce anrichten und mit Rucola garnieren.

Ein Hauptgericht für 4 Personen
Ergibt 20 Stück

Kartoffelteig:
1 kg Kartoffeln, mehlige Sorte,
z. B. Agria, Matilda, Désirée
1 Ei, 1 Eigelb
300 g Mehl
1½ TL Salz, Pfeffer aus der Mühle
1 Prise Muskatnuss

Füllung:
200 g Schinken- oder Speckwürfel
1 Bund Frühlingszwiebeln, fein geschnitten

Butter zum sanften Braten

Sauce:
200 g Rucola, gewaschen, gehackt
1 Schalotte, fein gehackt
Butter zum Andämpfen
1,8 dl Saucenrahm
2 EL Weisswein
Salz, Pfeffer aus der Mühle
einige Tropfen Zitronensaft

1 Handvoll Rucola zum Garnieren

Kartoffel-Marzipan-Soufflé mit Glühwein-Dörrzwetschgen

Ein Dessert für 6 Personen

Für 6 Souffléförmchen von 2 dl Inhalt
Butter für die Förmchen

Dörrzwetschgen
(2 Tage vorher marinieren):
200 g Dörrzwetschgen
2 dl Rotwein
3 EL Zucker
1 Gewürznelke
½ Zimtstange
½ Zitrone, in feine Scheiben geschnitten
1 EL Zwetschgenwasser

Soufflé:
200 g Gschwellti, mehlige Sorte, z. B. Agria, Matilda, Désirée
50 g Backmarzipan
2 EL Mandellikör, z. B. Amaretto
50 g Mandeln, gerieben
2 Eigelb
5 Eiweiss
½ TL Backpulver
50 g Zucker

1. Für die Dörrzwetschgen Rotwein mit Zucker, Gewürznelke, Zimtstange und Zitronenscheiben aufkochen und 10 Minuten ziehen lassen. Den Glühwein durch ein feines Sieb über die Dörrzwetschgen giessen. Auskühlen lassen, Zwetschgenwasser dazugeben und mindestens zwei Tage im Kühlschrank marinieren.

2. Für das Soufflé die Kartoffeln schälen und durch ein Passevite treiben. Auskühlen lassen.

3. Backmarzipan mit Mandellikör, Mandeln und Eigelb schaumig rühren und mit dem Kartoffelpüree mischen.

4. Eiweiss schaumig schlagen, Zucker und Backpulver langsam einrieseln lassen und steif schlagen, bis die Masse glänzt und sich Spitzen bilden.

5. Das Eiweiss nach und nach vorsichtig unter die Kartoffelmasse heben und in die ausgebutterten Förmchen füllen.

6. In der Mitte des auf 200 °C vorgeheizten Ofens während ca. 10 Minuten backen. Sofort servieren.

7. Die Dörrzwetschgen in einem Schälchen separat dazu servieren.

- Eingelegte Glühwein-Dörrzwetschgen lassen sich einige Wochen im Kühlschrank aufbewahren.

♀ Ein Ostschweizer Gewürztraminer oder ein Walliser Muscat.

117 Kartoffeln

Fleisch & Wurstwaren

Kraut und Rüben
Haben mich vertrieben,
Hättest du Krauter Fleisch gekocht,
So wär ich länger blieben.

(Brentano: Rheinmärchen)

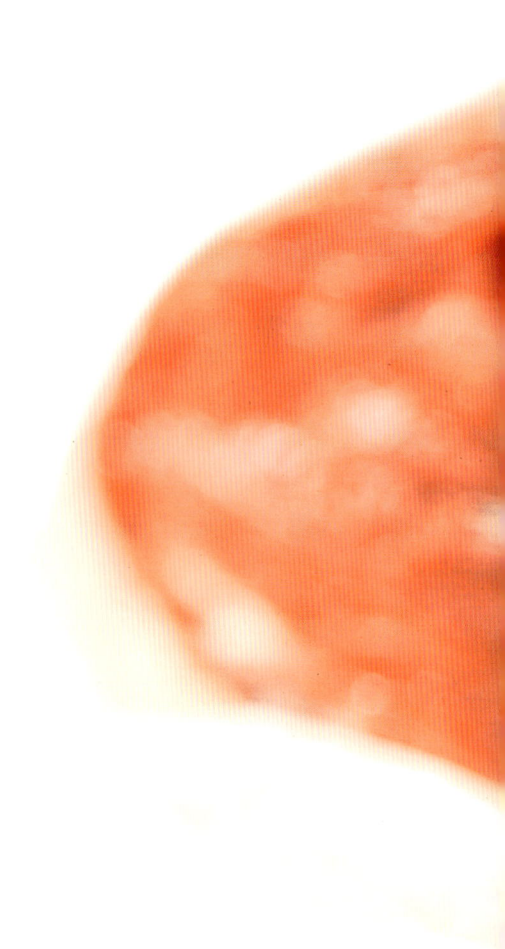

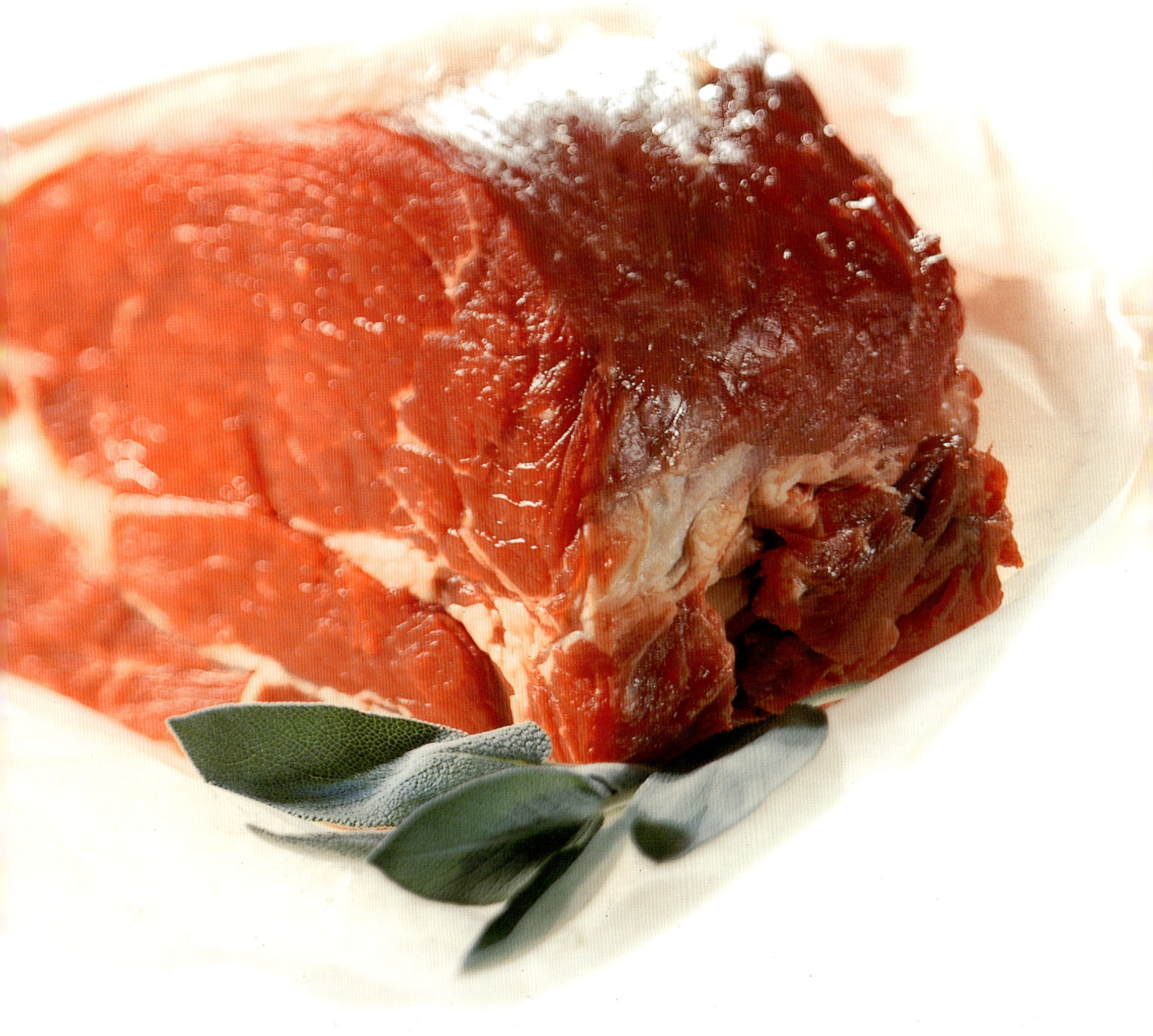

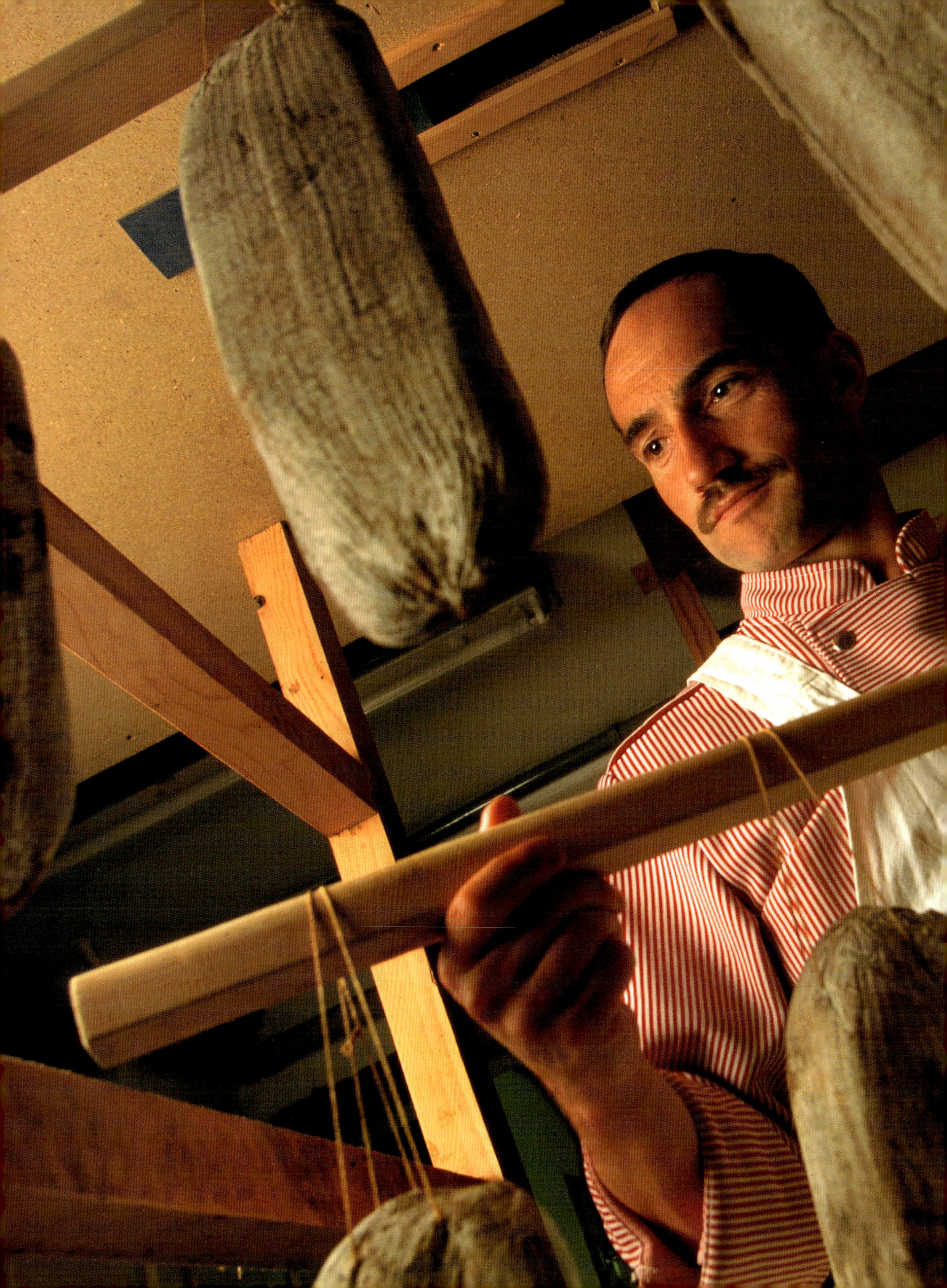

Frische Alpenluft frei Haus

Churwalden ist von jeher ein Ort, in dem das Bündnerfleisch und andere luftgetrocknete Spezialitäten besonders gut geraten. Der 1230 Meter hoch gelegene Luftkurort inmitten von Bergen, Wäldern und Wiesen hat ein Mikroklima, das nicht nur den Kurgästen zuträglich ist. Dafür sorgen die Winde, die ständig aromatische Frischluft aus den Alpen herantragen.

Eigentlich ist das Fleischtrocknen nichts anderes, als eine von vielen Konservierungsmethoden, mit denen Lebensmittel lange vor Tiefkühlzeiten haltbar gemacht wurden. So, wie man Bohnen und Aprikosen dörrte, Kraut und Rüben säuerte. Die Bauern legten sich mit dem Trockenfleisch einen Vorrat für die strengen und langen Bergwinter an. Doch weil das so behandelte und gleichermassen veredelte Fleisch mehr war als nur eine Konserve, nämlich eine echte Delikatesse, hat es sich bis heute in Form von Bündner- und Hobelfleisch, Walliser Trockenfleisch, Bresaola, Mostbröckli, Rohschinken, Coppa und Speck erhalten.

Die gesamte Schweizer Bindenfleisch-Produktion – so die offizielle Bezeichnung – beläuft sich auf rund 1500 Tonnen jährlich. Davon stammen zwei Drittel aus Graubünden. Eine zweite Hochburg ist das Wallis: Viande séchée hat dort eine genauso lange Tradition wie in Graubünden. Das ist eigentlich kein Wunder, denn die klimatischen Verhältnisse sind ja sehr ähnlich. Dritte Säule der Schweizer Bindenfleisch-Kultur ist das Tessin. Doch geht es dort weniger um Carne secca als um Bresaola, die nicht gepresste und weniger lang getrocknete Variante. Bresaola wird auch nicht als «Fingerfood» serviert, sondern kommt oft mit Olivenöl und Zitronensaft auf den Teller, was ein Besteck erforderlich macht.

Auch im Freiburgerland, in der Nähe von Gruyère, wird Bindenfleisch hergestellt, ausserdem an einigen Orten in der Innerschweiz. Und weil dort viele Schafherden weiden, ist es nur logisch, dass es dort auch Trockenfleisch von diesen Tieren gibt, so wie Trockenfleisch vom Hirsch in den Bündner Tälern. Denn eben: Alles, was nicht frisch gegessen werden konnte, musste konserviert werden.

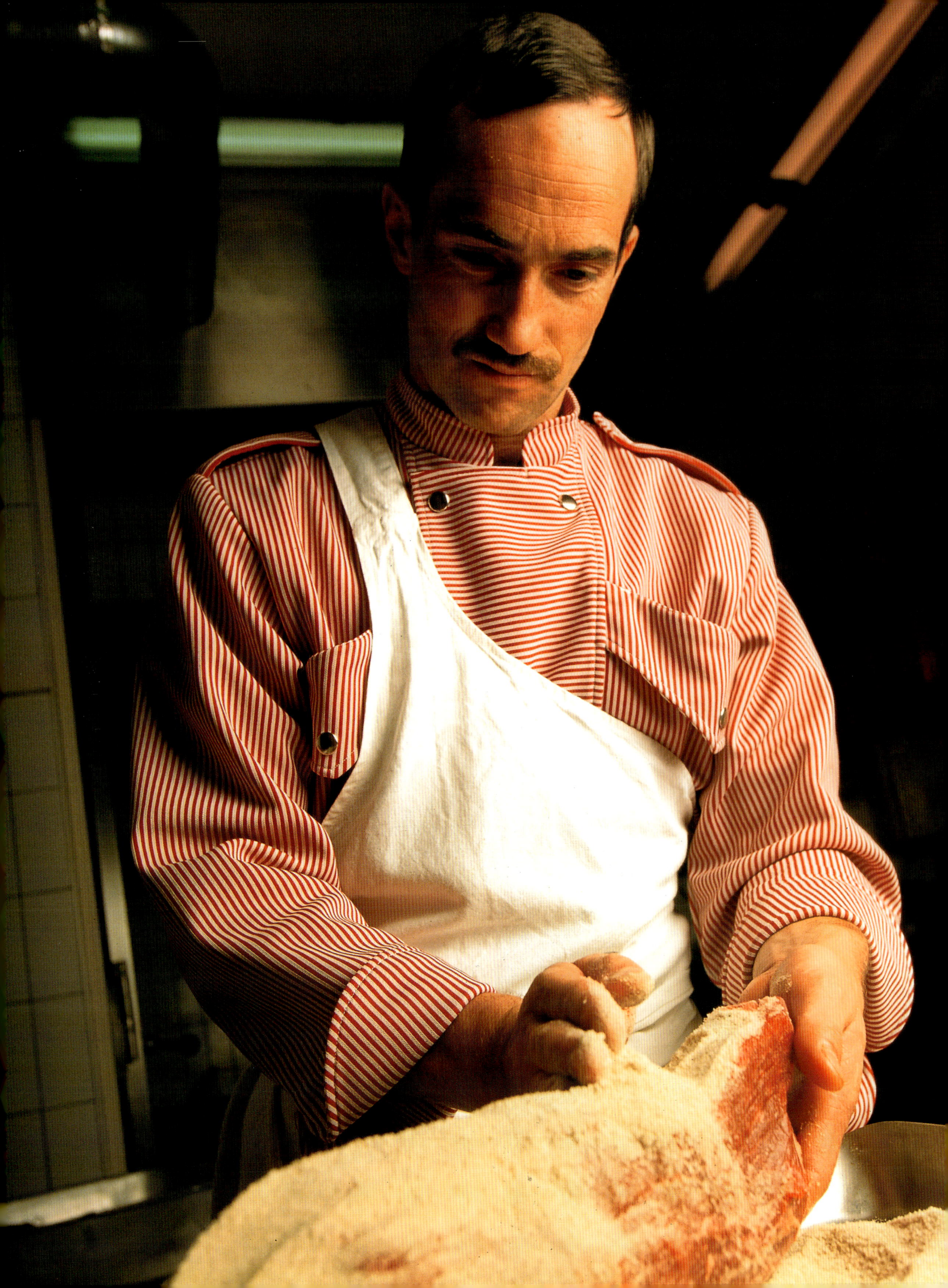

Logisch ist es auch, dass die Fleischtrocknerei früher nur im Winterhalbjahr betrieben wurde. Denn erstens wurde zu dieser Jahreszeit geschlachtet. Und zweitens sollte die Luft, die das Fleisch trocknet, nicht zu warm sein. Es gibt noch einige kleinere Betriebe, die nach diesem althergebrachten Verfahren arbeiten. Das heisst: Im Sommer machen sie Pause.

Bündnerfleisch nach der Grossvater-Methode

Eine Fleischtrocknerei, die das ganze Jahr produziert und in der trotzdem noch weitgehend nach den traditionellen Regeln der Naturtrocknung gearbeitet wird, ist die Bündner-Fleisch Mani AG in Churwalden. Das auffallend hohe und dabei schmale Haus mit den vielen Fenstern steht so zwischen unverbaubaren Wiesen- und Waldpartien, dass die talauf- und talabwehenden Winde ungehindert durch die Trocknungsräume streichen können. Das heisst aber nicht, dass die Fenster immer offen stehen. Bei Föhn zum Beispiel werden sie geschlossen, denn der warme, trockene Fallwind lässt das Fleisch allzu schnell austrocknen. Fenster auf, Fenster zu: das ist einer der Gründe, warum ein paar der 28 Mani-Mitarbeiter auch Samstag und Sonntag 24 Stunden pro Tag auf Pikett stehen müssen. Doch auch das Übergiessen des gewürzten Frischfleisches und das Anziehen der Fleischpressen duldet keine Sonntagsruhe.

Von der Anlieferung der ausgesuchten Fleischstücke bis zur Auslieferung der Spezialitäten vergehen rund vier Monate. Wie lange genau, wird von der Natur vorgegeben: Wetter, Temperatur, Luftfeuchtigkeit und Wind. Nur beste Partien wie Eckstück, Fischli und Unterspälten werden zu Bündnerfleisch veredelt, das Laffenfilet und der dicke Laffen zu Hobelfleisch.

Schritt für Schritt nur noch die Hälfte

Zuerst wird das Fleisch auf seine Grundbeschaffenheit hin untersucht: Frische, Zuschnitt, Gewicht, ph-Wert. Nach einer zweiwöchigen Ruhepause im Kühlraum massieren kräftige Hände die spezielle Gewürzmischung aus Salz, Pfeffer und etwas Knoblauch in das Fleisch. Das genaue Mischungsverhältnis ist laut Firmenchef Mark Kunz geheim.

< **Einer der ersten von vielen Arbeitsgängen: das Salzen.**
> **Pressen, Trocknen, Prüfen bei Mani in Churwalden.**

124 Fleisch & Wurstwaren

So präpariert, werden die Stücke in Bottichen gelagert, regelmässig mit der sich bildenden Pökelflüssigkeit übergossen und zudem einmal wöchentlich umgeschichtet. Auch das ist sorgfältige Handarbeit, damit möglichst viel Eiweiss im Fleisch erhalten bleibt. Zur eigentlichen Trocknung werden die Fleischstücke eingenetzt und aufgehängt. Dieser Reifeprozess wird bis zu fünfmal durch sanftes Pressen unterbrochen. Das Pressen bewirkt zum einen weniger Umfang und die typische eckige Form des Bündnerfleisches und zum anderen, dass sich die verbliebene Feuchtigkeit gut und gleichmässig zwischen Kern und Rand verteilt.

Am Schluss hat das Fleisch die Hälfte seines Einstandsgewichtes verloren. Was bleibt, ist ein hochkonzentrierter, dabei jedoch zarter Genuss mit viel Eigenaroma. Für den Fachmann ein eindeutiger Qualitätshinweis ist übrigens der gleichmässig feine Schimmelflor, der sich während der Trocknung auf dem Fleisch bildet – ganz ähnlich wie bei der Käsereifung.

So oft wie möglich Tag der offenen Fenster

Die Verarbeitung von Schweinefleisch zu Speck, Coppa und Rohschinken läuft nicht ganz genau gleich, jedoch ähnlich ab. Auch hier setzt Mani so weit wie möglich auf Handarbeit und natürliche Trocknung. Die offenen Fenster haben übrigens den zusätzlichen Nutzen, dass die nicht immer angenehmen Gerüche vom Wind herausgeblasen werden und sich gar nicht erst festsetzen können.

Der Naturtrocknungsprozess dauert im Vergleich zu moderneren Methoden drei bis vier Wochen länger. Kein Wunder also, dass die Mani-Produkte entsprechend teurer sind. Darum findet man sie auch am ehesten beim Metzger, in Delikatessgeschäften und den Fachabteilungen bekannter Warenhäuser. Sommerfrischler und Wintersportler, die in Churwalden die Mani-Spezialitäten kennen und schätzen gelernt haben, werden per Post versorgt. Zwar liegen die bereits geschnittenen und in Frischhalteschalen verpackten Selbstbedienungs-Portionen eindeutig im Trend. Doch der Kenner bevorzugt die frisch vom Stück geschnittene Delikatesse.

Ständige Kontrolle ist das A und O bei allen luftgetrockneten Spezialitäten.

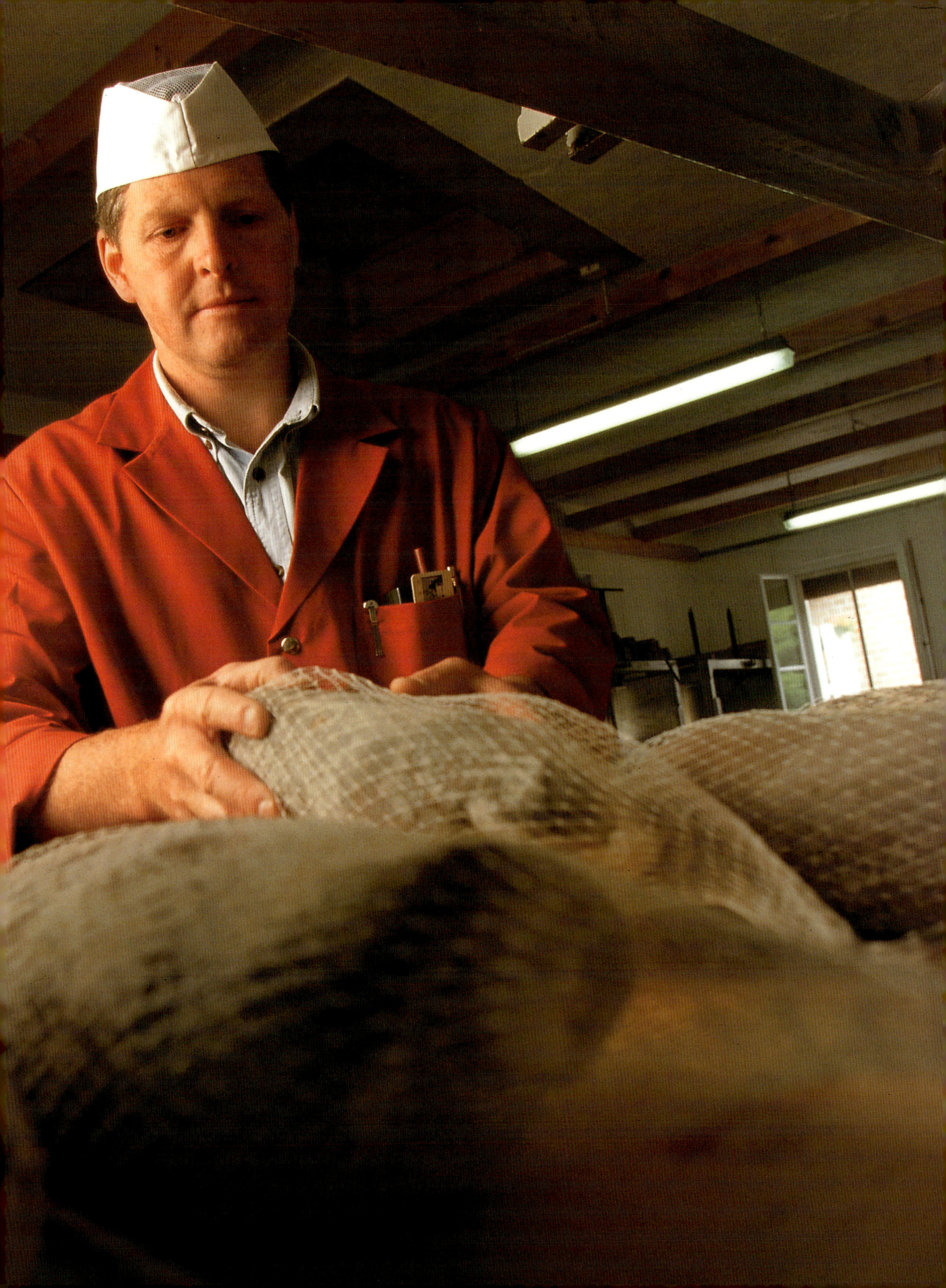

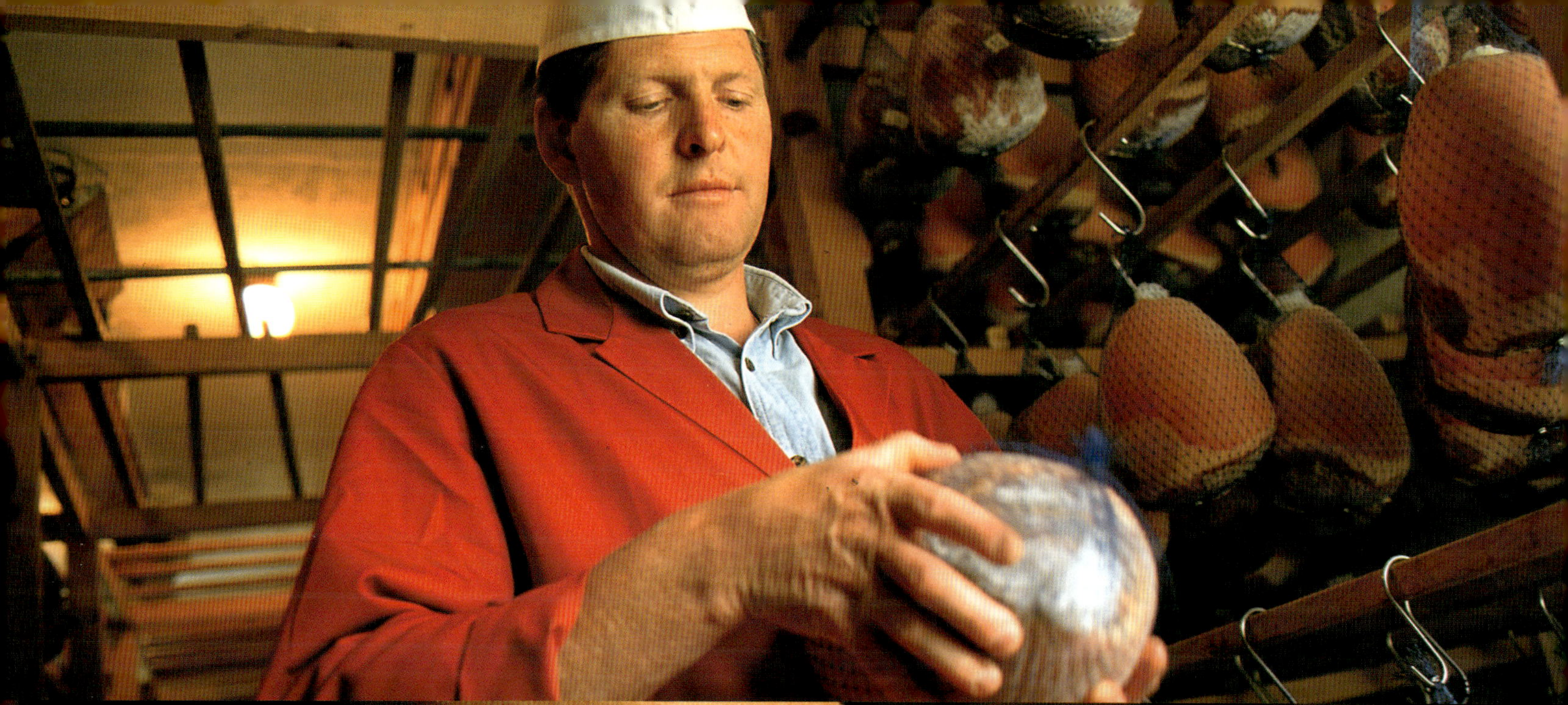
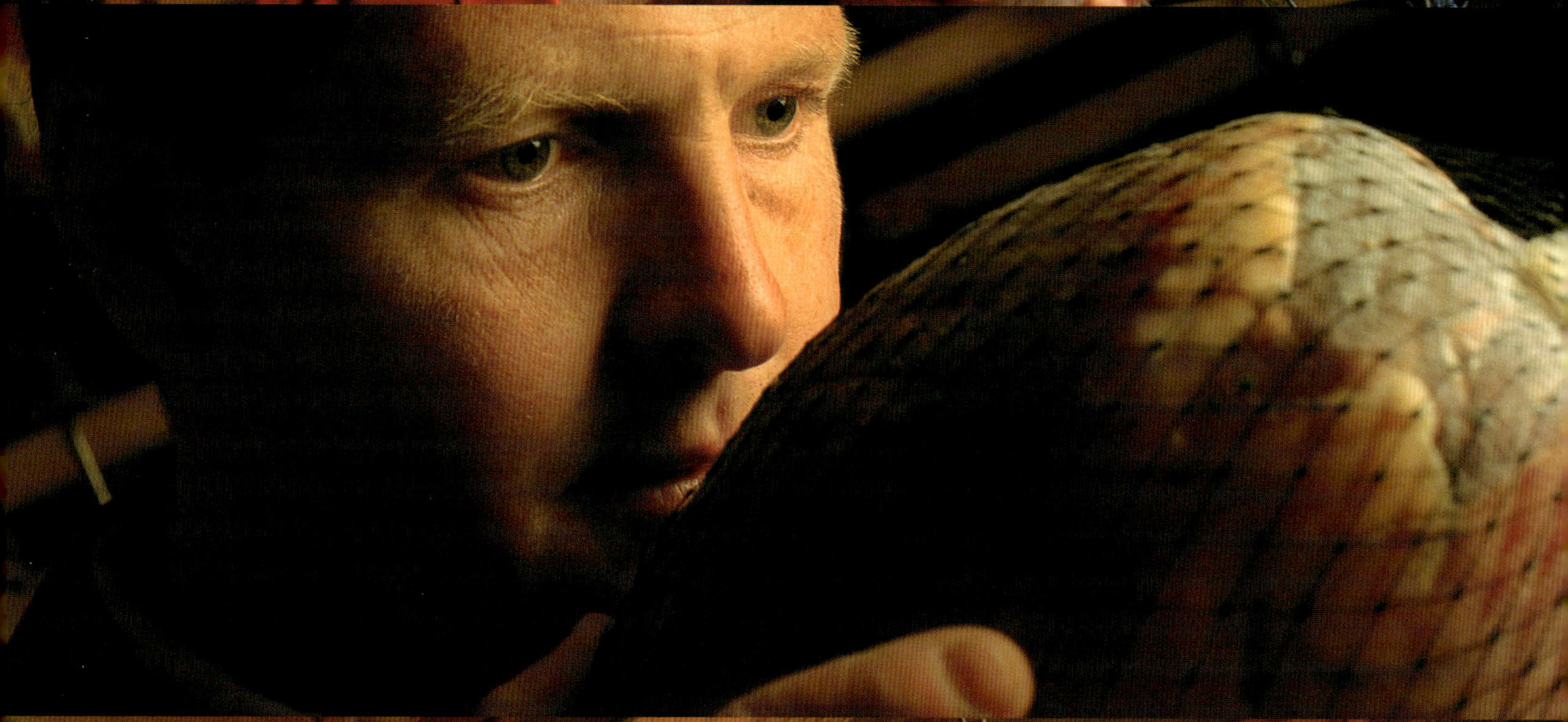
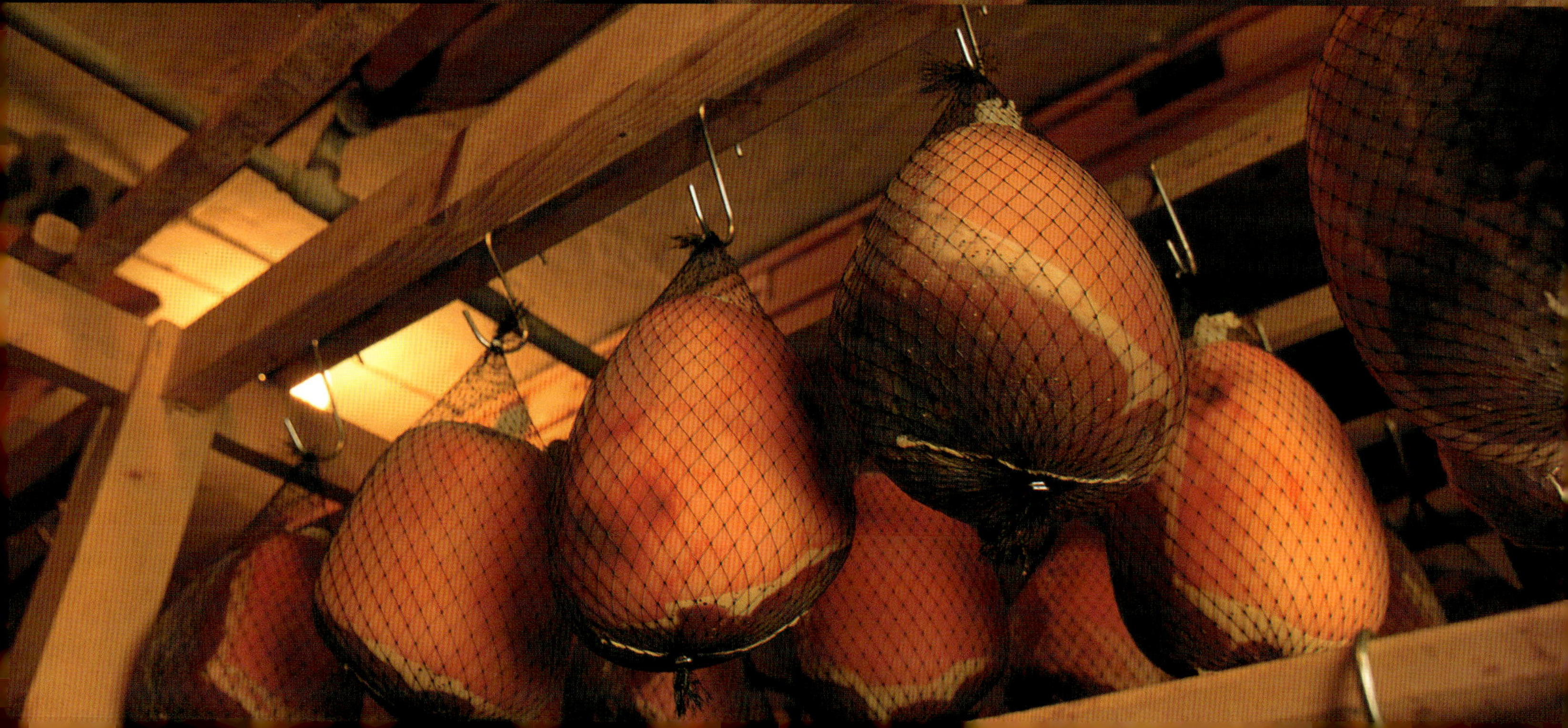

Martini, Metzgete und La Mazza

Der 11. November ist ein Datum von ganz besonderer Bedeutung: Tag des heiligen Martin, des Beschützers der Herden. Der Tag auch, an dem die Winterwirtschaft begann, der Bauer bei guter Ernte Zinsen entrichten und Rechnungen begleichen konnte. In allen Schweizer Regionen gibt es Martini-Märkte. Und wenn auch noch die Sonne scheint, spricht man vom Martini-Sümmerli, welches das Marktleben natürlich noch ausgelassener werden lässt. Zur Feier des Tages musste die fette Martini-Gans daran glauben. In Sursee wird noch heute das aufwändige Fest der «Gansabhauet» gefeiert. Und damit beginnt die Zeit der Metzgete.

Für den Bauern waren das Schlachten und all die Bräuche, die dazugehörten, eine typische Winterbeschäftigung. Entweder kam der Metzger auf die Stör, oder die Bauern besorgten das Geschäft selbst. Jedes Familienmitglied hatte – je nach Eignung oder Tradition – ganz bestimmte Aufgaben zu übernehmen.

In den abgelegenen Tälern Graubündens wurde der Tag zum eigentlichen Schlachtfest. Die Metzgete, die hier Bacharia heisst, war für die Selbstversorger äusserst wichtig. Die geräucherten oder luftgetrockneten Fleischvorräte mussten ja für ein Jahr reichen. Oft erlaubte sich die Dorfjugend den Spass, das Schlachttier aus dem Stall zu entführen, es zu bekränzen und mit Musikbegleitung zum Schlachtplatz zu führen.

Um Vorratshaltung ging es auch bei der Mazza, dem winterlichen Tessiner Schweineschlachten. Was nicht in absehbarer Zeit verspeist werden konnte, wurde zu Salami und Salametti, Mortadella nostrana und Luganighetta verarbeitet. Und so heisst denn ein Sprichwort aus dem Locarnese: «Wer heiratet, lebt einen Monat lang gut. Wer ein Schwein schlachtet, lebt ein ganzes Jahr gut.» Und irgendjemand hat später hinzugefügt: «Wer Priester wird, lebt sein Leben lang gut.»

< **Die Aroma-Kontrolle**
\> **Am besten schmeckt es so dünn geschnitten wie möglich.**

Eine kleine Warenkunde

Fleisch ist von jeher ein unverzichtbarer Teil der menschlichen Ernährung. Die ersten Menschen wussten zwar noch nichts von seinem hohen Eiweiss- und Mineralstoffgehalt, doch sie erkannten schnell, dass Fleisch nährt, stärkt und gut schmeckt. Gemäss der Lebensmittelverordnung ist Fleisch definiert als «alle geniessbaren Tierkörper und Tierkörperteile, die keiner Behandlung unterzogen worden sind». Fleisch darf ausschliesslich von domestizierten Tieren gewonnen werden.

Kalbsplätzli vom Eckstück

Sorten

Rindfleisch ist ein Sammelbegriff für vier verschiedene Fleischsorten von unterschiedlich alten weiblichen oder männlichen Tieren. Das Geschlecht der Tiere beeinflusst den Fleischansatz und die Verteilung von Fleisch und Fett. Gutes Rindfleisch ist marmoriert, das heisst: In das Muskelfleisch sind feine Fettadern eingelagert. Rindfleisch hat eine kräftig rote bis braunrote Farbe und einen hellen bis weissen Fettrand. Es riecht angenehm frisch und gibt auf Fingerdruck leicht nach. Das eigentliche Rindfleisch stammt von jungen, aber ausgewachsenen weiblichen Tieren, die noch kein Kalb geboren haben. Seine Farbe ist kräftig rot. Durch seine feinen Fleischfasern und die Marmorierung ist es besonders zart und saftig.

Kuhfleisch ist im Handel kaum zu finden, denn es wird bevorzugt für die Wurstherstellung verwendet. Da es von älteren Tieren stammt, hat es gröbere Fasern als das Fleisch von Jungtieren. Man erkennt es an der dunkelroten bis braunroten Fleischfarbe und dem mittel- bis dunkelgelben Fettbesatz.

Stierfleisch stammt von jungen, aber ausgewachsenen Tieren. Es ist besonders mager. Die Fleischfarbe kann hell bis dunkelrot sein, die Fleischfaser mittelfein bis kräftig.

Ochsenfleisch stammt von kastrierten männlichen Tieren. Das rote Fleisch ist feinfaserig, zart, saftig und von hellen Fettadern durchzogen. Ochsenfleisch zeichnet sich durch ein kräftiges Aroma aus.

Kalbfleisch stammt von weiblichen oder männlichen Tieren, die mit drei Monaten geschlachtet werden. Ihr mageres, feinfaseriges Fleisch ist hellrosa und weist eine feuchtglänzende Schnittfläche auf. Da Kalbfleisch wenig Bindegewebe und Fett enthält, ist es leicht verdaulich und gut bekömmlich.

Schweinefleisch stammt von jungen Mastschweinen, die im Alter von sieben bis acht Monaten geschlachtet werden. Das rosafarbene Fleisch ist feinfaserig und zart. Während etwa von der Mitte unseres Jahrhunderts an auf Grund von Konsumentenwünschen magere Schweine ge-

SORTEN	Rind weiblich, noch kein Kalb geboren	Kuh	Stier	Ochs kastriert	Kalb	Schwein	Lamm	Schaf
Alter	1–2 Jahre	>3 Jahre	1 Jahr, ältere Tiere nur für Wurstherstellung	1–2 Jahre	bis 4 Monate	5–6 Monate	bis 1 Jahr	über 1 Jahr
Fleischfarbe	leuchtend rot	dunkelrot	dunkelrot	dunkelrot	hellrot, beim Kochen weiss	hellrot	hellrot	dunkelrot
Besondere Merkmale	Gut gelagertes Fleisch erkennt man an der dunkelroten Farbe und am langsam schwindenden Fingerdruck						Der typische Geschmack kommt vom Fett; bei älteren Tieren ist er sehr ausgeprägt.	
Lebendgewicht	500 kg	500–800 kg	500 kg	500 kg	180 kg	100 kg	40 kg	40–80 kg

Entrecôte

Schweinskotelett

züchtet wurden, sind heute wieder Schweine gefragt, die etwas mehr Fett in der Muskulatur aufweisen, also marmoriertes Fleisch liefern.

Lammfleisch stammt von Tieren, die bis zu einem Jahr alt sind. Schaffleisch von älteren Tieren bietet der Handel so gut wie gar nicht an. Das Fett der jung geschlachteten Lämmer hat einen niedrigen Schmelzpunkt und schmeckt nicht talgig. Erst bei älteren Tieren steigt der Schmelzpunkt des Fettes an, sodass ihr Fleisch besonders heiss gegessen werden muss. Gute Schlachtlämmer zeigen vor allem an den Keulen und am Rücken einen guten Fleischansatz und eine dünne, hellweisse Fettabdeckung. Milchmastlämmer sind Tiere, die nicht älter als sechs Monate sind und Mastlämmer sind elf bis zwölf Monate alt. Saftiges Lammfleisch ist hellrot, bei älteren Tieren von etwas dunklerer Farbe, und es schmeckt von den Wiesenkräutern, die sie auf der Weide aufnehmen, besonders würzig.

Fleischerzeugnisse
Lebensmittel, die unter Verwendung von mindestens 20 % Fleisch hergestellt sind und in ihrer Eigenart vom Fleischanteil bestimmt sind.

Pökelfleisch: Fleisch, das mit Kochsalz, Salpeter und verschiedenen Gewürzen haltbar gemacht wird und dadurch die kräftig rote Farbe erhält. Es sind dies Bündnerfleisch, Trockenfleisch, Mostbröckli, Coppa und Rohschinken. Auch Schüfeli, Schinken, Rippli und Gnagi gehören in diese Gruppe, sie werden jedoch nach dem Salzbad gekocht und geräuchert, man nennt sie deshalb Kochpökelware.

Wurstwaren: Wurst besteht aus Fleisch, Speck, Innereien, Salz und Gewürzen. Als qualitätsbestimmender Bestandteil der Wurst ist ein Mindestgehalt an Fleischeiweiss, also an Muskelfleisch, für fast jede Wurstsorte festgeschrieben. Je höher sein Anteil an der Wurst, desto höher ist ihre Qualität. Für die Wurstherstellung wird das Fleisch entbeint, soweit nötig von Sehnen befreit, mehr oder wenig stark zerkleinert und mit anderen Zutaten vermischt. Das so gewonnene Brät wird mit genauen Mengen Salz und Gewürzen abgeschmeckt und in Hüllen gefüllt. Als Wursthüllen dienen üblicherweise Natur- oder auch Kunstdärme.

Sorten: Brühwürste wie Cervelat, Wienerli, Schüblig, Zungenwurst, Bratwurst und Aufschnittwürste. Sie werden heiss geräuchert und über 70 % gebrüht. Rohwürste wie Salami, Salsiz, Landjäger, Mettwurst oder Saucisson werden luftgetrocknet und teilweise kalt geräuchert. Kochwürste aus Schwartenmagen, Blut- und Leberwürste. Terrinen werden aus gekochtem Fleisch hergestellt und anschliessend nochmals gekocht, gebrüht oder im Backofen gegart.

Nährwert
Mageres Fleisch gehört zu den Nahrungsmitteln, welche bei geringem Kaloriengehalt eine vergleichsweise grosse Menge an lebensnotwendigen Nährstoffen, Vitaminen und Spurenelementen liefern.

Fleisch ist in seiner Zusammensetzung sehr variabel. Das reine Muskelfleisch besteht aus 70 bis 75 % Wasser und 20 % Eiweiss. Der Fettgehalt kann stark variieren. Während mageres Fleisch weniger als 5 % Fett enthält, sind es bei durchzogenen Stücken etwa 10 bis 20 %. Das Muskelfleisch enthält zusätzlich Enzyme, Vitamine und 1 % Mineralstoffe. Schon eine kleine Portion von 100 Gramm Fleisch hilft den Bedarf an Vitaminen des B-Komplexes, Eisen, Zink und Selen zu decken.

Einkauf
Das vom Fleischschauer oder Tierarzt kontrollierte Fleisch wird nach dem Schlachten rasch abgekühlt und muss drei bis 21 Tage abhängen oder vakuumiert gelagert werden. Ohne Lagerung wäre das Fleisch zäh. Jede Fleischsorte hat ihre ideale Reifungsdauer. Eine ununterbrochene Kühllagerung des Fleisches von der Schlachtung bis zum Essen auf dem Teller ist Voraussetzung zur Verhinderung des mikrobiellen Verderbs von Fleisch und zur Vermeidung von Infektionen durch den Genuss von Fleisch und Fleischerzeugnissen.

Beim Einkauf ist frisch geschnittenes Fleisch tiefgekühltem vorzuziehen, da es beim Anbraten weniger Saft verliert. Die in den Rezepten angegebenen Portionen beziehen sich auf das rohe Fleisch mit den je nach Fleischstück enthaltenen Knochen. Deshalb ist beim Kauf von Fleisch zu berücksichtigen, dass jeder Kochprozess Gewichtsverluste verursacht. Bei qualitativ einwandfreiem Fleisch liegen diese Verluste bei 15–30 %. Bei grosser Hitze zubereitete Bratenstücke schrumpfen mehr als geschmorte, gewisse Fleischsorten mehr als andere.

Wie viel Fleisch pro Person?

Fleischstücke	Menge pro erwachsene Person
Bratenstücke ohne Knochen	150–180 g
Bratenstücke mit Knochen	150–250 g
Siedfleisch	150–250 g
Voressen	150–250 g
Plätzli nature	125–150 g
Plätzli paniert	100–125 g
Steak	120–180 g
Geschnetzeltes	100–150 g
Hackfleisch	100–150 g

Lagerung
Nach dem Einkauf muss sich der Konsument um die Qualität kümmern. Frischfleisch verdirbt rasch und soll genau wie frisches Geflügel oder frische Wurst möglichst schnell konsumiert werden. Durch Marinieren, das Einreiben der

Lammgigot oder Lammkeule

Fleischstücke mit einer Öl-, Senf- oder Gewürzmischung, lässt sich die Haltbarkeit im Kühlschrank auf zwei bis drei Tage verlängern. Hackfleisch, Brät und rohe Bratwürste sollten höchstens einen Tag im Kühlschrank aufbewahrt werden. Mittels Einbeizen, also Einlegen des Fleisches in eine gewürzte Essigweinbeize, verlängert sich die Haltbarkeit um etwa eine Woche.

Fleisch eignet sich sehr gut zum Tiefgefrieren, sofern man es richtig macht. Schnelles Einfrieren bei tiefen Temperaturen verhindert einen Flüssigkeitsverlust beim Auftauen. Eine feste und luftdichte Verpackung schützt vor dem Austrocknen und verhindert den Gefrierbrand. Ebenso wichtig wie das Einfrieren ist das Auftauen. Tiefgefrorenes Fleisch sollte im Kühlschrank schonend aufgetaut und nie in gefrorenem Zustand gebraten oder geschmort werden. Ebenfalls wichtig ist es zu wissen, dass beim Tiefgefrieren Vermehrung und Stoffwechsel der Bakterien gehemmt werden, die chemischen Verderbsprozesse aber trotzdem ablaufen, wenn auch wesentlich langsamer als bei normalen oder gar hohen Temperaturen. Der limitierende Faktor für die Haltbarkeit von Fleisch bei -18 °C sind der Fettanteil und die Fettzusammensetzung im Fleisch. Auch bei tiefen Temperaturen kann das Fett oxidieren, was zu einem Fehlgeschmack führt. Fettes Fleisch kann bis zu zwei Monaten, mageres sogar bis zu acht Monaten gelagert werden.

Haltbarkeit der Fleischsorten bei mindestens -18 °C:

Fleischsorte	Eignung	Haltbarkeit
Rindfleisch	hervorragend	10–12 Monate
Kalbfleisch	gut	8–10 Monate
Schweinefleisch	bedingt	2–6 Monate
Lammfleisch	gut	10–12 Monate

1 Geräucherter Speck **2** Lachsschinken
3 Bauernschinken **4** Coppa **5** Mostbröckli

1 Cervelat **2** Waadtländer Saucisson
3 Leberwurst **4** Salami **5** Cipollata **6** Landjäger
7 Schweinswurst **8** Schweinsbratwurst

Zubereitung und Verwendung

Mit Ausnahme von sehr fein zerkleinertem Fleisch (Tatar) wird Fleisch erst durch das Garen zum Genuss. Beim Garprozess verändert sich die Struktur des Fleischeiweisses. Das Wasser wird gebunden, und das Eiweiss wird besser verdaulich. Durch die Zugabe von Gewürzen wird der Eigengeschmack des Fleisches unterstrichen.

Die Koch- und Bratzeit lässt sich bei Fleischstücken nicht genau festlegen. Sie wird von vielen, z. T. unbekannten Faktoren wie Alter, Ausmastgrad des Tieres, Lagerzeit und Bedingungen des Stückes und der Fleischtemperatur vor dem Kochen beeinflusst. Durchzogene Fleischstücke eignen sich allgemein zum Sieden, magere, leicht durchwachsene Stücke zum Braten, und zarte, sehnenfreie und gut gelagerte Stücke können sautiert oder kurz gebraten werden.

Verwendung	Fleischart	ideales Fleischstück	Preisklasse	Kochzeit (ca.) (Min./kg)
Braten	Rind	Hohrücken, Schulterfilet,	mittel	120
(Vorderviertel)	Kalb	dicke Schulter	mittel	120
	Schwein	Hals, Schulter	eher günstig	60–80
Braten	Rind	Huft, Huftdeckel, Roastbeef	teuer	25–35
(Hinterviertel)	Kalb	Nierstück, Unterspälte	teuer	30
	Schwein	Nierstück (gut durchbraten)	eher teuer	40
	Lamm	Gigot	eher teuer	45–60
Rollbraten	Kalb	Brust, Hals	eher günstig	70–90
	Lamm	Schulter	mittel	50
gespickter Braten	Rind	Unterspälte, weisses Stück, runder Mocken	eher teuer	100–120
Siedfleisch	Rind	Federstück, Brust, Lempen, Hals	günstig	120–180
Voressen	Rind	abgedeckter Rücken, Schenkel, Bug, Rosenstück, Hals	günstig	100
	Kalb, Lamm	Brust, Schulter	günstig	70
	Schwein	Schulter	günstig	70
Plätzli	Rind	Eckstück, Vorschlag	teuer	
	Kalb	Eckstück, Huft, Nuss	teuer	
	Schwein	Eckstück, Nuss, Hals	eher teuer	
Entrecôte	Rind	Entrecôte	teuer	
Rumpsteak	Rind	Huft	teuer	
Chops	Lamm	Nierstück	teuer	
Koteletts	Kalb	Kotelettstück	mittel	
	Schwein	Kotelettstück	mittel	
	Lamm	Kotelettstück	mittel	
Steaks, Medaillons	Kalb	Nierstück, Filet	teuer	
	Schwein	Nierstück, Filet	teuer	
Innereien	Rind, Kalb	Leber, Niere, Kutteln	günstig	

Grillierte Hackfleisch-Bällchen mit Apfel-Ketchup

Ein Apéro für 8 Personen
Für ca. 40 Fleischbällchen

kleine Holzspiesse, z. B. Zahnstocher

40 g Brot ohne Rinde
1 dl Milch
1 Zwiebel, fein gehackt
2 Knoblauchzehen, gepresst
3 EL Petersilie, fein gehackt
Butter zum Andünsten
700 g Rindfleisch, gehackt
1 Eigelb
1 TL Thymianblättchen
1 TL Salz, Pfeffer aus der Mühle
1 TL grober Senf
1 TL Paprikapulver, edelsüss
4 kleine Zucchetti
Bratbutter oder Bratcreme zum Braten

Apfel-Ketchup (ergibt ca. 8 dl):

500 g reife Tomaten, grob gehackt
200 g säuerliche Äpfel, geraffelt
100 g Zwiebeln, fein gehackt
4 EL Honig
½ TL Salz
0,5 dl Apfelessig
je 1 TL Oregano, Thymian, Rosmarin, fein gehackt
1 Prise Cayennepfeffer

1. Das Brot in Milch einweichen und gut ausdrücken.
2. Zwiebeln, Knoblauch und Petersilie in Butter andünsten, das Brot zugeben und auskühlen lassen.
3. Rindsgehacktes, Eigelb, Thymian, Salz, wenig Pfeffer, Senf und Paprikapulver zugeben und alles zu einem glatten Teig kneten. Zugedeckt 30 Minuten kalt stellen.
4. Die Hackmasse mit nassen Händen zu baumnussgrossen Bällchen formen.
5. Die Zucchetti mit dem Sparschäler in 2 mm dünne Streifen schneiden. Die Fleischbällchen damit umwickeln und mit einem Holzspiess befestigen.
6. Die Spiesschen über mittlerer Glut unter mehrmaligem Wenden ca. 8–10 Minuten grillieren. Anschliessend am Rande des Grills noch 5 Minuten nachgaren lassen.
7. Für den Ketchup Tomaten, Äpfel, Zwiebeln in einer weiten Pfanne unter Rühren aufkochen, 15 Minuten bei kleiner Hitze weich köcheln, fein pürieren und durch ein feines Sieb passieren.
8. Die restlichen Zutaten unterrühren, aufkochen und in heiss ausgespülte Gläser abfüllen, gut verschliessen.

- Zum Grillieren in der Küche die Grill- oder Bratpfanne stark erhitzen, mit etwas Bratcreme ausreiben und die Spiesschen rundum anbraten. Im auf 200 °C vorgeheizten Ofen 10 Minuten fertig garen.
- Die Hackfleischbällchen schmecken mit Apfel-Ketchup besonders gut.
- Der Ketchup lässt sich an einem kühlen, dunklen Ort in gut schliessenden Gläsern bis zu einem Jahr lagern. Gläser gut füllen, damit die Haltbarkeit gewährleistet ist.

133 Fleisch & Wurstwaren

134 Fleisch & Wurstwaren

Bündnerfleisch-Tatar
mit süss-saurem Kürbis

1. Für das Tatar das Bündnerfleisch grob hacken und mit Zwiebeln, Weisswein, Rapsöl und Pfeffer vermischen, abschmecken, in Förmchen verteilen und 1 Stunde kühl stellen.

2. Für den süss-sauren Kürbis den Essig mit Wasser und Zucker aufkochen. Die Gewürze beigeben und den Kürbis zufügen. Knackig kochen und die Kürbisschnitze in der Flüssigkeit auskühlen lassen.

3. Für die Sauce Essig, Salz, Pfeffer und Rapsöl verrühren.

4. Das Tatar auf Teller stürzen. Mit dem Kürbis, den Zwiebelsprossen und den Kürbiskernen garnieren. Die Sauce über die Sprossen träufeln.

- Der Kürbis schmeckt besser, wenn er bereits am Vortag zubereitet wird.

- Ein Tessiner Kerner. Oder sogar ein Gewürztraminer.

Eine Vorspeise für 4 Personen

Für 4 Förmchen von 0,75 dl Inhalt

Tatar:
200 g Bündnerfleisch, geschnitten
1 kleine Zwiebel, gehackt
5–6 EL Weisswein
1 EL Rapsöl
Pfeffer aus der Mühle

Kürbis:
300 g Kürbis, festfleischig, geschält,
in kleine Schnitze geschnitten
1 dl Weissweinessig
1 dl Wasser
50 g Zucker
1 Sternanis
1 Nelke

Sauce:
1 EL Weissweinessig
Salz, Pfeffer aus der Mühle
2 EL Rapsöl

1 Handvoll Zwiebelsprossen oder fein
geschnittene Zwiebelringe
2 EL Kürbiskerne, geröstet

Schinken-Mousse mit Romanesco

Eine Vorspeise für 6 Personen

1 Romanesco, festköpfig, ca. 800 g
Salz

Mousse:
150 g Schinken
Salz, Pfeffer aus der Mühle
1 TL Senf
4 Blatt Gelatine,
in kaltem Wasser eingeweicht
4 EL Weisswein
1,8 dl Rahm, geschlagen

Sauce:
2 EL Apfelessig
Salz, Pfeffer
4 EL Rapsöl

50 g Salat, z. B. Eichblatt, gerüstet
1 Ei, gekocht, fein gewürfelt

1. Den ganzen Romanesco in Salzwasser knapp weichkochen und in kaltem Wasser abschrecken. Gut abtropfen und mit dem Strunk nach oben in eine passende Schüssel legen. Den Strunk entfernen, ohne dass der Romanesco auseinander fällt.
2. Für die Mousse den Schinken in Würfel schneiden, mit Salz, Pfeffer und Senf im Cutter pürieren. Die gut ausgedrückte Gelatine mit dem Weisswein im Wasserbad auflösen und unter Rühren zum Schinken geben. Den Rahm löffelweise unter die Schinkenmasse mischen.
3. Die noch leicht flüssige Schinken-Mousse mit einem Löffel in den Romanesco füllen und im Kühlschrank mindestens 4 Stunden fest werden lassen.
4. Für die Sauce Essig, Salz, Pfeffer und Rapsöl mischen.
5. Den Romanesco in Stücke schneiden, mit Salat und Ei auf Tellern anrichten und mit Salatsauce beträufeln.

137 Fleisch & Wurstwaren

138 Fleisch & Wurstwaren

Siedfleisch-Salat mit Bundrettich an Estragonsauce

1. Salatblätter auf vier Tellern verteilen.
2. Das Siedfleisch locker auf dem Salat anrichten, den Rettich dazwischen stecken und mit Zwiebelringen bestreuen.
3. Für die Sauce die gekochten Eier schälen und Eiweiss und Eigelb trennen. Das Eiweiss fein würfeln und beiseite stellen.
4. Das Eigelb mit Senf, Estragonessig, Rapsöl und Fleischbouillon zu einer sämigen Sauce mixen. Den gehackten Estragon unterrühren und mit Salz und Pfeffer abschmecken.
5. Die Sauce über den Siedfleisch-Salat träufeln, mit dem Eiweiss bestreuen und mit Estragonblättchen garnieren.

Eine Vorspeise für 4 Personen

1 Friséesalat, gerüstet
400 g gekochtes Siedfleisch, vom Metzger in hauchdünne Scheiben geschnitten
3 Bund Monatsrettich (Eiszapfen), geschält, halbiert
1 rote Zwiebel, in feine Ringe geschnitten
Estragonblättchen zum Garnieren

Sauce:
2 Eier, hart gekocht
1 EL scharfer Senf
1 EL Apfel- oder Estragonessig
0,5 dl Rapsöl
0,5 dl Fleischbouillon
1 TL Estragon, fein gehackt
Salz, Pfeffer aus der Mühle

Lauwarmes Lamm-Carpaccio

Eine Vorspeise für 4 Personen

**300 g Lammnierstück,
in 2 mm dünne Tranchen geschnitten
Bratcreme zum Bestreichen
Salz, Pfeffer aus der Mühle
2 TL Thymian, gehackt**

150 g Salatblätter, z. B. Rucola, gerüstet

**Sauce:
2 EL Apfelessig
Salz, Pfeffer aus der Mühle
4 EL Rapsöl**

**50 g Sbrinz, gehobelt
1 Rüebli, in kleine Würfel geschnitten**

1. Die Nierstücktranchen beidseitig mit Bratcreme bestreichen, würzen und auf ein Backblech legen. Mit Thymian bestreuen.
2. Das Fleisch auf der obersten Rille des auf 250 °C vorgeheizten Ofens ca. 1 Minute garen.
3. Für die Salatsauce Essig, Salz, Pfeffer und Rapsöl verrühren. Den Salat auf Tellern verteilen, Sauce darüber träufeln.
4. Das Lamm-Carpaccio mit dem Salat anrichten, mit fein gehobeltem Sbrinz und Rüebli garnieren.

♀ Saurer Most.

141 Fleisch & Wurstwaren

Beef Tea

Eine Vorspeise für 4 Personen

1 Rüebli, geschält,
in dünne Scheiben geschnitten
1 Rippe Stangensellerie,
in dünne Scheiben geschnitten
1 Zwiebel, fein gehackt
300 g mageres Rindfleisch, grob gehackt
8 dl kaltes Wasser
1 TL Salz
1 kleines Lorbeerblatt
5 schwarze Pfefferkörner
2 Macis-Blätter (Muskatblüte)

Einlage:
1 Rüebli, geschält
1 Stück Sellerie, geschält
1 Stück Stangensellerie
100 g Rindsfilet

Wasserbad im Ofen siehe «Küchenlatein», Seite 281

1. Alle Zutaten für den Beef Tea bis und mit Macis in eine ofenfeste Pfanne geben, gut vermischen und mit einem Deckel verschliessen.

2. Für 3 Stunden ins Wasserbad in den auf 180 °C vorgeheizten Ofen schieben. Gelegentlich, falls nötig, das Wasserbad etwas auffüllen.

3. Den Beef Tea vorsichtig durch ein Küchentuch absieben und gut abtropfen lassen.

4. Für die Einlage Rüebli und Sellerie in sehr dünne Scheiben schneiden und mit einem Ausstecher z. B. Schmetterlinge ausstechen. Den Stangensellerie in feine Scheiben schneiden und das Rindsfilet fein würfeln.

5. Rüebli, Sellerie, Stangensellerie und Rindsfilet auf vier vorgewärmte Suppentassen verteilen. Den kochend heissen Beef Tea darüber giessen, kurz ziehen lassen und servieren.

143 Fleisch & Wurstwaren

144 Fleisch & Wurstwaren

Kalbsmedaillons auf grünem Spargel mit Morchelsauce

1. Die Medaillons würzen und in der Bratbutter beidseitig je 4 Minuten bei mittlerer Hitze braten. Das Fleisch aus der Bratpfanne nehmen und im Ofen bei 80 °C warm stellen.

2. Butter zum Bratensatz geben, die Spargeln bei kleiner Hitze ca. 5–7 Minuten darin dünsten und abschmecken.

3. Für die Sauce die Zwiebeln in Butter dünsten, die Morcheln zufügen, eine Minute weiterdünsten, mit Weisswein ablöschen und die Flüssigkeit auf die Hälfte reduzieren. Saucenrahm dazugeben, aufkochen und abschmecken.

4. Die Spargeln auf vorgewärmten Tellern verteilen, die Medaillons darauf anrichten und mit der Sauce umgiessen.

Ein Hauptgericht für 4 Personen

700 g Kalbsfilet, in 8 Medaillons geschnitten
Bratbutter oder Bratcreme zum Braten
Salz, Pfeffer aus der Mühle
Butter zum Dünsten
500 g grüne Spargeln, schräg in Scheiben geschnitten, Spitzen ganz lassen
Salz

Sauce:
Butter zum Dünsten
1 EL gehackte Zwiebeln
100 g frische Morcheln, gewaschen, gerüstet und halbiert
1 dl Weisswein
1,8 dl Saucenrahm
Salz, Pfeffer
wenig Zitronensaft

Gefüllte Kalbsplätzli an Zitronen-Thymian-Sauce

1. Für die Zitronenbutter alle Zutaten gut mischen.
2. Das Fruchtfleisch der Zitrone in acht Scheiben schneiden.
3. Die Kalbsplätzli aufklappen und je eine Hälfte mit etwas Zitronenbutter, 2 Zitronenscheiben und ½ TL Thymianblättchen füllen. Die Plätzli zuklappen und mit einem Zahnstocher verschliessen. Mit Salz und Pfeffer würzen.
4. Die Plätzli in Bratbutter auf jeder Seite 2 Minuten braten und bei 60 °C im Ofen warm stellen.
5. Bratensatz mit Weisswein ablöschen. Saucenrahm, Zesten und restliche Thymianblättchen zugeben, aufkochen und mit Salz, Pfeffer sowie einigen Tropfen Zitronensaft abschmecken.

Ein Hauptgericht für 4 Personen

Zitronenbutter:
40 g gesalzene Butter
1 Zitrone, abgeriebene Schale, ½ EL Saft
1 Prise Cayennepfeffer

1 Zitrone, Zesten und Fruchtfleisch
4 Kalbsplätzli à 160 g,
z. B. Nuss oder Eckstück, im Doppel- oder Schmetterlingsschnitt geschnitten
3 TL Thymianblättchen
Salz, Pfeffer aus der Mühle
Bratbutter oder Bratcreme zum Braten
1 dl Weisswein
1,8 dl Saucenrahm
einige Tropfen Zitronensaft

Glasierte Kalbsnuss mit Marroni

1. Die Kalbsnuss würzen und mit Bratcreme einreiben. In einem Bräter in der Mitte des auf 220 °C vorgeheizten Ofens ca. 15 Minuten anbraten.
2. Zwiebeln, Rüebli, Marroni und Thymian zufügen, 5 Minuten mitdünsten, mit Weisswein ablöschen, Bratensauce zugeben und zugedeckt ca. 1 Stunde weich schmoren.
3. Die letzten 15 Minuten ohne Deckel garen und alle 5 Minuten mit Schmorflüssigkeit begiessen.
4. Das Fleisch herausnehmen und zugedeckt warm stellen.
5. Das Marronigemüse abschmecken.
6. Die glasierte Kalbsnuss in Tranchen schneiden und mit dem Marronigemüse servieren.

- Dazu Spätzli servieren.

♀ Ein süffiger Aligoté aus Genf.

Ein Hauptgericht für 4 Personen

800 g Kalbsnuss
Salz, Pfeffer aus der Mühle
1 EL Bratcreme
1 kleine Zwiebel, gehackt
1 kleines Rüebli,
geschält, in Scheiben geschnitten
100 g Marroni, geschält
2–3 Thymianzweige

2 dl Weisswein
3 dl Bratensauce
Salz, Pfeffer aus der Mühle

Gelbes Kalbsragout in Rondini

Ein Hauptgericht für 4 Personen

**800 g Kalbsragout,
in baumnussgrosse Stücke geschnitten**
¾ TL Salz, Pfeffer aus der Mühle
Bratbutter oder Bratcreme zum Anbraten

Gelbe Peperonisauce:
800 g gelbe Peperoni (ca. 4–5 Stück)
1 Zwiebel, fein gehackt
Butter zum Andünsten
0,5 dl Weisswein
2,5 dl Rahm
**1 rote Peperoncini, entkernt,
in feine Scheiben geschnitten**
Salz
1 Prise Currypulver

4 Rondini à ca. 300 g
Bratbutter oder Bratcreme zum sanften Braten
Salz, Pfeffer aus der Mühle

einige Kerbelblättchen zum Garnieren

1. Das Fleisch mit Salz und Pfeffer würzen und in Bratbutter oder Bratcreme kräftig anbraten.

2. Für die Sauce Peperoni halbieren, entkernen und in Stücke schneiden. Zusammen mit Zwiebeln in Butter andünsten, mit Weisswein ablöschen und zugedeckt 10 Minuten weich kochen. Rahm zugiessen, aufkochen, pürieren und durch ein feines Sieb passieren. Die Peperoncini zugeben, mit Salz und Curry abschmecken.

3. Das Fleisch in die Sauce geben und 1 Stunde leicht köchelnd garen.

4. Den Rondini einen Deckel abschneiden und mit einem Kugelausstecher bis auf einen 5 mm dicken Rand aushöhlen.

5. Kurz vor dem Servieren die ausgehöhlten Rondini und Deckel im Dampf garen. Die Rondinikugeln in Butter sanft braten. Alles mit Salz und Pfeffer würzen.

6. Einen Teil des Kalbsragouts in die Rondini füllen, auf Peperonisauce anrichten, mit Kugeln umlegen und mit Kerbelblättchen garnieren.

7. Das restliche Ragout als Nachservice reichen.

- Am einfachsten lassen sich die Kerne der in Scheiben geschnittenen Peperoncini unter fliessendem kaltem Wasser wegspülen.
- Die Sauce kann nach Belieben mit ein wenig, in kaltem Wasser angerührter Maisstärke gebunden werden.

♀ Ein weisser Merlot.

149 Fleisch & Wurstwaren

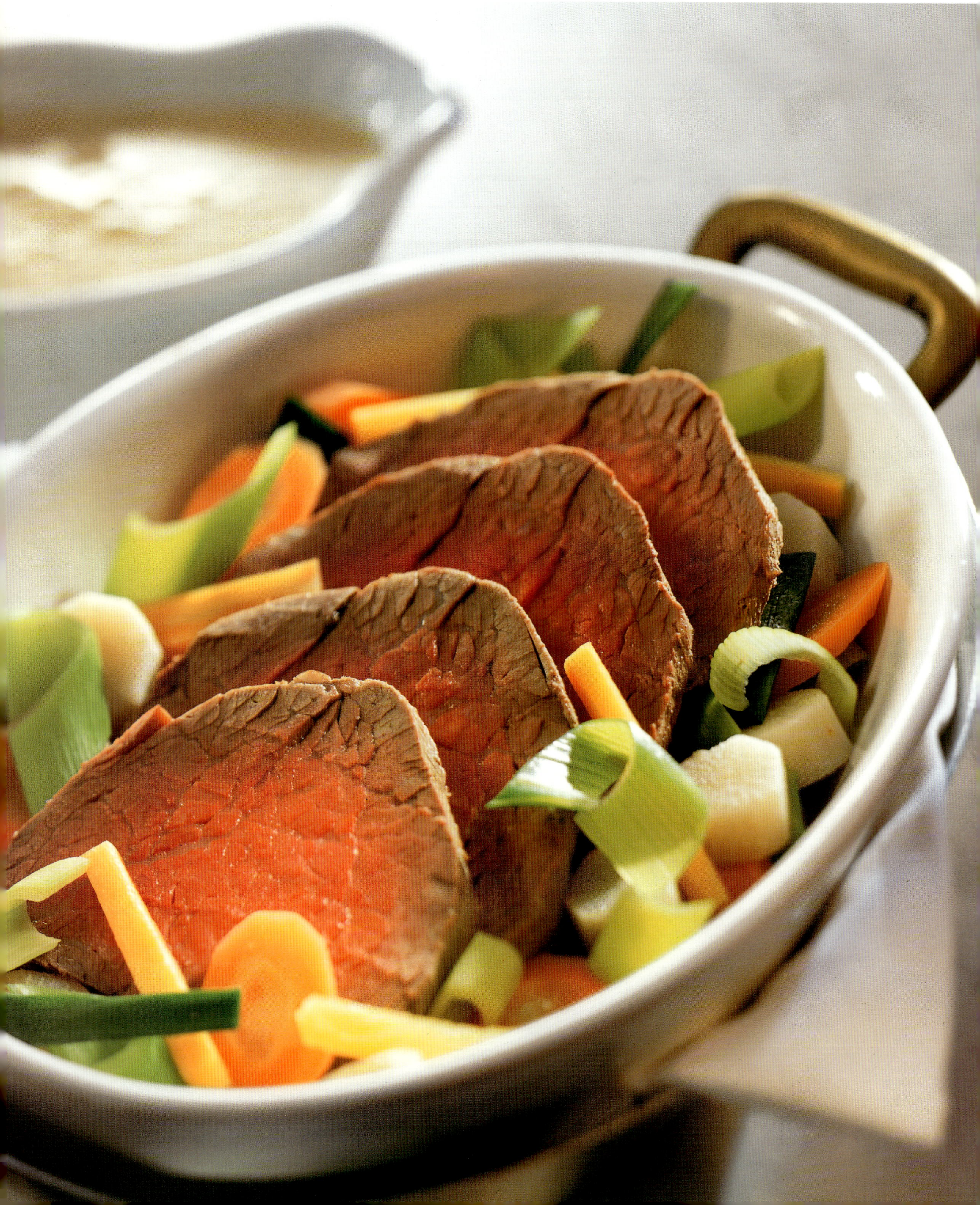

Pochiertes Rindsfilet an Meerrettichsauce

1. Die Bouillon aufkochen, die Zwiebel mit Lorbeerblatt und Nelke bestecken und zufügen. Das Rindsfilet dazugeben und ca. 35 Minuten bei kleiner Hitze unter dem Siedepunkt ziehen lassen. Die Pfanne vom Feuer nehmen und das Fleisch in der Bouillon warm stellen.
2. Die Schwarzwurzeln in wenig Kochflüssigkeit des Filets knapp weich kochen. Die Pfälzer, Rüebli und Lauch beigeben, zusammen noch einige Minuten knackig garen, abschmecken.
3. Für die Sauce 4 dl der Kochflüssigkeit auf 2 dl reduzieren und mit Maizena binden. Butter und Meerrettich unterrühren. Mit Salz abschmecken.
4. Das Rindsfilet in ca. 1 cm dicke Tranchen schneiden, auf dem Gemüse anrichten und mit der Meerrettichsauce servieren.

Ein Hauptgericht für 4 Personen

3 l Rindsbouillon
1 kleine Zwiebel
1 Lorbeerblatt
1 Nelke

700 g Rindsfilet

1 Schwarzwurzel,
geschält und in Stücke geschnitten
2 Pfälzer Rüben,
geschält und in feine Stäbchen geschnitten
2 Rüebli,
geschält und in Scheiben geschnitten
½ kleiner Lauchstängel,
in Streifen geschnitten
Salz

Sauce:
2 TL Maizena mit 2 EL Wasser angerührt
1 EL Meerrettich, gerieben
50 g Butter in Stücke geschnitten
Salz

152 Fleisch & Wurstwaren

Klassischer Sonntagsbraten

1. Das Fleisch würzen, im Schmortopf in Bratbutter ringsum gleichmässig anbraten und aus der Pfanne nehmen.
2. Die Zwiebeln, den Knoblauch und das fein geschnittene Gemüse im Schmortopf andünsten, das Tomatenpüree beifügen und kurz mitdünsten. Mit der Hälfte des Weins ablöschen, Rosmarin, Thymian und Bouillonwürfel beifügen. Würzen und aufkochen.
3. Den Braten zurück in den Schmortopf legen, zugedeckt bei kleiner Hitze ca. 1¾ Stunden weich schmoren. Nach halber Garzeit wenden, restlichen Rotwein nachgiessen. Der Braten ist gar, wenn man eine Fleischgabel einsticht und das Fleisch bei leichtem Schütteln wieder von der Gabel rutscht.
4. Das Fleisch herausnehmen und warmstellen. Für die Sauce die Schmorflüssigkeit auf 5 dl reduzieren, mixen und abschmecken.
5. Das Fleisch in Tranchen schneiden, auf einer vorgewärmten Platte anrichten und die Sauce darüber geben. Mit Rosmarin und Thymianzweigen garnieren.

♀ Ein kräftiger Rotwein: Dôle oder Syrah aus dem Wallis.

Ein Hauptgericht für 4–5 Personen

1 kg Rindsbraten, gespickt, z. B. runder Mocken
Salz, Pfeffer aus der Mühle
Bratbutter oder Bratcreme zum Braten

1 Zwiebel, gehackt
1 Knoblauchzehe, gepresst
1 Rüebli, klein geschnitten
¼ Sellerie, klein geschnitten
2 EL Tomatenpüree
7 dl Rotwein
1 Rosmarinzweig
1 Thymianzweig
1 Bouillonwürfel
Salz und Pfeffer

Rosmarin und Thymian zum Garnieren

Gemüse-Hackbraten

Ein Hauptgericht für 4–6 Personen

1 grosses Schweinsnetz,
in kaltem Wasser eingelegt

1 dl Milch
1 Scheibe Weissbrot, ca. 100 g, ohne Rinde
Butter zum Dünsten
1 Knoblauchzehe, gepresst
1 kleine Zwiebel, gehackt
300 g Rindfleisch, gehackt
200 g Schweinefleisch, gehackt
2 EL Senf
2 EL Kräuter, gehackt,
z. B. Petersilie, Basilikum, Thymian
2 TL Salz
Pfeffer aus der Mühle
150 g Maiskörner, gekocht
100 g grüne Bohnen, gerüstet, blanchiert, halbiert
½ rote Peperoni, ca. 100 g,
in kleine Streifen geschnitten

2 EL Petersilie, gehackt

1,5 dl Weisswein
1 EL Senf
1 EL Rosmarinnadeln
2 dl Bratensauce
Salz, Pfeffer aus der Mühle

glattblättrige Petersilie zum Garnieren

1. Milch erwärmen, das Weissbrot darin einweichen, fein zerdrücken. Knoblauch und Zwiebeln in Butter glasig dünsten, auskühlen lassen.
2. Das Hackfleisch mit Brot, Zwiebeln, Senf und Kräutern verkneten, bis die Masse gut zusammenhält, würzen und den Mais, die Bohnen und die Peperonistreifen untermischen. Die Hackfleischmasse zu einer Rolle formen.
3. Das Schweinsnetz abtropfen lassen, ausbreiten und mit der Petersilie bestreuen. Die Hackfleischrolle darauf legen, locker einrollen und die Enden unterschlagen.
4. In einem Bräter in der unteren Hälfte des auf 200 °C vorgeheizten Ofens 10 Minuten anbraten. Weisswein mit Senf vermischen und darüber giessen, Rosmarin zufügen. 40 Minuten fertig garen
5. Hackbraten herausnehmen und zugedeckt warm stellen.
6. Bratenfond mit Bratensauce auffüllen. Durch ein Sieb giessen, aufkochen und abschmecken.
7. Hackbraten in 2 cm dicke Tranchen schneiden, mit der Sauce auf vorgewärmten Tellern anrichten. Mit Petersilie garnieren.

♀ Ein Merlot aus dem Tessin oder der Bündner Herrschaft.

155 Fleisch & Wurstwaren

Mit Apfel gratinierte Schweinskoteletts

1. Die Schweinskoteletts mit Senf einreiben und mit Salz und Pfeffer würzen. In Bratbutter beidseitig kräftig anbraten und auf dem mit Backpapier ausgelegten Backblech anordnen.
2. Die Rosinen in 0,5 dl saurem Apfelmost einlegen.
3. Für die Sauce in der Fleischpfanne Schalotten andämpfen, mit 1,5 dl Apfelmost ablöschen und auf 2 EL einkochen lassen. Mit Saucenrahm auffüllen und mit Salz, Pfeffer und Oregano abschmecken.
4. Den Apfel in 16 Schnitze schneiden und entkernen. Zusammen mit den Zwiebeln in Butter sanft braten. Rosinen und Apfelmost zugeben, einkochen, bis die gesamte Flüssigkeit verdunstet ist, auf den Koteletts verteilen und mit Bergkäse bestreuen.
5. Die Koteletts in der Mitte des auf 220 °C vorgeheizten Ofens 10–15 Minuten überbacken.
6. Koteletts mit Sauce auf Tellern anrichten und mit Oreganoblättchen garnieren.

- Kann gut vorbereitet werden, wenn Gäste kommen.

Ein Hauptgericht für 4 Personen

Backblech und Backpapier

4 Schweinskoteletts à ca. 200 g
2 EL scharfer Senf
½ TL Salz, Pfeffer aus der Mühle
Bratbutter oder Bratcreme zum Anbraten

50 g Rosinen
2 dl saurer Apfelmost

Sauce:
1 Schalotte, fein gehackt
1,8 dl Saucenrahm
1 TL Oregano, fein gehackt

1 roter Apfel, z. B. Jonathan, Berner Rosen
1 rote Zwiebel, in Streifen geschnitten
Butter zum sanften Braten
100 g Bergkäse, an der Röstiraffel gerieben

Oreganoblättchen zum Garnieren

Grilliertes Schweinssteak mit Salbeibutter

1. Für die Marinade Senf, Honig, Cognac, Pfeffer und Bratcreme auf einem Teller vermischen. Steaks in der Marinade wenden, mit Salbeiblättern belegen, mit Klarsichtfolie zudecken und mindestens eine halbe Stunde marinieren.
2. Für die Salbeibutter Senf, Honig und Cognac mit Salbei, Salz und Pfeffer verrühren. Mit dem Schneebesen nach und nach die Butter einschwingen und abschmecken.
3. Von den Steaks den Salbei entfernen, Marinade abstreifen und salzen. In einer Grillpfanne bei mittlerer Hitze beidseitig je ca. 6 Minuten grillieren.
4. Die Steaks schräg in 2 cm dicke Scheiben schneiden, auf vorgewärmten Tellern anrichten. Die Salbeibutter kurz erwärmen und darüber geben.

Ein Hauptgericht für 4 Personen

4 Schweinssteak à 170 g vom Nierstück

Marinade:
1 EL grobkörniger Senf
2 TL Honig
2 TL Cognac
Pfeffer aus der Mühle
2 EL Bratcreme
8 Salbeiblätter

Salbeibutter:
2 EL grobkörniger Senf
1 EL Honig
1 EL Cognac
8 grosse Salbeiblätter, gehackt
Salz, Pfeffer aus der Mühle
100 g Butter, weich, in Stücke geschnitten
Salz

kleine Salbeiblättchen zum Garnieren

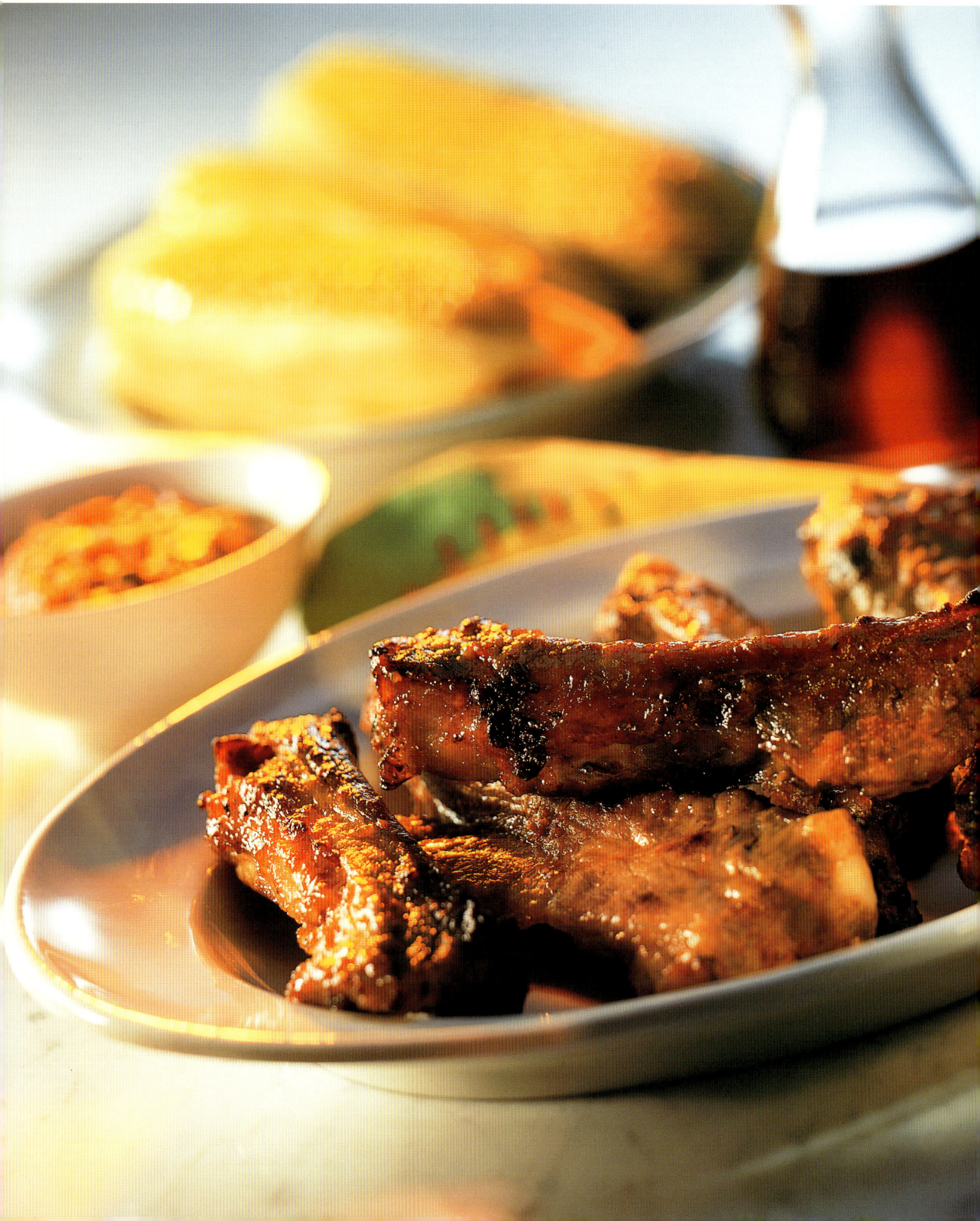

Spareribs mit Teufelssauce

1. Für die Marinade Speck, Zwiebeln und Knoblauch in Bratcreme anbraten. Tomaten, Senf und Cayennepfeffer zugeben, fein pürieren, auf die Hälfte einkochen und durch ein feines Sieb passieren. Auskühlen lassen.

2. Die Spareribs mit der Marinade bestreichen, zudecken und 12–24 Stunden im Kühlschrank marinieren.

3. Für die Teufelssauce Tomaten, Essig und Zucker unter Rühren in einer kleinen Pfanne aufkochen, fein pürieren und durch ein Sieb streichen. Zwiebeln, Knoblauch, Peperoni, Peperoncini und Petersilie in Butter andämpfen, die Tomatensauce zugeben und mit Kümmel, Salz und Pfeffer abschmecken. Abkühlen lassen.

4. Eine Stunde vor der Zubereitung die Spareribs aus dem Kühlschrank nehmen. Die Marinade abstreifen, beiseite stellen und dann die Spareribs mit Küchenpapier trocken tupfen.

5. Die Spareribs auf ein mit Backpapier belegtes Blech legen und in der Mitte des 250 °C vorgeheizten Ofens 30 Minuten anbraten.

6. Die Temperatur auf 200 °C reduzieren. Die Marinade mit Honig mischen und die Spareribs damit grosszügig bestreichen. 10–15 Minuten fertig backen.

7. Die Spareribs salzen und mit der Sauce servieren.

- Spareribs schmecken zu Maiskolben und eignen sich auch sehr gut zum Grillieren.

- Ein Tessiner Nostrano oder ein Humagne rouge aus dem Wallis.

Ein Hauptgericht für 4 Personen

2 kg Spareribs (Schweinsbrustspitzen)

Marinade:
3 Scheiben Speck, fein geschnitten
1 Zwiebel, fein gehackt
2 Zehen Knoblauch
3 EL Bratcreme
200 g Tomaten, grob gewürfelt
2 EL scharfer Senf
2 Prisen Cayennepfeffer

4 EL Honig
Salz

Teufelssauce:
300 g reife Tomaten, grob gehackt
4 EL Weissweinessig
2 EL Zucker
1 Zwiebel, fein gehackt
3 Knoblauchzehen, gepresst
1 rote Peperoni, entkernt, fein gewürfelt
1–2 rote Peperoncini, entkernt, fein gehackt
4 EL Petersilie, fein gehackt
Butter zum Andämpfen
½ TL gemahlener Kümmel
Salz, Pfeffer aus der Mühle

Schweinsfilet im Vollkornteig mit Käsesauce

Ein Hauptgericht für 4 Personen

Teig:
½ Hefewürfel, 20 g
1,5 dl Wasser
250 g Vollkornmehl
10 g Salz

1 Schweinsfilet, ca. 600 g
Salz, Pfeffer aus der Mühle
Bratbutter oder Bratcreme zum Braten

1 Handvoll Blattspinat, blanchiert
100 g Blauschimmelkäse, z. B. Couronzola, in kleine Würfeli geschnitten

1 EL Haferflocken zum Bestreuen

Sauce:
0,5 dl Weisswein
¼ Bouillonwürfel
1,8 dl Rahm
100 g Blauschimmelkäse, z. B. Couronzola, in kleine Würfeli geschnitten
Salz, Pfeffer aus der Mühle

1. Für den Teig die Hefe in kaltem Wasser auflösen, mit dem Vollkornmehl und Salz zu einem Teig kneten. Mindestens 10 Minuten kneten und 10 Minuten zugedeckt ruhen lassen.

2. Das Schweinsfilet würzen und in Bratbutter ringsum kurz anbraten, aus der Bratpfanne nehmen und etwas auskühlen lassen.

3. Den Teig zu einem Rechteck von ca. 20×35 cm auswallen. Den gut abgetropften Blattspinat in der Länge des Filets auf dem Teig auslegen. Den Käse auf dem Spinat verteilen.

4. Das Schweinsfilet darauf legen und im Teig einrollen. Die Ränder gut festdrücken, wenig umschlagen und das Filet mit dem Verschluss nach unten auf ein mit Backpapier belegtes Blech legen. Den Teig mit wenig Wasser bepinseln und mit Haferflocken bestreuen. Eine halbe Stunde bei Raumtemperatur gehen lassen.

5. Das Filet im auf 200 °C vorgeheizten Backofen ca. 25 Minuten backen. Vor dem Aufschneiden einige Minuten ruhen lassen.

6. Für die Sauce den Weisswein mit dem Bouillonwürfel aufkochen, Rahm und Käse dazugeben und mixen. Ca. 5 Minuten leicht köcheln und abschmecken.

7. Das Filet in 2–3 cm dicke Tranchen schneiden und mit der Sauce auf vorgewärmten Tellern anrichten.

- Anstelle von Spinat kann Bärlauch oder Sauerampfer verwendet werden.

161 Fleisch & Wurstwaren

Knusprige Schweinshaxen mit Biersauce

Ein Hauptgericht für 4 Personen

Marinade:
2 EL scharfer Senf
½ TL Kümmel, gemahlen
Pfeffer aus der Mühle
2 EL Bratcreme

2 Schweinshaxen à ca. 1,3 kg,
Schwarte vom Metzger eingeschnitten
1½ TL Salz
1,5 dl dunkles Bier

Sauce:
1 Zwiebel, fein gehackt
1 Knoblauchzehe, gepresst
Butter zum Andämpfen
3,5 dl dunkles Bier
2 dl Fleischbouillon
4 TL Maizena
50 g Butter, kalt, in Stückchen
½ TL Zucker
⅓ TL Kümmel
Salz, Pfeffer nach Bedarf

1. Für die Marinade Senf, Kümmel und etwas Pfeffer mit Bratcreme verrühren. Die Haxen damit einreiben und über Nacht zugedeckt in den Kühlschrank stellen.

2. Die Haxen salzen und in einem Bräter im auf 220 °C vorgeheizten Ofen ca. 15 Minuten anbraten.

3. Den Ofen auf 160 °C herunterschalten, weitere 2 Stunden braten. Dabei alle 10 Minuten mit dunklem Bier bepinseln.

4. Für die Sauce Zwiebeln und Knoblauch in Butter andünsten, mit Bier ablöschen, langsam auf 1 dl einkochen und in eine Pfanne absieben. Bouillon mit Maizena verrühren, zugiessen und unter Rühren aufkochen. 2 Minuten köcheln lassen, von der Platte ziehen und die Butter unterrühren. Die Sauce mit Zucker, Kümmel, Salz und Pfeffer abschmecken.

5. Für je 2 Personen eine Haxe auf einem Holzbrett servieren.

- Die Haxen beim Metzger vorbestellen.
- 2–4 Knoblauchknollen 1 Stunde bei 160 °C mitbacken und zur Haxe servieren.

♀ Ein kräftiges, dunkles Bier.

Schweinsnierbraten mit Kräuterfüllung an Baumnuss-Rahmsauce

Ein Hauptgericht für 4 Personen

800 g Schweinsnierstück
1 EL scharfer Senf
½ TL Salz, Pfeffer aus der Mühle
Bratbutter oder Bratcreme zum Anbraten

Füllung:
4 Bund Petersilie, fein gehackt
12 Salbeiblätter, fein gehackt
1 EL Rosmarinnadeln, fein gehackt
2 EL Thymianblättchen
1 TL Salz

Sauce:
2½ EL Mehl
60 g gemahlene Baumnüsse
5 dl Fleischbouillon, kalt
1,8 dl Doppelrahm
Pfeffer aus der Mühle

1. Das Fleischstück mit einem langen Messer in der Mitte der ganzen Länge nach 4 cm breit einstechen. Die Kräuter für die Füllung mit Salz mischen und mit Hilfe eines Kochlöffelstiels in den Einschnitt stopfen.

2. Den Braten mit Senf einreiben, mit Salz und Pfeffer würzen und in Bratbutter bei mittlerer Hitze ringsum ca. 10 Minuten anbraten. Auf einer Platte in die Mitte des auf 80 °C vorgeheizten Ofens schieben, ca. 3–3½ Stunden garen.

3. Für die Sauce das Mehl mit gemahlenen Baumnüssen unter ständigem Rühren haselnussbraun rösten. Pfanne von der Platte ziehen, Fleischbouillon auf ein Mal zugiessen, gut verrühren und unter Rühren aufkochen. Die Sauce langsam auf 2,5 dl einkochen. Dabei gelegentlich umrühren. Die Sauce in eine Pfanne absieben mit Doppelrahm mischen, aufkochen und mit Pfeffer würzen.

♀ Ein Pinot Gris aus dem Thurgau oder der Bündner Herrschaft.

164 Fleisch & Wurstwaren

Glasiertes Rollschinkli mit pikanten Dörrkirschen

1. Das Rollschinkli in der Vakuumverpackung in knapp siedendem Wasser (80–90 °C) ca. 30 Minuten ziehen lassen.
2. Die Verpackung entfernen und die Gewürznelken in einer Reihe in den Schinken stecken.
3. Alle Zutaten für die Glasur gut mischen und das Rollschinkli mit der Hälfte davon bestreichen. In die Mitte des auf 200 °C vorgeheizten Ofens schieben und 10 Minuten backen. Anschliessend mit der restlichen Glasur bestreichen und weitere 10 Minuten backen.
4. Vor dem Tranchieren kurz bei ausgeschaltetem Ofen und offener Ofentüre ruhen lassen.
5. Für die Dörrkirschen den Birnensaft aufkochen, alle restlichen Zutaten zugeben, 5 Minuten köcheln lassen und auf der ausgeschalteten Herdplatte 30 Minuten ziehen lassen.
6. Das Rollschinkli in Tranchen schneiden und zusammen mit lauwarmen Dörrkirschen und Birnenschnitzen servieren.

- Statt Dörrkirschen klein geschnittene Dörrbirnen verwenden.

♀ Ein Humagne rouge aus dem Wallis.

Ein Hauptgericht für 4 Personen

1 kleines Rollschinkli à 750–800 g, vakuumverpackt
8 Gewürznelken

Glasur:
1 EL Rohzucker
½ EL trockener Sherry
½ EL Honig
½ EL scharfer Senf

Dörrkirschen:
2,5 dl Birnensaft
120 g Dörrkirschen
2 TL Ingwerpulver
1 kleine Birne, ca. 100 g, geschält, fein gewürfelt
1 EL Apfelessig
2 Prisen Gewürznelken, gemahlen
¼ TL Currypulver Madras
1 kleine Birne, ca. 100 g, in Schnitze geschnitten

Lammkoteletts mit Zwetschgen-Chutney

Ein Hauptgericht für 4 Personen

2 EL Currypulver
1 Teelöffel Maisstärke
¾ TL Salz, mischen

12 Lammkoteletts à ca. 70 g

Bratbutter oder Bratcreme zum Braten

Zwetschgen-Chutney:
1 rote Zwiebel, in Streifen geschnitten
1 Knoblauchzehe, gehackt
Butter zum Andünsten
300 g Zwetschgen, geviertelt, entsteint
0,5 dl Apfelessig
50 g Rohzucker
½ TL helle Senfkörner
1 TL Gewürznelke, gemahlen
¼ TL Ingwer, gemahlen
1 Prise Muskatnuss
½ TL Kardamom, gemahlen

Curry-Kraut zum Garnieren

Curry-Kraut siehe «Küchenlatein», Seite 281

1. Currypulver, Maisstärke und Salz mischen, die Lammkoteletts darin drehen.

2. Für das Zwetschgen-Chutney Zwiebeln und Knoblauch in Butter andünsten, Zwetschgen, Apfelessig, Rohzucker und Gewürze zugeben und 10 Minuten leicht köcheln. Auskühlen und einige Stunden ziehen lassen.

3. Die Koteletts in Bratbutter bei mittlerer Hitze auf jeder Seite ca. 2 Minuten braten, auf ein Blech legen und im auf 80 °C vorgeheizten Ofen 10 Minuten garen lassen.

4. Auf Tellern mit Zwetschgen-Chutney und Curry-Kraut anrichten.

167 Fleisch & Wurstwaren

168 Fleisch & Wurstwaren

Gitzischlegel im Gras gebraten

1. Den Gitzischlegel mit Salz und Pfeffer würzen und in Bratcreme rundum anbraten. Das Gras und die Kräuter im Bräter verteilen, das Fleisch darauf legen, mit Bratcreme beträufeln und mit Knoblauch bestreuen.
2. In der Mitte des auf 200 °C vorgeheizten Ofens ca. 40 Minuten braten. Nach 20 Minuten wenden.
3. Herausnehmen und warm stellen. Bratensatz mit Weisswein lösen, absieben.
4. Für den Jus den Knoblauch und die Zwiebeln in einer Pfanne in wenig Butter andünsten, mit dem aufgelösten Bratensatz ablöschen, mit Bratensauce auffüllen und abschmecken.
5. Den Gitzischlegel in Tranchen schneiden und mit dem Jus auf vorgewärmten Tellern anrichten.

- Dazu Bratkartoffeln servieren

Ein Hauptgericht für 4 Personen

1 Gitzischlegel, ca. 1 kg, vom Metzger den Oberschenkelknochen entfernen lassen
Salz, Pfeffer aus der Mühle
Bratcreme zum Braten und Beträufeln
2 Handvoll Wiesengras
1 Handvoll Kräuter und Wildkräuter, z. B. Estragon, Minze, Thymian, Majoran, Frauenmänteli, Brennnessel
1 Knoblauchzehe, gehackt

1 dl Weisswein

Jus:
Butter zum Dünsten
1 Knoblauchzehe, gepresst
1 kleine Zwiebel, geschnitten
2 dl Bratensauce
wenig Zitronensaft
Salz, Pfeffer aus der Mühle

Wein

Ländliches Backwerk und Früchte
und ein milder heller Wein,
an der Höhe hinter dem Hause gewachsen,
bereicherten das einfache
und in seiner Art doch festliche Mahl.

(Keller: Der grüne Heinrich)

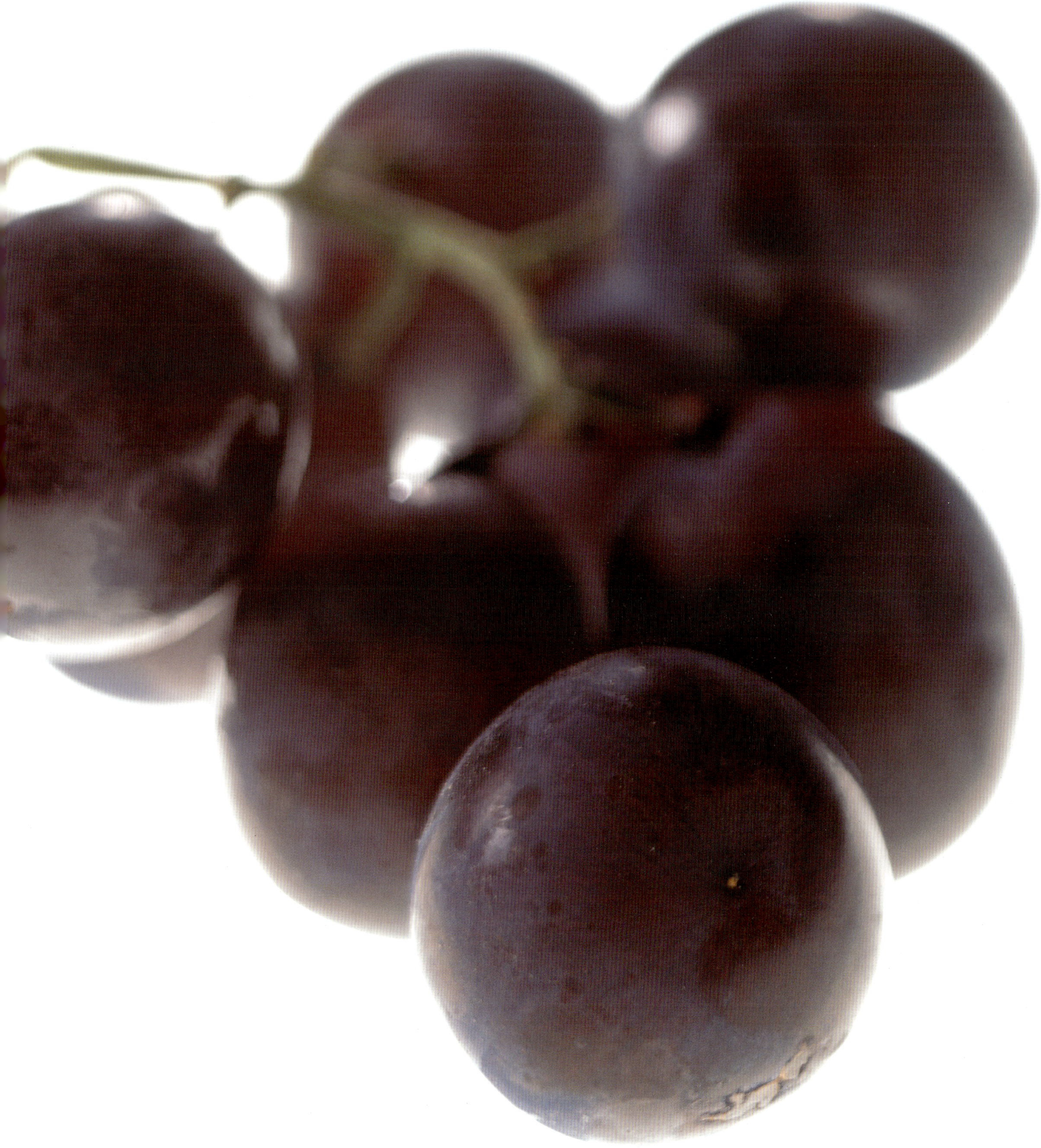

172 Wein

Reben zwischen Himmelhoch und Seeanstoss

Wohl nirgends sind die Rebhänge so steil gelegen und so schwer zu bewirtschaften, wie jene, die zur Waadtländer Gemeinde Puidoux gehören. Angelegt wurden sie vor fast tausend Jahren von Zisterziensermönchen aus dem Burgund. Auf diesen Sonnenterrassen wächst einer der beiden Grand Cru des Lavaux, der Dézaley. Er ist der traditionsreichste Schweizer Wein.

Wenn man mit dem Zug von der Deutschschweiz an den Genfersee reist und am Ende eines Tunnels plötzlich die lichtdurchfluteten Weinberge sieht, fährt man durch den kleinen Bahnhof von Puidoux-Chexbres im Kernland des Dézaley: Unten das Blau des Wassers, oben das Blau des Himmels und dazwischen Weinlaub – wie ein grüner Wasserfall, der sich über Terrassen in den See zu ergiessen scheint.

Manchenorts hat der Hang ein Gefälle von 50 Prozent. Das ist gut, weil das Regenwasser schnell abläuft. Und schlecht, weil auch der Boden zügig erodiert. Das erfordert umfangreiche Terrassierungsarbeiten, Erde muss hinaufgetragen, die Treppen und Mauern müssen unterhalten werden. Ganz klar: Maschinen haben dort nichts verloren. Dort ist Rebbau noch reine Handarbeit und wird es auch bleiben.

Dank der Südlage und der Rückstrahlung des Sees, der zudem wie ein Temperaturstabilisator wirkt, sind die Reben vor klimatischen Schwankungen weitgehend sicher, und sie profitieren von den vielen Sonnenstunden. Nachts geben zudem die Terrassenmauern die tagsüber gespeicherte Wärme ab. Es sind fast ausschliesslich Chasselas-Trauben, die hier unter idealen Bedingungen reifen. Und das gilt nicht nur für das Gebiet des Dézaley, sondern für das ganze Lavaux.

Vor ein paar Jahren setzten sich einige der bekanntesten Dézaley-Produzenten an einen Tisch und überlegten sich, wie man diesen hervorragenden Wein noch besser vermarkten könne. Und sie gründeten die Vereinigung «La Baronnie du Dézaley». Sie gaben sich eine gemeinsame Charta, in der sie sich verpflichten, genaue Regeln bezüglich Anbau und Vinifikation einzuhalten – ein Qualitäts- und Umweltversprechen. Präsident der «Baronnie» ist der Sohn des früheren Bundesrates Paul Chaudet. Andere Namen mit Klang sind die der Kellereien Bovard, Dubois, Fonjallaz, Lambelet, Massy und Testuz. Der «Dézaley Grand Cru» wird in einer speziellen Flasche mit dem Siegel der historischen «Baronnie» angeboten, übrigens auch im Ausland. Der Dézaley ist einer der ganz wenigen Schweizer Weinexporte.

< **Steil gelegen, schwer zu bearbeiten: die Weingärten des Lavaux.**

«Parcours viticole» –
ein süffiger Streifzug durch die Reben

Seit kurzem gibt es noch einen Grund mehr, an den Léman und zu seinen Weinen zu reisen. Durch das ganze Lavaux führt ein mit blauen Schildern markierter Wanderweg. Er beginnt im malerischen, fast perfekt erhaltenen Lutry, führt ins Lavaux, hinunter nach Vevey und endet beim Schloss Chillon nahe Montreux. Die «grande traversée» ist 32 km lang. Sie durchquert alle sieben Appellationen: Lutry, Villette, Epesses, St-Saphorin, Chardonne und Vevey-Montreux sowie die beiden Grand Cru Calamin und – eben Dézaley.

Die blauen Schilder sind nicht nur Wegweiser, sie erklären auch dreisprachig die Arbeit der Winzer, die Rebsorten, den Boden, den Wein. Und für alle, die nicht nur trocken informiert sein möchten, ergibt sich immer wieder eine Gelegenheit, das Weinwissen in Pinten und Winzerkellern am oder nicht weit vom Weg zu erweitern. Schliesslich ist der Wanderweg in Abschnitte unterteilt. Und von einem 32-Kilometer-Gewaltmarsch steht nirgends etwas geschrieben.

< Sonnenverwöhnt dank Südlage und Rückstrahlung vom See.

Nur in Obwalden wächst kein Wein

Die Schweiz hat drei grosse Weinbaugebiete. Sie sind weitgehend identisch mit den Sprachregionen. Die Westschweiz umfasst 11 428 Hektaren, die Ostschweiz (sprich: gesamte Deutschschweiz) 2559 Hektaren und die Südschweiz 947 Hektaren. Trotz dieser insgesamt nur 15 000 Hektaren (weniger Rebfläche haben unter Europas Weinländern nur noch England, Albanien, Luxemburg und Malta) ist die Schweizer Weinwelt ausserordentlich reichhaltig und differenziert, was eben auch auf die unterschiedlichen Kulturräume zurückzuführen ist, aus denen die Weine stammen. Und natürlich auf die klimatischen und geologischen Verhältnisse. In der Schweiz gedeihen über 50 Rebsorten. Und man schätzt, dass es 20 000 verschiedene Weinetiketten gibt. Fast alle Weine sind trocken ausgebaut, Süssweine sind eher selten. Rot- und Weisswein halten sich die Waage.

Die in der Schweiz lebenden Menschen trinken pro Jahr 42 Liter Wein – wenig im Vergleich zu den Franzosen mit etwa 65 Litern, viel im Vergleich zu den Deutschen mit rund 23 Litern.

< **Die Landschaft prägt die Menschen.**
> **Die Winzer Chaudet und Bovard: Repräsentanten der «Baronnie».**

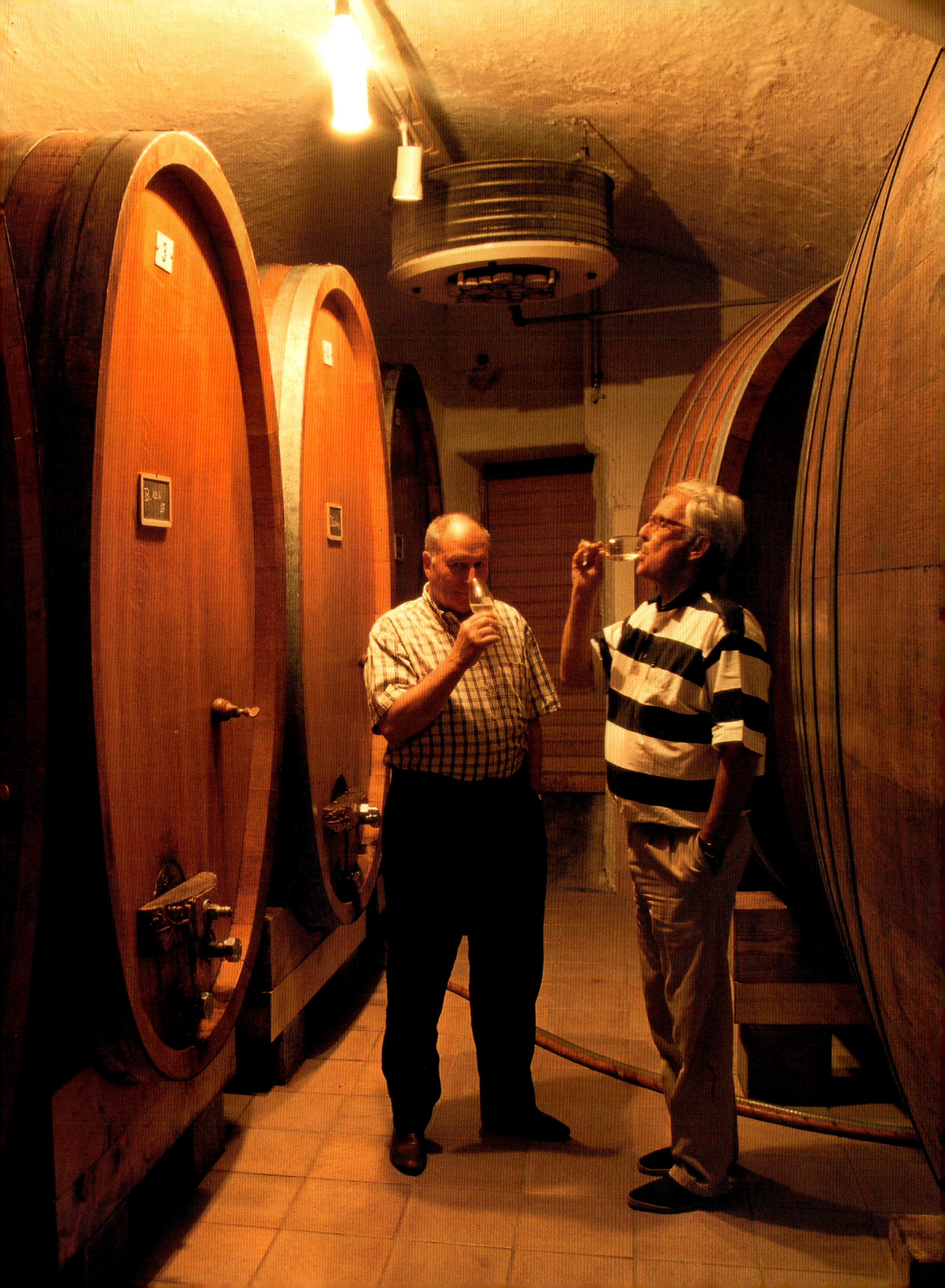
3

Eine kleine Warenkunde

Die milden Gestade des Genfersees, die zerklüfteten Walliser Berghänge, die Ufer von Murten-, Neuenburger- und Bielersee, die föhnexponierte Bündner Herrschaft, das Zürcher Weinland, das Tessin, der Thurgau: so vielfältig wie die Schweiz als Land, so präsentiert sich die schweizerische Weinlandschaft mit ihrer jahrhundertelangen Tradition.

Sorten

Die häufigste **weisse Rebsorte** ist der Chasselas, auch Gutedel genannt, die Hauptsorte der Westschweizer Weissweine: Wallis (Fendant), Waadt, Genf und das Drei-Seen-Gebiet. Riesling x Silvaner, eigentlich Müller-Thurgau, ist das Ostschweizer Gegenstück zum Chasselas.

Spezialsorten sind der Pinot Gris, den es sowohl im Wallis (als Malvoisie) wie in der Ostschweiz gibt (selten auch Tokajer oder Ruländer genannt), dann den Grünen Silvaner oder Gros Rhin im Wallis (als Johannisberg) und schliesslich den weltweit verbreiteten Chardonnay.

Die häufigsten **roten Rebsorten** sind der Pinot noir, der im Westen wie im Osten (als Blauburgunder oder Klevner) die Hauptsorte ist. Im Wallis, in der Waadt und in Genf ist zudem der Gamay verbreitet, im Tessin der Merlot. Der Syrah gewinnt speziell im Wallis an Boden.

Zu all dem gibt es – besonders im Wallis – örtliche Spezialitäten. Und neben diesen Klassikern werden vor allem im Bio-Weinbau vermehrt interspezifische Sorten angepflanzt, die gegen die meisten typischen Rebkrankheiten resistent sind.

1 Merlot **2** Gamay **3** Blauburgunder/Pinot noir

Verwendung

Da stellt sich vor allem die Frage, welcher Wein zu welchem Essen passt. Dazu gibt es einige Grundregeln: leichte vor schweren und weisse vor roten Weinen. Zum Essen trockene Weine, ausser zum Dessert, da sind auch süssliche Weine erlaubt. Im Prinzip kein Wein zu Suppe, Salaten, Currygerichten. Es gibt nur ganz wenige Weine, die zu Schokoladedesserts passen.

Ein paar Beispiele

Als **Aperitif** spritzige Weissweine wie Twanner, Neuenburger, Bonvillars, La Côte und trockene Schaumweine.

Zu **Vorspeisen** leichte bis mittelschwere Weissweine, helle Rotweine.

Zu **kalten Platten** leichtere Rotweine wie Ostschweizer, Salvagnin und Gamay.
Zu **Fischgerichten** mittelschwere bis schwere Weissweine wie Fendant, Aigle, Yvorne, Dézaley und Johannisberg.
Zu **hellem Fleisch** und Geflügel leichte, bis mittelschwere Rotweine wie Ostschweizer Landweine, Salvagnin, Gamay.
Zu **Braten und Grilladen** kräftige Rotweine wie Dôle, Merlot, Pinot noir.
Zu **mildem Käse** leichte Weiss- und Rotweine.
Zu **rässem Käse** kräftige Rotweine wie Dôle, Merlot, Pinot noir. Zum Vacherin-Mont-d'Or ein weisser Dézaley.
Unmittelbar vor oder nach **Desserts** weisse Süssweine, das heisst Walliser Spezialitäten.

Serviertemperatur

Um zum vollen Weingenuss zu kommen, ist die Serviertemperatur wichtig. Schaumweine 6–8 °C, leichte Weissweine 8–10 °C, schwerere Weissweine 10–12 °C, leichte Rotweine, Rosé und Federweisse 12–14 °C, schwere Rotweine 14–16 °C. Wein wird im Eiskübel oder Kühlschrank (nicht zu lange darin aufbewahren) gekühlt. Zum «chambrieren» auf bis 18 °C bringt man den Wein am besten einen halben Tag vorher aus dem Keller.

Einkauf

Weine in Literflaschen werden vor allem als Tischwein gekauft. Flaschenweine (7,5 dl) sind meistens Qualitätsweine in höheren Preislagen. Heute werden vermehrt auch halbe Flaschen von 3,75 dl und 5 dl angeboten.

Lagerung

Qualitätswein soll nach dem Einkauf ein bis zwei Wochen ruhen. Lagerfähige Weine sind möglichst im Keller, liegend, bei einer möglichst konstanten Temperatur von 10 bis 14 °C aufzubewahren. Dank verbesserter Kellerbehandlung wird der Wein heute früher trinkreif und kann deshalb jünger konsumiert werden. Leichte, kohlensäurehaltige und spritzige Weiss- und Rotweine verlieren relativ schnell die angenehme Frische. Sie sind jung zu trinken.

Reichhaltige, qualitativ hoch stehende Rotweine erreichen ihren Höhepunkt oft erst nach einigen Jahren.

1 Chasselas **2** Riesling x Sylvaner

Pilze

Sie sind die Seele der Saucen, das innerste Leben der Kochkunst. Der Kaiser Nero, der eine sehr feine Zunge, aber den schlechtesten Magen in der Welt hatte, nannte Pilze die Speise der Götter.

(Baron von Vaerst:
Gastrosophie oder Lehre von den Freuden der Tafel)

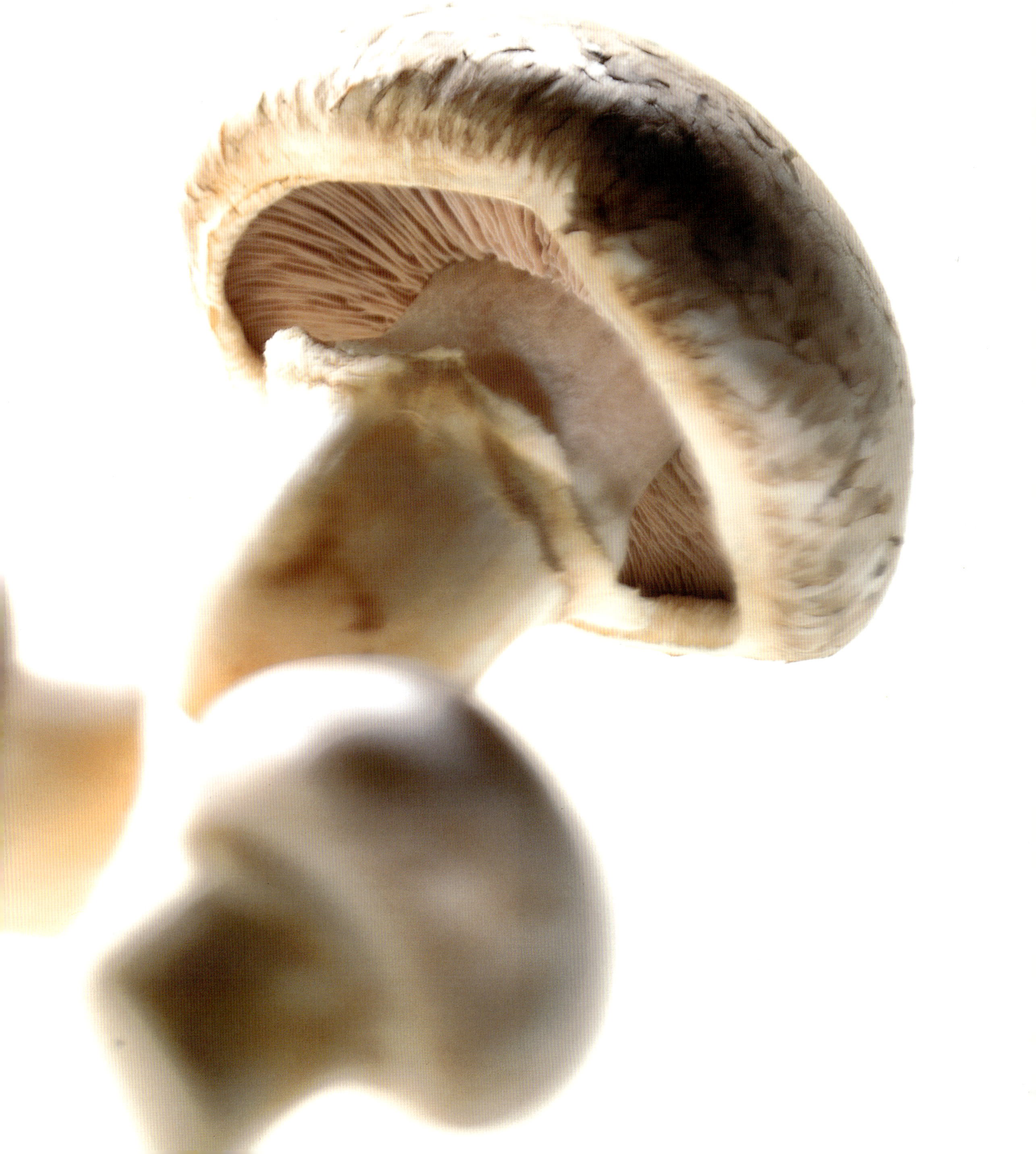

Vom Champignon de Paris zu den Champignons Suisses

Eigentlich hat der Champignon den falschen Namen. Denn die Versuche, Champignons zu züchten, gelangen nur mit dem «Agaricus bisporus», der auf Wiesen und in Gärten wächst. Der Feldchampignon aber, von dem der Pilz seinen Namen hat, nämlich von «le champ», das Feld, lässt sich nicht kultivieren.

Wie bei vielen anderen kulinarischen Errungenschaften verdanken wir auch den Zuchtchampignon einem glücklichen Zufall. Irgendwann um 1600 hatte ein Gärtner in Frankreich entdeckt, dass auf Dünger aus Pferdemist Champignons wachsen. Ausserdem fand er heraus, dass noch mehr Pilze spriessen, wenn man den Nährboden mit Champignonwaschwasser übergiesst.

Die erste wirklich nennenswerte Champignonzucht soll einem der Gärtner von Ludwig XIV. im Gemüsegarten des Sonnenkönigs gelungen sein. Doch erst viel später, als man herausgefunden hatte, dass die Pilze in Kellern, Stollen und Steinbrüchen am besten gedeihen, weil es dort kühl (12–16 °C) und feucht (85–95% r. F.) ist, begann zur Zeit Napoleons I. der eigentliche Aufschwung der Kulturen.

Die grössten entstanden in den stillgelegten Steinbrüchen unter dem Stadtgebiet von Paris.

Die Pariser Unterwelt

Wer heute über die Pariser Boulevards spaziert, ahnt nicht, dass sich unter seinen Füssen ein zweites Paris befindet. Keine bunte, hektische Grossstadt wie oben, sondern ein stilles, dunkles Labyrinth aus Gängen, Höhlen und Katakomben. Das Einzige, was man vom unterirdischen Paris kennt, ist die Métro. Aber unter dem 200 Kilometer langen Schienennetz liegen 2000 Kilometer Abwasserkanäle und noch weiter unten – 20 bis 80 Meter unter der Erde – liegen die ehemaligen Steinbrüche: ein 300 Kilometer langes Gewirr von Stollen, Schächten, Gruben und Galerien, über die niemand so genau Bescheid weiss.

Bereits die Kelten hatten angefangen, dort Steine herauszubrechen. Spätere Generationen haben das Baumaterial für den Louvre und das Schloss von Versailles heraufgeholt. Daneben förderten sie Lehm, Gips, Travertin und Kaolin zur Porzellanproduktion zu Tage – so lange, bis der Abbau zu gefährlich wurde oder der Boden nichts mehr hergab. In

< Traditioneller Anbau in Stollen und Kellern.
> Champignons wachsen im Dunkeln.

2,5 kg

diesen stillgelegten Gängen begann im 19. Jahrhundert der Champignonanbau im grossen Stil. Die Pilze erfreuten sich bald grosser Beliebtheit und wurden als «Champignons de Paris» weltberühmt.

Ohne Pferde läuft gar nichts
Heute sind die Champignonzüchter längst aus der Hauptstadt in die Vororte und in die französischen Provinzen gezogen. Neben der Luftverschmutzung in der Grossstadt, die dem sensiblen Pilz schlecht bekommt, gibt es noch einen weiteren simplen Grund: In der Stadt hat es keine Pferde mehr, und ohne Pferdemist gibt es keine Champignons. Aber bis heute werden in Frankreich Champignons in Steinbrüchen kultiviert. Und auch in der Schweiz haben viele alte Stollen eine neue Verwendung gefunden.

Wie man Champignons zeitgemäss züchtet
In der Schweiz sind die Champignonzüchter aber nicht alle unter der Erde geblieben. Die meisten haben die Stollen verlassen und oberirdische Zuchtanlagen gebaut. Dort ist der gesamte Arbeitsablauf bis hin zur Ernte weniger mühsam als in den unterirdischen Gängen. Das für die Pilze günstige Klima wird künstlich hergestellt – und zwar für jeden Arbeitsgang ein anderes. Jeden Tag werden Lastenzüge mit Pferdestroh entladen, das als Nährboden für die Zucht aufbereitet wird, das sogenannte Substrat. Während zwei Wochen wird das Stroh gewässert, aufgemischt, schliesslich pasteurisiert und geruchfrei gemacht. Anschliessend wird der Pilzsamen eingestreut. Nach zwei Wochen ist der Nährboden mit Pilzfäden durchsponnen. Er wird in den Zuchtraum transportiert und mit Erde abgedeckt. Nach weiteren drei Wochen stossen die ersten Pilze ihre Köpfe durch die Oberfläche. Von da an kann etwa einen Monat lang geerntet werden. Der Nährboden ist danach für die Zucht nicht mehr zu gebrauchen und wird als Dünger in Garten und Rebbau verwendet.

Bei aller Rationalisierung: Die braunen oder weissen Champignons werden von Hand gepflückt, das heisst herausgedreht, die erdigen Stellen zumeist abgeschnitten. Diese frischen Pilze gelangen auf dem schnellsten Weg im Kühlwagen in die Lebensmittelläden und Restaurants.

> **Moderner Anbau in oberirdischer Anlage.**

Der Pilz ist so etwas wie die Spitze des Eisbergs

Im Gegensatz zu den Grünpflanzen ernähren sich Pilze nicht mit Hilfe des Sonnenlichts. Das, was man Pilz nennt, ist eigentlich nur das Fortpflanzungsorgan, der sogenannte Fruchtkörper. Er wächst aus dem Myzel heraus, einem Netz aus feinen Zellfäden, den Hyphen, die ihm Halt und Nahrung geben. Das Myzel, auch Pilzmutter genannt, befindet sich immer auf oder in einem Nährboden, zum Beispiel im Waldboden oder eben im Substrat. Das Myzel wächst nach allen Seiten und kann sich viele Quadratmeter weit im Boden ausbreiten. So vermehren sich die Pilze einerseits durch unterirdisches Wachstum, andererseits durch Sporen, die vom Wind viele Kilometer weit verstreut werden. Der Fruchtkörper selbst, also das, was wir als Speisepilze essen, besteht meistens aus einem Stiel und einem Hut. Auf der Unterseite des Huts befinden sich die Lamellen oder Röhren, in denen wiederum Millionen von Sporen angesiedelt sind.

Man kennt etwa 100 000 verschiedene Pilze. Die Wald- und Wiesenpilze, zu denen auch die Speisepilze gehören, sind mit etwa 2000 Arten vertreten, aber nur ganz wenige können gezüchtet werden.

Andere Zuchterfolge

Austernpilze oder Pleurotus, kurz auch Pleos genannt, wachsen im Wald, auf den Stümpfen von Laubbäumen. Bei jenen, die in den Geschäften angeboten werden, handelt es sich um Zuchtpilze. Austernpilze haben ein festes Fleisch und darum noch einen weiteren Namen: Kalbfleischpilze.

In der Zucht gedeihen sie auf einem Substrat, das hauptsächlich aus Stroh besteht. Am besten sind ganz frische Exemplare, die sich kernig anfühlen. Falls die Hutoberfläche mit einem feinen, schimmelartigen Überzug bedeckt ist, handelt es sich um Sporen, die geniessbar sind und nicht abgewaschen werden müssen.

Shiitake-Pilze werden in Japan schon seit 2000 Jahren kultiviert, bei uns seit ungefähr einem Jahrzehnt. Diese Pilze sind teurer als andere Zuchtpilze, denn der Ertrag liegt wesentlich niedriger als bei Champignons und Austernpilzen. Dafür sind sie aber auch besonders aromatisch, sodass oftmals wenige Exemplare genügen. Frische Ware erkennt man am gewölbten Hut.

Auch **Morcheln** wurden in der Schweiz gezüchtet. Allerdings war der Ertrag im Verhältnis zum Aufwand zu klein, als dass sich die Kulturen gelohnt hätten.

> **Nicht nur Champignons werden gezüchtet.**

Eine kleine Warenkunde

Pilze sind dank ihres würzigen Geschmacks besondere Leckerbissen, die unsere Küche bereichern und in vielen Haushalten eine willkommene Abwechslung auf der Speisekarte schaffen. Im Aufbau unterscheiden sie sich von den übrigen Pflanzen. Sie enthalten kein Blattgrün, benötigen deshalb kein Licht zum Wachstum und ernähren sich von abgestorbenen Pflanzen, die sie dabei abbauen.

Weisse Champignons und braune Champignons

Zuchtpilze
Weisse Champignons: Knackig, feines Aroma
Braune Champignons: Intensiveres Aroma
Austernpilze: Geschmack zwischen Champignons und Eierschwämmen
Shiitake: Ursprünglich chinesischer Pilz, sehr würzig

Wildpilze
Eierschwämme (Pfifferlinge): Leichter Pfeffergeschmack, sehr schwer verdaulich, wird bei zu langem Kochen hart
Morchel: Würzpilz, sehr feiner Duft, der sich in Gerichten rasch verbreitet
Steinpilz: Angenehmer, nussartiger Geschmack

Verwendung
Pilze eignen sich als Apéro wie als Vor- und Hauptspeisen in der warmen und kalten Küche. Sie werden wegen ihres würzigen Aromas, ihrer speziellen Konsistenz und ihres Nährwertes als Beigabe zur Geschmacksbereicherung oder Ergänzung für andere Gerichte und in Saucen verwendet. Aus der vegetarischen Küche sind sie als Spender von Eiweiss und Spurenelementen nicht mehr wegzudenken. Sie gelten dort als Fleischersatz.

Austernpilze

Shiitake

Nährwert
Frische Pilze sind sehr wasserreich. Der Eiweissgehalt ist mit 2,5–5g pro 100 g relativ hoch. Daneben enthalten Pilze verschiedene Mineralstoffe sowie Vitamine. Sie sind sehr sättigend und haben einen Nährwert von durchschnittlich 19 kcal pro 100 g. Wildpilze können schwer verdaulich sein. Es empfiehlt sich, beim Testen einer neuen Sorte jeweils nicht zu viel zuzubereiten. Im Gegensatz zu Zuchtpilzen können Wildpilze einen hohen Gehalt an Schwermetallen haben. Deshalb ist es sinnvoll, pro Woche nicht mehr als 250 g davon zu verzehren.

Einkauf
Zuchtpilze sind frisch das ganze Jahr über erhältlich. Bei den Wildpilzen sind Morcheln vom Frühling, die anderen Sorten vom Spätsommer bis zum Herbst auf dem Markt zu kaufen. Sie sind mit einem Kontrollschein der Pilzkontrolle bezeichnet. Getrocknet oder eingelegt sind alle Sorten jederzeit verfügbar.

Lagerung
Die Haltbarkeit der Pilze ist mit Gemüse vergleichbar. Sie verfärben sich wie Äpfel, ohne dadurch an Geniessbarkeit zu verlieren. Pilze nie in Plastiksäcken sammeln und lagern, sondern Kartonschachteln oder Papiersäcke verwenden. Kühle Lagerung verlängert die Haltbarkeit.

Zubereitung
Pilze sollten nicht gewaschen, sondern trocken gesäubert werden. Im Gegensatz zu fast allen übrigen Pilzarten können Zuchtchampignons sehr gut roh gegessen und auch aufgewärmt werden. Gekochte Reste der übrigen Sorten sollten nicht aufbewahrt werden. Das Einweichwasser getrockneter Pilze nicht zum Kochen verwenden.

Grillierter Champignons-Salat auf Rucola und Löwenzahn

Eine Vorspeise für 4 Personen

12 grosse Champignons, ca. 900 g
100 g Schinken, fein gewürfelt
1 kleines Rüebli, fein gewürfelt
3 Knoblauchzehen, fein geschnitten
60 g gesalzene Butter
0,5 dl Weisswein
4 Blätter Salbei, fein geschnitten
1 TL Thymianblättchen
Pfeffer aus der Mühle

Sauce:
4 EL Rapsöl
2 EL Kräuteressig
Salz, Pfeffer aus der Mühle

200 g Rucola und Löwenzahn
1 Rüebli, mit Sparschäler in Streifen geschnitten

1. Die Stiele der Champignons frisch anschneiden, aus den Pilzköpfen herausdrehen und in feine Scheiben schneiden. Zusammen mit Schinken, Rüebli und Knoblauch in 1 EL gesalzener Butter sanft braten. Mit Weisswein ablöschen, einkochen und auskühlen lassen. Mit der restlichen Butter, Salbei und Thymian mischen. Kalt stellen.
2. Für die Sauce alle Zutaten miteinander verrühren und mit Salz und Pfeffer abschmecken.
3. Die Champignonsköpfe zuerst auf der offenen Seite über mittlerer Glut 3–4 Minuten grillieren, wenden.
4. Die Buttermasse in die Champignonsköpfe verteilen und 3–4 Minuten fertig grillieren.
5. Rucola, Löwenzahn und Rüeblistreifen auf Tellern verteilen, Sauce darüberträufeln und die Champignonsköpfe darauf anrichten.

- Die Champignons können genau gleich bei mittlerer Hitze in der Grillpfanne zubereitet werden.

187 Pilze

188 Pilze

Weisse Champignons-Suppe unter würziger Meringue-Haube

1. Schalotten in Butter andämpfen, mit Weisswein ablöschen, Champignons zugeben und zugedeckt bei kleiner Hitze 10 Minuten köcheln.
2. Die Gemüsebouillon mit Maisstärke verrühren, zu den Champignons giessen, unter Rühren aufkochen und sehr fein pürieren.
3. Rahm mit Eigelb mischen, in die Suppe geben und aufkochen. Mit Salz und Cayennepfeffer abschmecken und in vier Suppentassen füllen.
4. Für die Meringue-Haube das Eiweiss mit etwas Salz sehr steif schlagen, Petersilie und Schnittlauch untermischen und auf die Suppen verteilen.
5. Im auf 200 °C vorgeheizten Ofen ca. 12 Minuten backen. Sofort servieren.

Eine Suppe für 4 Personen
Für 4 feuerfeste Suppentassen

1 Schalotte, fein gehackt
Butter zum Andämpfen
1 dl Weisswein
450 g weisse Champignons, grob gehackt
4 dl Gemüsebouillon
1 TL Maisstärke
1,8 dl Rahm
2 Eigelb
Salz
1 Prise Cayennepfeffer

Meringue-Haube:
2 Eiweiss
¼ TL Salz
1 EL Petersilie, fein gehackt
1 Bund Schnittlauch, fein geschnitten

Rührgebratene Austernpilze mit Schweinsgeschnetzeltem

Ein Hauptgericht für 4 Personen

400 g Schweinefleisch, geschnetzelt
2½ EL Sojasauce
2 TL Maisstärke
Salz
Bratbutter oder Bratcreme zum Braten
1 dl kräftige Gemüsebouillon, kalt
1 Knoblauchzehe, gepresst
1 EL Honig
6 Stücke kandierter Ingwer, fein geschnitten (nach Belieben)
60 g Baumnüsse, halbiert
500 g kleine Austernpilze
80 g grüner Lauch, fein geschnitten
80 g Pfälzer Rüben, fein geschnitten

1. Das Schweinsgeschnetzelte mit 1½ EL Sojasauce, 1 TL Maisstärke und ⅓ TL Salz mischen, in einer beschichteten Bratpfanne in Bratbutter kräftig anbraten und auf einer Platte im Ofen bei 60 °C warm stellen.

2. Gemüsebouillon mit Knoblauch, Honig, 1 EL Sojasauce, 1 TL Maisstärke und Ingwer mischen, den Bratsatz ablöschen, aufkochen und in einer kleinen Pfanne warm stellen.

3. Die Bratpfanne wieder erhitzen und Baumnüsse in etwas Bratbutter rösten, bis sie stark duften. Austernpilze, Lauch und Pfälzer Rüben zugeben und unter Rühren ca. 5 Minuten braten. Die Bratpfanne von der Platte ziehen und Sauce sowie Fleisch zugeben. Mit etwas Salz abschmecken.

- Dazu passen zum Beispiel grüne Nudeln.
- Die Pfälzer Rüben können durch Rüebli ersetzt werden.

Gefüllte Shiitake-Pilze auf Rahmspinat

Ein Hauptgericht für 4 Personen

16–20 grosse Shiitake-Pilze

300 g Kalbfleisch, gehackt
2 dl Rahm, kalt
½ TL Salz
2 EL mildes Currypulver
2 Frühlingszwiebeln, fein geschnitten

Spinat:
Butter zum Andünsten
400 g Blattspinat, gerüstet
2,5 dl Saucenrahm
Salz, Pfeffer

1 EL Currykraut, fein gehackt
Currykrautzweige zum Garnieren

Currykraut siehe im «Küchenlatein» Seite 281.

1. Die Stiele der Pilze frisch anschneiden, aus dem Pilzhut entfernen, in feine Scheiben schneiden und beiseite stellen.
2. Kalbfleisch mit Rahm, Salz und Currypulver im Cutter zu einer feinen Masse verarbeiten und die Hälfte der Frühlingszwiebeln untermischen. Die Pilzhüte grosszügig damit füllen, kalt stellen.
3. Für den Rahmspinat restliche Frühlingszwiebeln, Spinat und geschnittene Shiitake-Stiele in Butter andünsten. Saucenrahm zugeben, aufkochen, würzen und von der Platte ziehen.
4. Die Pilzhüte in einer beschichteten Pfanne in Butter je Seite ca. 5 Minuten sanft braten.
5. Den Spinat nochmals kurz wärmen, die Pilze darauf anrichten, mit Curry-Kraut bestreuen und mit einem Zweig Curry-Kraut anrichten.

- Shiitake-Pilze durch gleich viel grosse Champignons ersetzen und etwas länger braten.
- Anstelle von Curry-Kraut frischen Koriander verwenden.

♀ Ein frischer Rotwein, etwa ein Gamay aus dem Wallis.

Geflügel

Ich bin fest überzeugt, dass die ganze Familie der hühnerartigen Vögel ausschliesslich erschaffen ist um unserer Speisekammern willen und unserer Diners. Ernstlich, wo immer man ein Mitglied dieser zahlreichen Familie, von der Wachtel bis zum Truthahn, findet, überall gibt es eine leichte schmackhafte Speise, ebenso dienlich dem Rekonvaleszenten wie dem Gesündesten.

(Brillat-Savarin: Physiologie des Geschmacks)

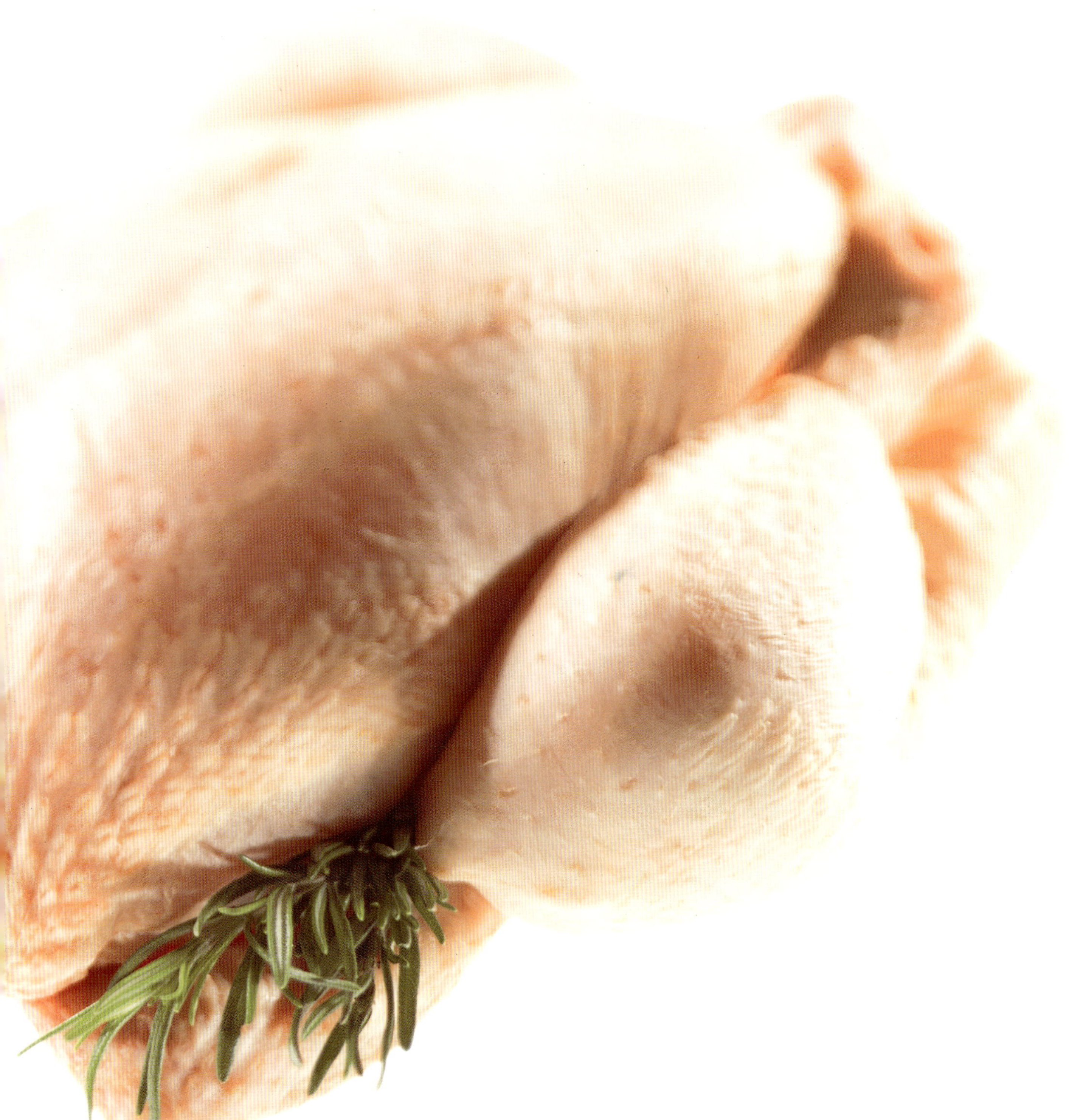

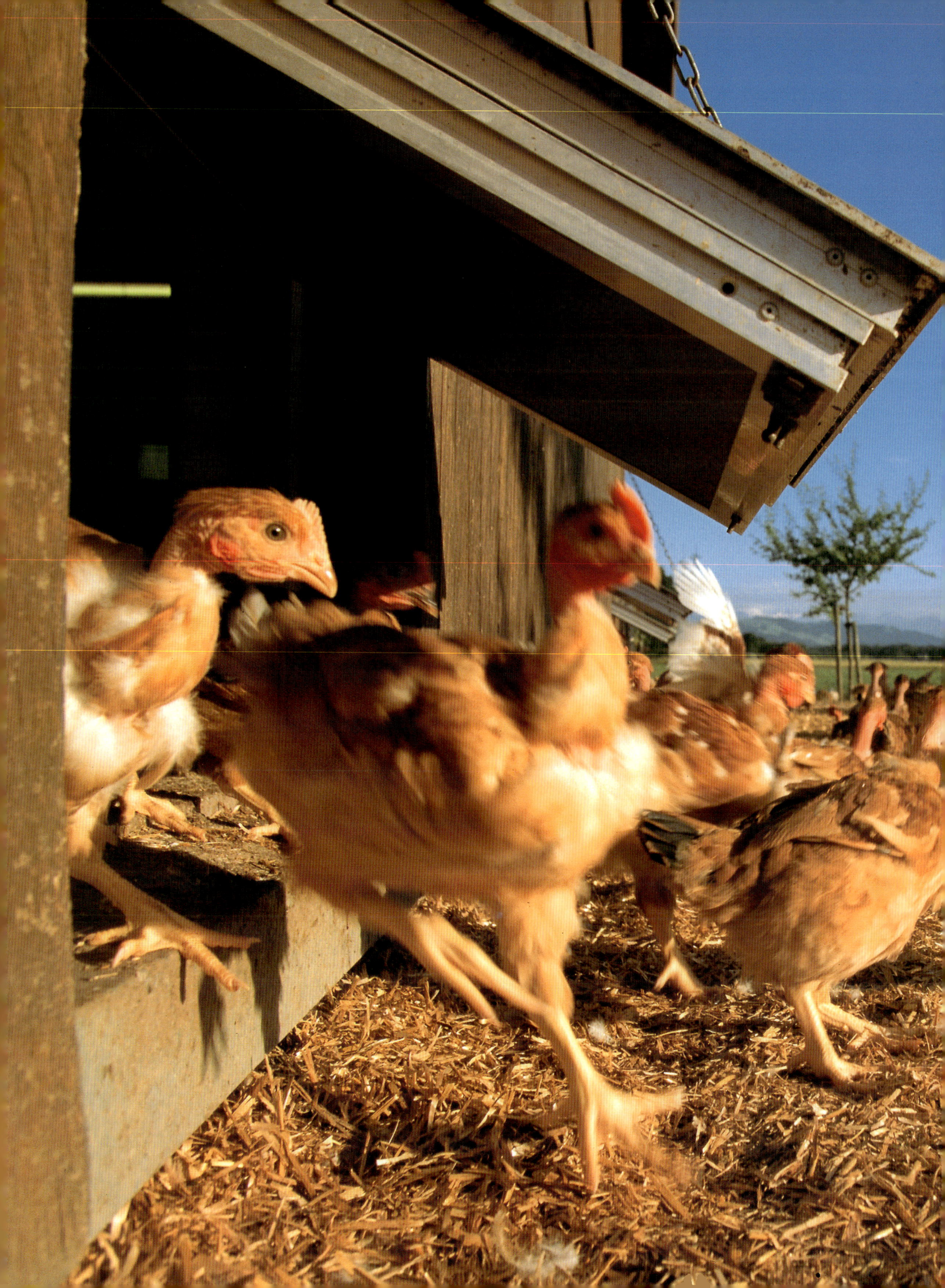

Geflügel

Von Hühnern, die keine Eier legen

Weit über sechs Millionen Hühner leben in der Schweiz. Etwas mehr als zwei Millionen sind Legehennen, gut drei Millionen sind Masttiere. Der Rest sind Küken, Junghennen und Hähne. In grösseren Betrieben werden die beiden Nutzungsrichtungen streng getrennt. Was wiederum bedeutet, dass es sich auch um unterschiedliche Hühnerrassen handelt. Gutes Fleisch liefert zum Beispiel das Siebenbürger Nackthalshuhn, das so aussieht, wie es heisst.

Es führen viele Wege zum Bauernhof der Familie Sidler in Hünenberg im Kanton Zug. Die aber wohl schönste Anreise dorthin führt durch das malerische Albisgebiet, Richtung Mettmenstetten und Maschwanden, mit seinen vielen verwinkelten Dörfern, üppigen Feldern und Wiesen, Waldabschnitten und Naturschutzgebieten. Erreicht man dann den Kantonszipfel von Aargau und Zug zwischen Sins und Cham, befindet man sich in Hünenberg, auf einer fruchtbaren Ebene mit prächtigem Ausblick auf die Berner Alpen.

Seit 1990 betreiben hier die Sidlers eine Hühnermast, und zwar als Partner der SEG, der «Vereinigung der Schweizerischen Eier- und Geflügelwirtschaft». Sie starteten als Betrieb mit Auslaufhaltung. Beim Konsumenten fand das damals noch als zu teuer geltende Pouletfleisch keinen guten Absatz. Wohl oder übel wurde fortan die kostengünstigere, konventionelle Mast ohne Auslauf betrieben. Seit 1995 änderte sich jedoch das Bewusstsein auf Seite der Konsumenten, und die Familie Sidler konnte wieder auf Auslaufhaltung umstellen – und ist seither dabei geblieben.

Die Betriebe der SEG-Vertragsnehmer unterliegen besonderen Anforderungen. Zum Beispiel ist vorgeschrieben, dass jedem Huhn ein Quadratmeter Auslauf garantiert wird und dass eine eigens produzierte, fisch- und fleischmehlfreie Futtermischung verfüttert werden muss. Die SEG verlangt auch, dass die Hühner mindestens 58 Tage in der Mast bleiben müssen – das im Gegensatz zu anderen Betrieben, in denen die Mast oft bereits nach 42 Tagen beendet wird.

Die Fütterung: Zuerst von Hand, dann automatisch

Von einem Brutbetrieb werden die Hühner dem Mastbetrieb als Ein-Tage-Küken angeliefert, im Fall der Familie Sidler sind das 4000 Stück. Die ersten zehn Tage werden die Küken

< Ideal für die Mast: das Siebenbürger Nackthalshuhn.

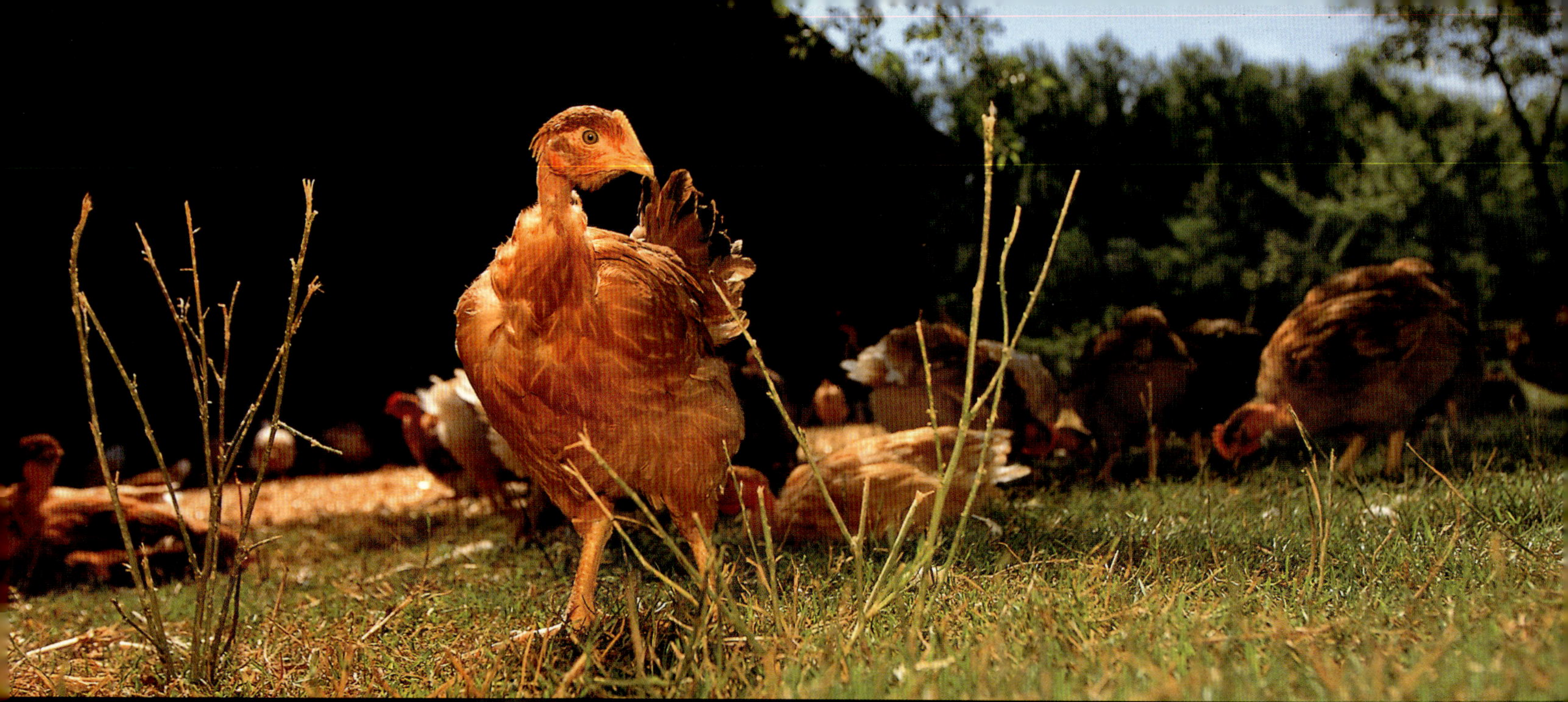

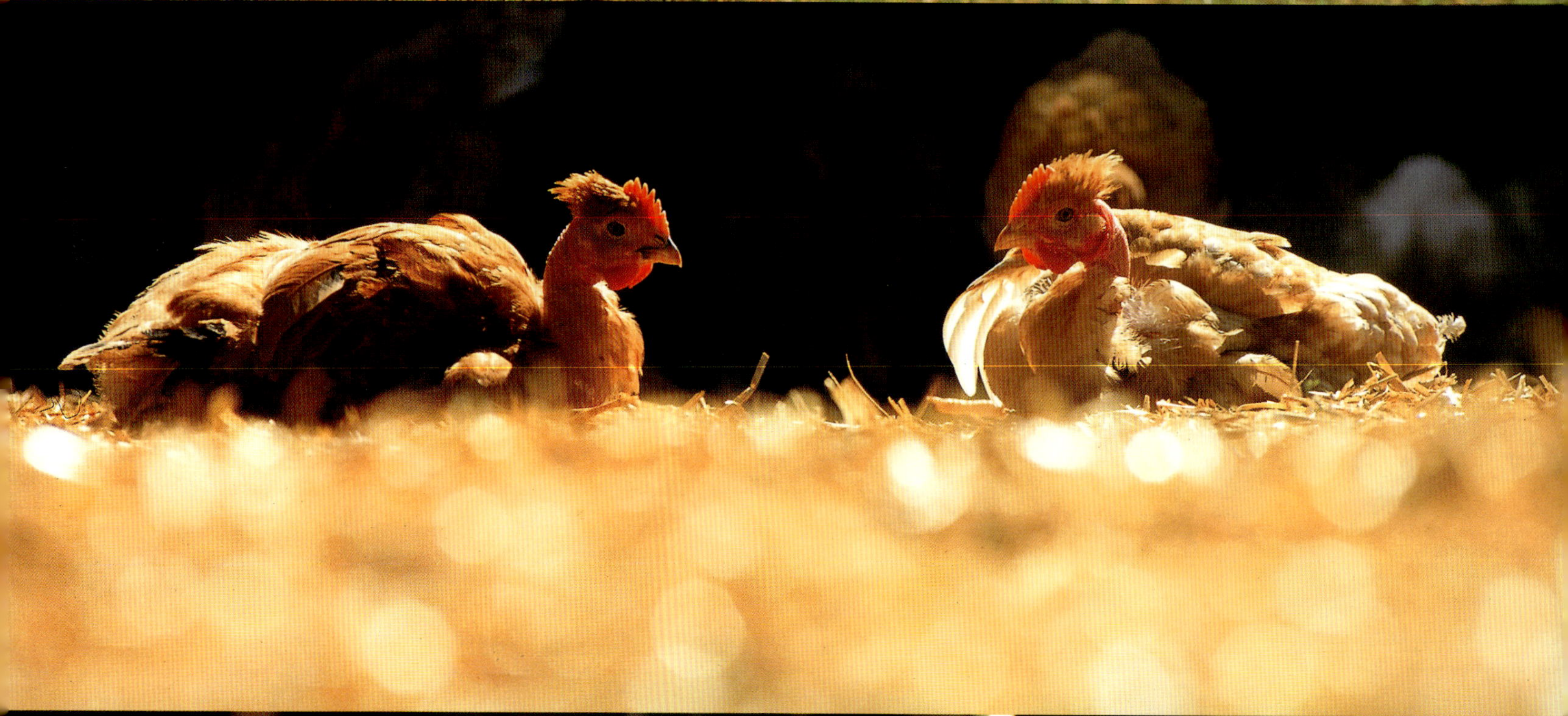

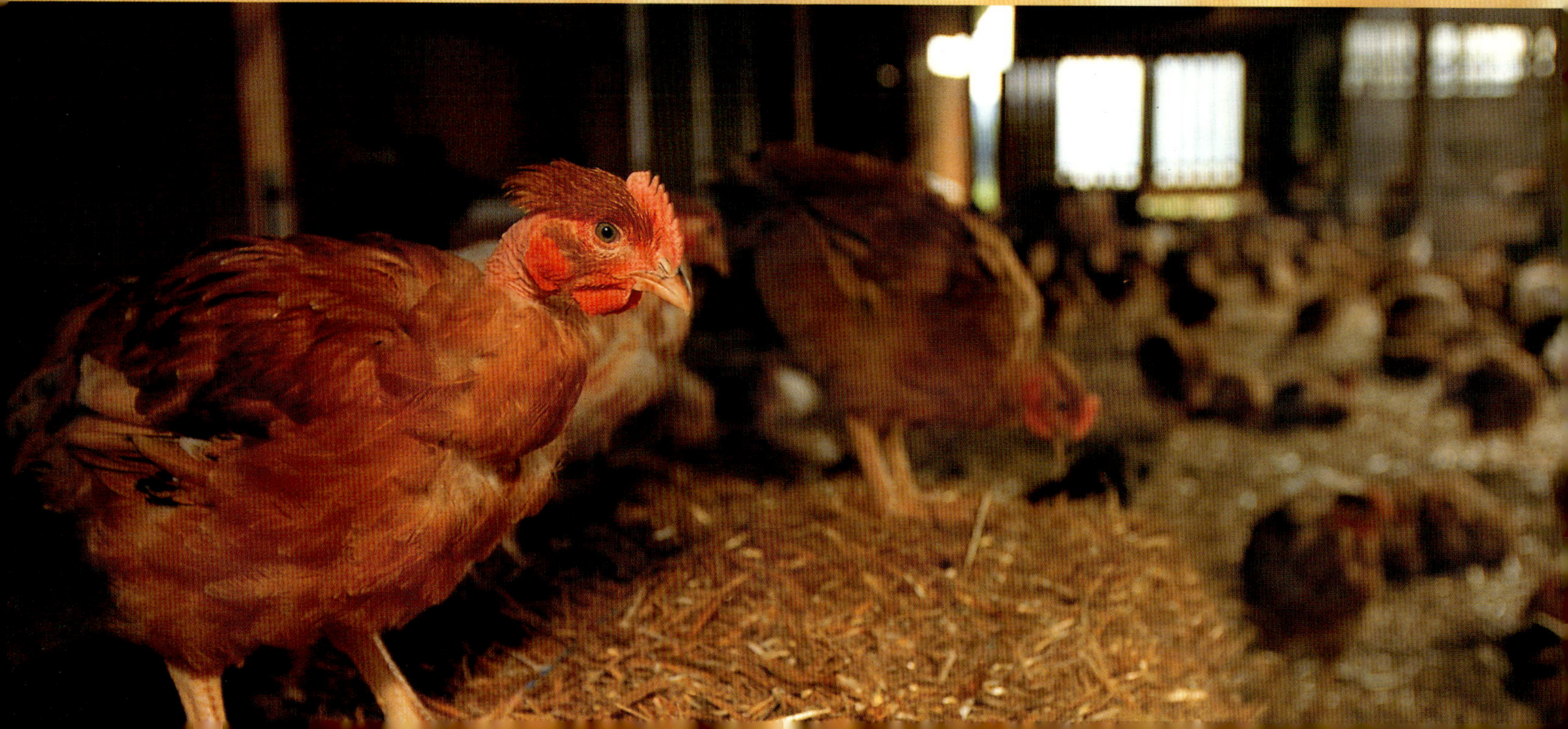

von Hand gefüttert. Sie sind noch zu klein, um von der automatischen Fütterungsschiene und den Tränkenippeln zu picken und zu trinken. Später läuft die ganze Ernährung automatisch. Das Futter wird in die grossen Silos aussen am Hühnerstall gefüllt. Über eine Rohrleitung gelangt die Futtermischung in einen Zwischenbehälter im Stall. Von hier zweigt die Fütterungsschiene ab, die – schlangenförmig durch den Stall gelegt – die Hühner mehrere Male pro Tag versorgt. Gleich darüber ist das Tränkesystem aufgehängt. Es muss so hoch angebracht sein, weil die Hühner ihre Hälse beim Trinken strecken müssen. Sie können nicht schlucken, das Wasser muss die Kehle hinunterrinnen. Je nach Alter der Hühner wird die Fütterungsfrequenz erhöht. Kurz vor dem Ende der Mast wird etwa zwölfmal pro Tag gefüttert. Alles zusammengerechnet pickt ein Masthuhn in seinem Leben rund vier Kilo Futter.

Auslauf nach Lust und Laune
Der Stall ist mit einem Belüftungssystem ausgerüstet und verfügt über Fenster und Sitzstangen. Bei der Auslaufhaltung können die Hühner tagsüber jederzeit ins Freie. Entweder auf die grosse Weide oder in den kleineren Wintergarten, der überdacht und meist im Schatten gelegen ist und sie so vor Niederschlag und Sonne schützt.

Ist die Mast nach zweieinhalb Monaten beendet, werden die Tiere verladen und in den Schlachtbetrieb gebracht. Dann wird der Hühnerstall ausgemistet und desinfiziert. So wird nach der «Alles-rein, alles-raus»-Methode Krankheiten vorgebeugt. Wenn alles gereinigt und getrocknet ist – in der Regel dauert das eine Woche, im Winter der höheren Luftfeuchtigkeit wegen zwei – wird frisch eingestreut. Die neuen Küken kommen. Die Mast beginnt von vorn. Und so geht das fünf- bis sechsmal pro Jahr.

Aus den SEG-Freiland-Produktionsrichtlinien
Natürliches Tageslicht im Stall. Mindestens fünf Zentimeter Einstreue. Ein tagsüber permanent begehbarer, überdachter Vorplatz. Nach der dritten Alterswoche Auslauf ins Freie. Vorgeschriebene Mindestfläche von einem Quadratmeter pro Tier auf der Wiese.

Ob draussen oder drinnen: Die Hühner sollen sich wohl fühlen.

Truten – das grösste aller Geflügel

Die gefiederten Schützlinge der Familie Fraefel in Henau bei Wil bleiben fast vier Monate im Mastbetrieb. Und sie haben dann mehr Gewicht, als es ein Huhn je auf die Waage brächte, nämlich zwischen zehn und fünfzehn Kilo. Dabei sind die Truten als Küken so klein, dass sie sich im grossen Stall verlieren, obwohl es jeweils 1150 sind, die hier grossgezogen werden.

Sechs Wochen bleiben die kleinen Truten im geheizten Stall. Am 42. Tag dürfen sie in den Wintergarten oder, wenn es das Wetter erlaubt, ganz ins Freie. Markus Fraefel lässt den weissen Vögeln dann die Wahl, wo sie sich aufhalten wollen. Bei Regen oder grosser Hitze bringt sie niemand hinaus auf die Wiese. Dann bleiben sie lieber im Trockenen oder im Schatten. Das haben sie mit den Hühnern gemeinsam. Und wenn sich am Himmel ein Bussard zeigt, stieben sie alle gleichzeitig wie eine grosse weisse Wolke unter das schützende Vordach des Wintergartens. Doch je älter und schwerer sie werden, umso mehr verlieren sie ihre Angst vor den Raubvögeln, kümmern sich schliesslich nicht mehr um die Gefahr aus der Luft. Und der Bussard traut sich jetzt auch wirklich nicht mehr, es mit den grossen Vögeln aufzunehmen. Nur ein Fuchs könnte ihnen jetzt noch etwas anhaben. Darum bleiben sie nachts im Stall.

Markus und Vreni Fraefel mästen seit sieben Jahren Truten für die SEG. Für die sechsköpfige Familie bedeuten die grossen Vögel ein Nebeneinkommen, auf das sie kaum verzichten können. Allein mit 25 Kühen, einigen Rindern und Kälbern im Stall, dazu ein wenig Weizen sowie Gerste und Mais als Futtergetreide kommt heute kein Bauer mehr über die Runden, selbst wenn die Familie den Hof ohne Hilfskräfte bestellt.

Am meisten Arbeit machen die Truten, wenn sie den Stall verlassen haben und die Fraefels alles für die neuen Küken bereitmachen müssen: gründliche Säuberung und Desinfizierung stehen dann auf dem Arbeitsprogramm, damit die frisch geschlüpften Truten eine ideale Umgebung vorfinden.

Trotz grossem Auslauf: oft bleiben die Truten lieber im trockenen und schattigen Wintergarten.

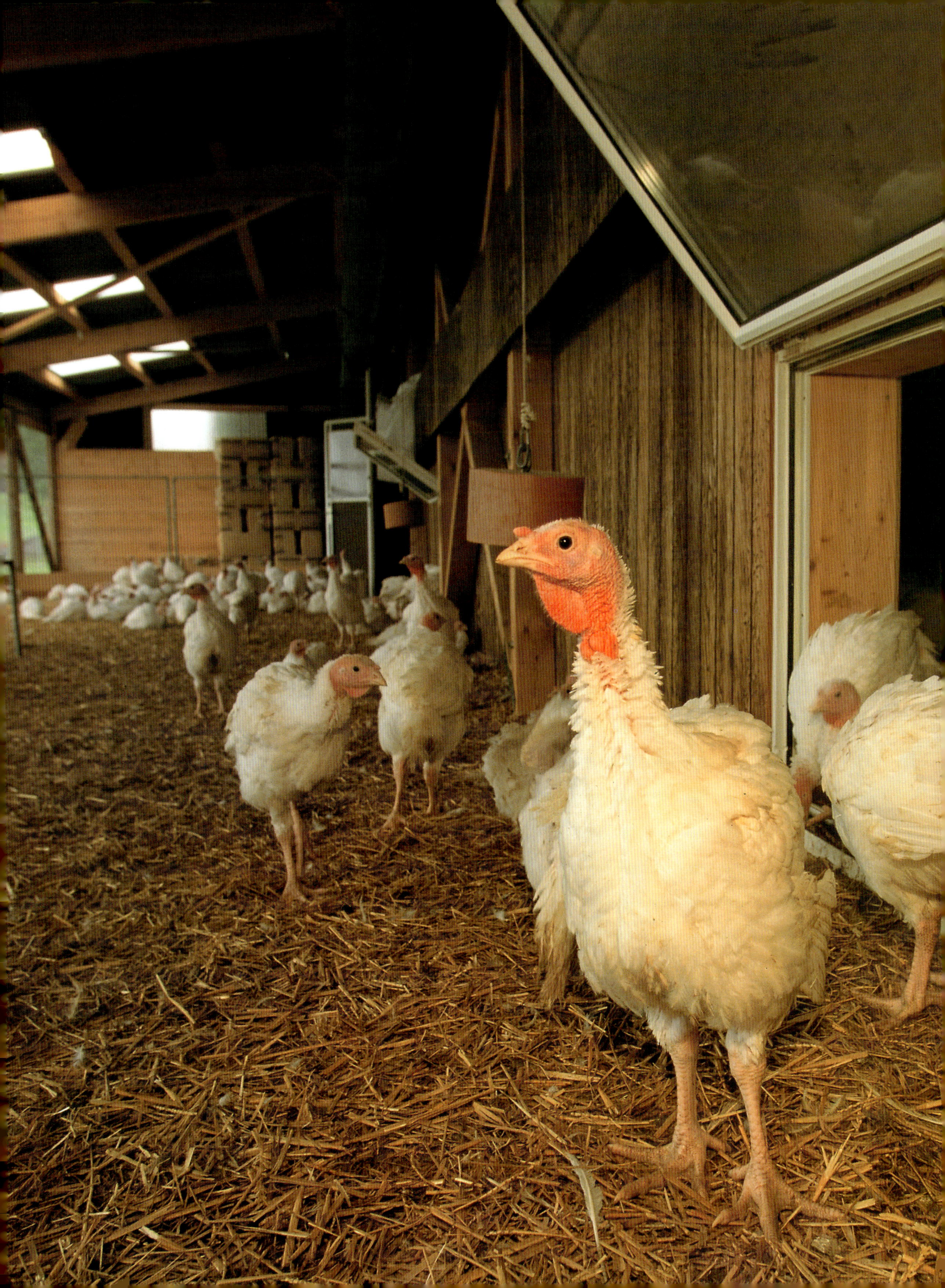

Eine kleine Warenkunde

Geflügel ist das Fleisch für die moderne Küche, denn mit Geflügelfleisch lässt sich kreativ und preiswert kochen. Mit seinem geringen Fettanteil ermöglicht es eine leichte Kost. Die ständig wachsende Nachfrage nach diesem eiweissreichen und diätetisch besonders gesunden Fleisch hat zu einer Vergrösserung der Tierbestände geführt. Momentan werden in der Schweiz rund zwölf Kilo Geflügelfleisch pro Person und Jahr konsumiert. Neben den normalen SEG-Mastpoulets aus besonders tierfreundlicher Stallhaltung (BTS) erfreut sich das SEG-Freilandpoulet immer grösserer Beliebtheit. Aber nicht nur Poulets in allen Grössen und Altersstufen, angefangen bei den kleinen Coquelets bis hin zu den schweren Festtags-Poularden, sind auf unserem Markt erhältlich. Auch die Nachfrage nach Trutenfleisch hat in letzter Zeit stark zugenommen, sodass auch hier die Aufzucht – vorwiegend mit Freilandtruten – erweitert wurde.

Coquelet

Sorten

Coquelets: Früher Mistkratzerli oder Küken genannte kleine Poulets (450–600 g) für ein bis zwei Personen. Sie werden rund vier Wochen aufgezogen und haben besonders zartes, weisses Fleisch.

Poulets: Sammelbegriff für das Brathuhn. In der SEG-Pouletmast werden Grillpoulets (700–1100 g) sowie normale Bratpoulets (bis 1400 g) je nach Grösse und Gewicht zwischen fünf und sechs Wochen grossgezogen. Sie haben ein aromatisches, ausgereiftes Fleisch. Zu Weihnachten und Ostern werden Festtags-Poularden (ca. 1600–1800 g) sechs Wochen lang grossgezogen. Sie sind besonders fleischig. Das Fleisch ist sehr aromatisch und zart. Immer beliebter werden die SEG-Freilandpoulets (ca. 1100–1400 g). Sie werden mindestens acht Wochen aufgezogen. Ihr Fleisch ist aussergewöhnlich saftig und äusserst zart.

Truten: Die SEG-Freilandtruten (7000–10000 g) werden fast vier Monate gemästet. Sie werden nicht als Ganzes, sondern in Teilen angeboten. Zu Weihnachten werden die Baby-Truten (3000–5000 g) kürzer gemästet.

Verwendung

Coquelets eignen sich zur Zubereitung äusserst delikater Geflügelgerichte. Sie werden meistens ganz im Ofen gebraten, gebacken, grilliert oder in der Kasserolle geschmort.

Ganze Poulets eignen sich zum Braten, Grillieren, Schmoren, Pochieren, für delikate Saucengerichte. Der Verwendung von Pouletteilen sind praktisch keine Grenzen gesetzt.

Auch Trutenteile sind äusserst vielseitig verwendbar: Geschnetzeltes, Ragout, Steak oder Plätzli. Baby-Truten werden meistens gefüllt und gebraten oder geschmort.

Nährwert

Das Fleisch der meisten Geflügelsorten ist fettarm und enthält wichtige Vitamine und Mineralsalze. Dank seines niedrigen Kaloriengehalts ist vor allem Poulet- und Truthahnfleisch für Linienbewusste besonders empfehlenswert und bestens geeignet für Schonkost. Voraussetzung ist, dass es schonend und nicht allzu üppig zubereitet wird. Für besonders leichte Gerichte empfiehlt es sich, die Haut zu entfernen, da sie am meisten Fett enthält.

Poulet

Truthahn

Einkauf

Frisches Geflügel hat einen angenehmen, frischen Geruch. Es muss eine gleichmässige helle Farbe aufweisen und sich fest anfühlen; die Haut muss trocken und darf nicht schmierig sein. Tiefgekühltes Geflügel sollte in unbeschädigter Packung, ohne Reifeansatz gekauft werden. Falls das Fleisch zu Hause noch weiter tiefgekühlt gelagert wird, muss darauf geachtet werden, dass es nicht an- oder auftaut, die Kühlkette nicht unterbrochen wird.

Das Angebot von Geflügelteilen ist reichhaltig: Brustfilets, Schenkel, Flügeli, Geschnetzeltes, Ragout. Es gibt sie von Standard- und Freilandpoulets. Das Tranchieren fällt weg. Zudem sind die Geflügelteile praktisch, schnell zubereitet und preisgünstig.

Zubereitung

Beim Arbeiten mit rohem Geflügel auf peinliche Sauberkeit achten. Die Verpackung muss sorgfältig entfernt und sofort weggeworfen werden. Andere Lebensmittel vor Kontakt mit rohem Geflügelfleisch schützen. Tiefgekühltes Geflügelfleisch ist in einem Gefäss im Kühlschrank und nicht bei Zimmertemperatur aufzutauen, der auslaufende Saft abzuschütten, das Fleisch mit Haushaltpapier zu trocknen und das Papier danach sofort wegzuwerfen.

Auftauen mit der Mikrowelle: Geflügelfleisch nur schonend mit der Auftaustufe oder Auftauautomatik an- oder auftauen. Schenkel mit kleinen Stücken Alufolie abdecken. Verpackungen öffnen, Metallklammern entfernen. Standzeit beachten – das ist bei ganzem Geflügel besonders wichtig. Nach dem Vorbereiten von rohem wie auch von tiefgekühltem Geflügel müssen alle verwendeten Utensilien und die Hände gründlich gewaschen werden.

Richtiges Braten oder Garen: Ganze Poulets (700–1000 g) sollten 40–50 Minuten bei 220 °C vollständig durchgebraten oder gegart werden. Pro weitere 100 g Mehrgewicht erhöht sich die Brat- oder Garzeit um 10 Minuten. Um festzustellen, ob das Poulet genussfertig ist, mit einem Suppenlöffel der Bauchhöhle des Poulets etwas Fleischsaft entnehmen. Ist er ganz klar, ist das Poulet fertig. Ein Poulet ist dann richtig zubereitet, wenn es keine blutigen Partien mehr aufweist und sich leicht vom Knochen lösen lässt.

Lagerung

Frisches Geflügelfleisch kann im Kühlschrank zwei bis drei Tage bei 0–4 °C gelagert werden. Tiefgekühltes Geflügelfleisch muss beim Heimtransport so verpackt sein, dass es gefroren bleibt. Es sollte nie mehr als eine Stunde vergehen, bis es wieder in die Kälte kommt. Anschliessend kann das gefrorene Geflügel bis zu zwölf Monaten im Tiefkühlgerät bei -18 °C aufbewahrt werden. Einmal aufgetautes Geflügel sollte man nie wieder einfrieren!

202 Geflügel

Pouletflügel mit Senfschaum-Dip

1. Pouletflügel würzen, in Bratbutter 10 Minuten braten und mit Apfelmost ablöschen. Honig beigeben, zugedeckt bei kleiner Hitze ca. 10 Minuten weichschmoren. Die Flüssigkeit ganz einkochen.
2. Pouletflügel in den Sonnenblumenkernen wenden, auf einer Platte anrichten und warm servieren.
3. Für den Dip Senf mit Quark mischen, den Rahm darunter ziehen und mit Petersilie, Salz, Pfeffer und Zitronensaft abschmecken. Zu den Pouletflügeln servieren.

- Anstelle von Most einen trockenen Weisswein verwenden.

♀ Saurer Most. Oder dann der gleiche Weisswein, der zum Kochen verwendet wird. Etwa ein Fendant.

Ein Apéro für 8 oder ein Snack für 4 Personen

16 Pouletflügel, ca. 500 g
Salz, Pfeffer
Bratbutter oder Bratcreme zum Braten
1 dl saurer Apfelmost
2 TL Honig

6 EL Sonnenblumenkerne, geröstet

Dip:
1½ EL Senf, grobkörnig
150 g Rahmquark
0,5 dl Rahm, geschlagen
1 Bund Petersilie, geschnitten
Salz, Pfeffer aus der Mühle
wenig Zitronensaft

Geflügelleber-Mousse mit Apfelschnitzen

Eine Vorspeise für 4 Personen

**150 g Geflügelleber
Bratbutter oder Bratcreme zum Braten
Salz, Pfeffer aus der Mühle**

**2 EL Weisswein
80 g Butter, in kleine Stücke geschnitten**

1,5 dl Rahm, geschlagen

**Apfelschnitze:
Butter zum sanften Braten
1 Apfel, entkernt,
in 16 Schnitze geschnitten
1 EL Zucker
2 EL Weisswein**

**Sauce:
2 EL Apfelessig
Salz, Pfeffer aus der Mühle
4 EL Rapsöl**

**wenig Blattsalat, z. B. Lollo
schwarzer Pfeffer aus der Mühle**

1. Geflügelleber in Stücke schneiden, in Bratbutter bei kleiner Hitze gut durchbraten, würzen, aus der Bratpfanne nehmen.
2. Bratensatz mit Weisswein ablöschen und auf einen halben Esslöffel reduzieren. Mit der Leber im Cutter pürieren. Butter stückchenweise nach und nach beigeben und sehr fein pürieren. Kühl stellen.
3. Wenn die Lebermasse kalt, aber noch nicht fest ist, den Rahm löffelweise darunter ziehen. Abschmecken. In einer Schüssel mindestens 1 Stunde kühl stellen.
4. Für die Apfelschnitze die Butter in der Bratpfanne schmelzen, Apfelschnitze zufügen und auf beiden Schnittflächen sanft braten. Zucker zufügen und kurz mitdünsten. Mit Weisswein ablöschen und aus der Pfanne nehmen.
5. Für die Sauce Essig, Salz, Pfeffer und Rapsöl vermischen. Salat auf Tellern anrichten und mit der Sauce beträufeln.
6. Die Geflügelleber-Mousse mit einem heissen Esslöffel ausstechen und zusammen mit den Apfelschnitzen auf dem Salat anrichten. Die Teller mit schwarzem Pfeffer bestreuen.

Lauwarmer Geflügelsalat mit Linsen

Eine Vorspeise für 4 Personen

2 Pouletbrüstchen à ca. 150 g
Salz, Pfeffer aus der Mühle
Bratbutter oder Bratcreme zum Braten

100 g grüne Linsen, knapp weichgekocht

2 EL Weisswein
3 EL Apfelessig
1,8 dl Rahm
Salz, Pfeffer aus der Mühle
1 EL Apfelessig

1 Cicorino rosso, gerüstet
1 Bund Schnittlauch, geschnitten

1. Die gewürzten Pouletbrüstchen in Bratbutter beidseitig ca. 5 Minuten braten, herausnehmen und warm stellen.

2. Im Bratensatz die Linsen kurz andünsten, mit Weisswein und Apfelessig ablöschen, 2 Minuten kochen lassen und den Rahm zufügen. Aufkochen und 2 Minuten ziehen lassen. Mit Salz, Pfeffer, Essig und der Hälfte des Schnittlauchs abschmecken.

3. Die Pouletbrüstchen in feine Tranchen schneiden.

4. Die Cicorinoblätter auf Tellern verteilen, mit den lauwarmen Linsen und den tranchierten Pouletbrüstchen anrichten. Mit dem Rest des Schnittlauchs bestreuen.

- Linsen können durch Gerste, Dinkel oder Hafer ersetzt werden.

Geflügel-Cremesuppe mit Blätterteighaube

Eine Suppe für 4 Personen

4 feuerfeste Suppentassen von 2 dl Inhalt

2 Pouletbrüstchen à 100 g
Salz, Pfeffer aus der Mühle
Bratbutter oder Bratcreme zum Braten

1 dl Weisswein
3 dl Geflügelbouillon
1 EL Weissmehl mit 1 dl Wasser angerührt
2 grüne Spargeln, gerüstet
2,5 dl Rahm
Salz, Pfeffer aus der Mühle

100 g Butterblätterteig
1 Eigelb zum Bestreichen

1. Die Pouletbrüstchen würzen, in Bratbutter beidseitig 2–3 Minuten braten, aus der Pfanne nehmen.
2. Für die Suppe den Bratensatz mit Weisswein ablöschen, die Geflügelbouillon beigeben und aufkochen. Das angerührte Mehl unter ständigem Rühren zufügen. Spargeln in Rondellen schneiden und in die Suppe geben.
3. 10 Minuten leicht köcheln, Rahm beigeben, abschmecken.
4. Pouletbrüstchen in kleine Würfel schneiden und mit der Suppe in vier feuerfesten Suppentassen verteilen.
5. Blätterteig auswallen, vier Plätzchen ausstechen (4 cm grösser im Durchmesser als die Suppentassen). Den äusseren Tassenrand mit Eigelb bestreichen und den Teigdeckel gut über der Tasse festdrücken. Mit Teigresten verzieren. Mit Eigelb bestreichen und im auf 180 °C vorgeheizten Backofen während 20 Minuten backen.

♀ Ein Gutedel vom Bielersee oder ein Chasselas vom Murtensee.

207 Geflügel

208 Geflügel

Bouillabaisse vom Suppenhuhn

1. Zwiebeln, Lauch und Fenchel in Streifen schneiden und mit dem Knoblauch in Butter andünsten. Mit Weisswein ablöschen und mit Geflügelbouillon auffüllen und aufkochen lassen. Das Gemüse herausnehmen und zur Seite stellen.
2. Safranpulver, Salz, Pfeffer und Fenchelsamen in die Brühe geben und aufkochen lassen.
3. Die Suppenhuhnstücke zufügen und knapp unter dem Siedepunkt köcheln, bis sich das Fleisch vom Knochen löst. Garzeit 1–2 Stunden.
4. Fleischstücke herausnehmen und die Haut entfernen. Das Gemüse wieder zufügen und knapp garen.
5. Fleischstücke, Tomatenwürfel, Petersilie und Pastis in die Brühe geben, heiss werden lassen und abschmecken.
6. Die fertige Bouillabaisse in vorgewärmten Suppentellern anrichten.

- Bevor das Gemüse wieder zurückgegeben wird, kann die Brühe entfettet werden.
- Das Rezept eignet sich auch für ein Poulet, die Kochdauer verkürzt sich dann auf ca. 30 Minuten.
- Mit Knoblauchbrot servieren.

Ein Hauptgericht für 4 Personen

1 Suppenhuhn, ca. 1 kg,
in 8 Teile geschnitten

2 kleine Zwiebeln
½ Lauchstängel
1 Fenchel
1 Knoblauchzehe, gehackt
Butter zum Dünsten

3 dl Weisswein
1 l Geflügelbouillon

2 Msp. Safranpulver
Salz, Pfeffer aus der Mühle
½ TL Fenchelsamen oder wenig Fenchelkraut

2 Tomaten, blanchiert, enthäutet, entkernt und in Würfel geschnitten
2 EL Petersilie, gezupft
1 EL Pastis nach Belieben

Gebratene Pouletschenkel an Gewürztraminer-Schaumcreme

Ein Hauptgericht für 4 Personen

4 Pouletschenkel, ganz
Salz, Pfeffer aus der Mühle
Bratbutter oder Bratcreme zum Braten

2 dl Gewürztraminer
½ Würfel Geflügelbouillon
1 Eigelb
1 TL Maizena
40 g Butter, in Stücke geschnitten
Salz, weisser Pfeffer

50 g weisse Trauben,
halbiert und eventuell entkernt
50 g blaue Trauben,
halbiert und eventuell entkernt
Butter zum sanften Braten

1. Pouletschenkel würzen und in Bratbutter ringsum anbraten. Aus der Bratpfanne nehmen und in eine Gratinform legen. Im auf 180 °C vorgeheizten Backofen 20 Minuten fertig garen.
2. Den Bratensatz mit Gewürztraminer ablöschen und den Bouillonwürfel beigeben. Auf die Hälfte reduzieren und in eine kleinere Pfanne sieben. Eigelb und Maizena zufügen und bei sehr kleiner Hitze unter ständigem Rühren zu einer luftigen Masse aufschlagen, bis vors Kochen bringen. Pfanne von der Platte ziehen, die Butter stückchenweise in die Schaumsauce rühren und abschmecken.
3. Die Trauben in Butter sanft braten.
4. Die Pouletschenkel mit der Schaumcreme auf vorgewärmten Tellern anrichten und mit den Trauben garnieren.

• Mit Getreiderisotto servieren.

♀ Wenn ein Gewürztraminer dazu serviert wird, sollte es ein eher trockener sein. Sonst ein Johannisberg.

Gefüllte Pouletbrüstchen mit Dörrzwetschgen

Ein Hauptgericht für 4 Personen

12 Dörrzwetschgen, ohne Stein, halbiert
4 EL Zwetschgenwasser oder Rotwein

4 Pouletbrüstchen à 120 g, vom Metzger eine Tasche schneiden lassen
Salz, Pfeffer aus der Mühle
Bratbutter oder Bratcreme

Sauce:
2 dl Rotwein
2 dl Bratensauce
2 TL Kakaopulver, ungesüsst
1 Peperoncini, entkernt, fein gehackt
25 g Butter, kalt
Salz, Pfeffer aus der Mühle
Zwetschgenwasser zum Abschmecken

1. Die Dörrzwetschgen einige Stunden oder über Nacht in Zwetschgenwasser oder Rotwein einlegen.
2. Die Pouletbrüstchen mit je 6 Zwetschgenhälften füllen und mit Zahnstochern verschliessen. Würzen, in Bratbutter beidseitig 5 Minuten braten und warm stellen.
3. Für die Sauce den Bratensatz mit Rotwein und Bratensauce ablöschen. Kakao und Peperoncini beigeben, um die Hälfte reduzieren und die Butter mit einem Schneebesen in die Sauce schwingen, nicht mehr kochen.
4. Die Sauce mit Salz, Pfeffer und Zwetschgenwasser abschmecken.
5. Die Pouletbrüstchen tranchieren und mit der Sauce auf Tellern anrichten.

- Anstelle von Zwetschgen getrocknete Aprikosen verwenden.

212 Geflügel

Poulet mit Speck im Römertopf

1. Das Poulet würzen. Frühlingszwiebeln und Knoblauch im vorbereiteten Römertopf verteilen. Das Poulet darauf geben, Speck zu Röllchen formen, neben das Poulet legen.
2. Den Deckel verschliessen und den Römertopf in den kalten Ofen schieben.
3. Bei 200 °C während 90 Minuten garen. Die letzten 20 Minuten den Deckel wegnehmen, um dem Poulet etwas Farbe zu geben.
4. Poulet und Speck aus dem Römertopf nehmen und warm stellen. Überschüssiges Fett abschöpfen. Mit dem Weisswein den Bratensatz auflösen, Saucenrahm zugeben, verrühren, nochmals im Backofen heiss werden lassen und abschmecken.
5. Das Poulet tranchieren, mit dem Speck in den Römertopf zurücklegen und servieren.

Ein Hauptgericht für 4 Personen

1 Römertopf, während 30 Minuten in kaltem Wasser eingelegt

1 Poulet à 1,2 kg, pfannenfertig
Salz, Pfeffer aus der Mühle
4 Frühlingszwiebeln, in kleine Stücke geschnitten
1 Knoblauchzehe, gehackt
8 Specktranchen, ca. 100 g

1 dl Weisswein
1,8 dl Saucenrahm
Salz, Pfeffer aus der Mühle

Kleine Truthahnschnitzel an Rotweinsauce

Ein Hauptgericht für 4 Personen

8 Truthahnbrust-Schnitzel à 70 g
Salz, Pfeffer aus der Mühle
Bratbutter oder Bratcreme zum Braten

100 g Rahmquark
1 EL gehackte Kräuter, z. B. Salbei, Thymian, Schnittlauch, Petersilie
Salz
2 TL Leinsamen

Sauce:
2 Schalotten, gehackt
2 dl Rotwein
4 Zweige Thymian
1 TL Zucker
1 dl Bratensauce
2 EL Butter, kalt
Salz, Pfeffer aus der Mühle

1. Die Truthahnschnitzel würzen und beidseitig kurz in Bratbutter anbraten, aus der Pfanne nehmen und in eine flache Gratinform legen.

2. Quark mit den Kräutern vermischen, abschmecken, auf den Truthahnschnitzeln verteilen und mit Leinsamen bestreuen.

3. Die Schnitzel im auf 220 °C vorgeheizten Ofen ca. 5 Minuten überbacken.

4. Für die Sauce im Bratensatz Schalotten kurz andünsten, mit Rotwein ablöschen, Thymian und Zucker zugeben und auf 1 dl reduzieren. Durch ein feines Sieb giessen. Jus mit Bratensauce auffüllen, aufkochen, die Butter darunter rühren und mit Salz und Pfeffer abschmecken.

5. Die Schnitzel mit der Rotweinsauce auf Tellern anrichten.

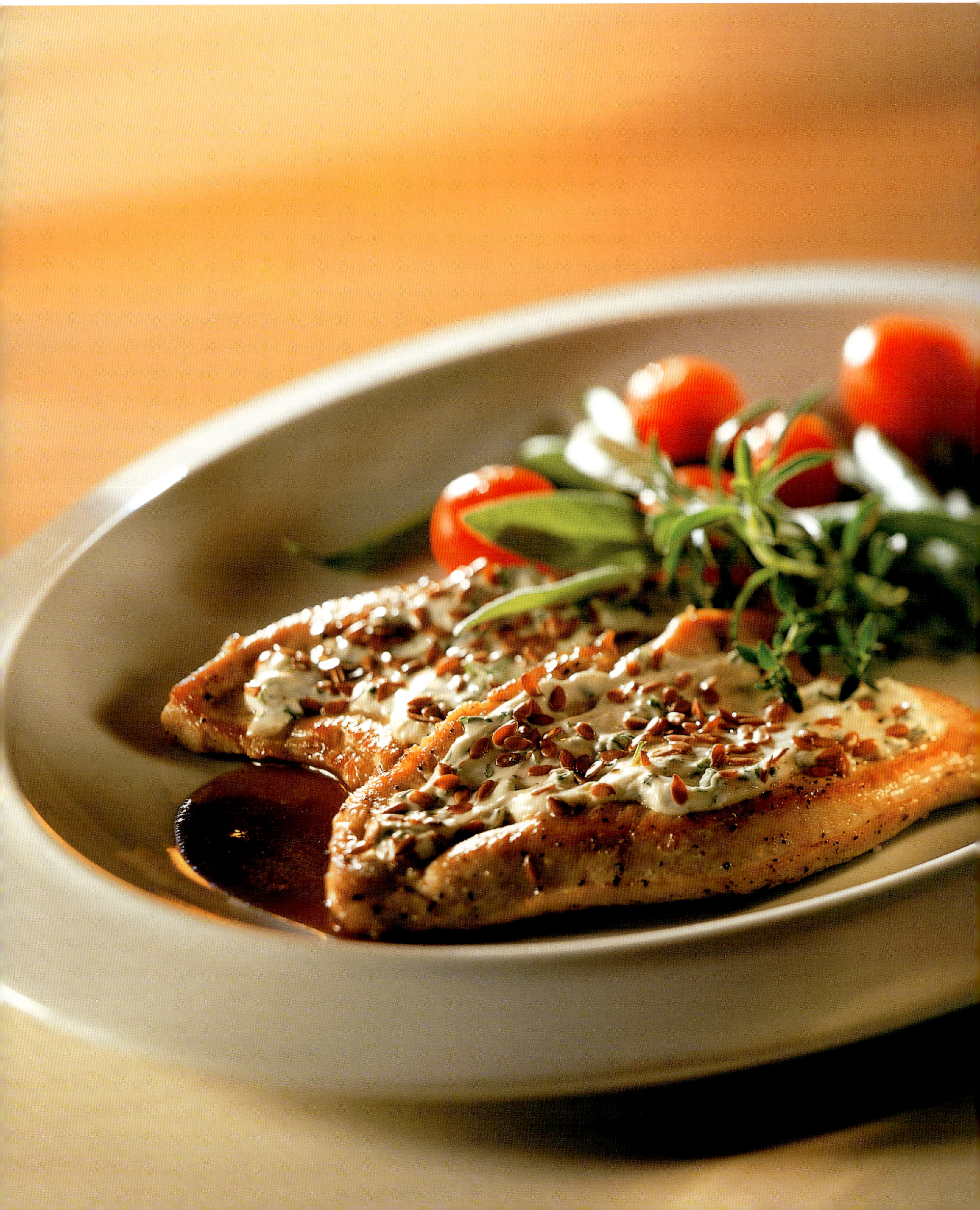

Käse

Also drei, vier Gänge denk ich.
Und dann Butterbrot mit Käse.

(Fontane: Irrungen, Wirrungen)

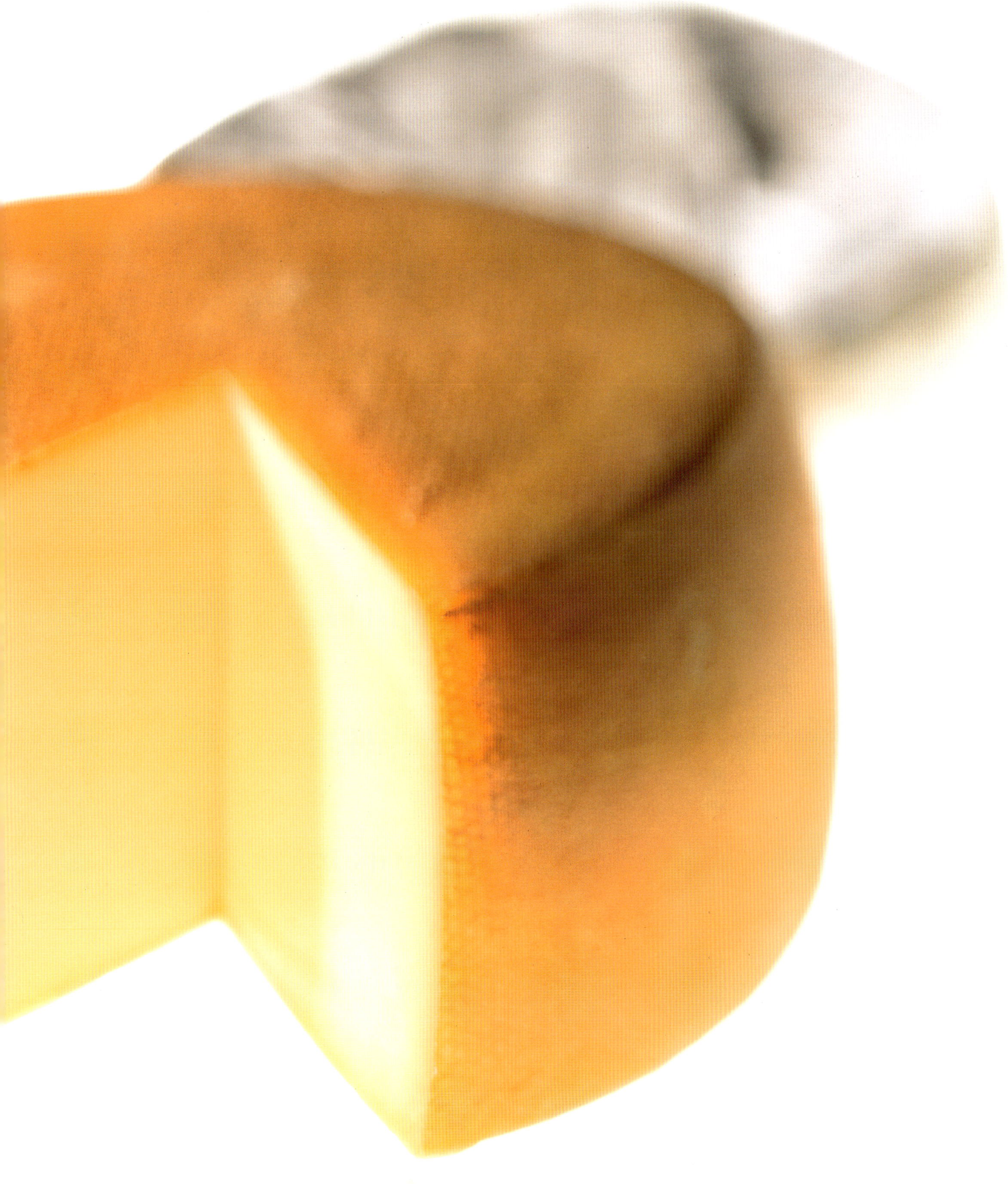

Käse aus der Sommerfrische

Obwohl die Alpsaison auch im Glarnerland nur höchstens 110 Tage währt, stammt ein Viertel der Jahresmilchmenge von den Alpen. Daraus wird unter anderem zweierlei Käse gemacht. Da ist zum einen der Glarner Alpkäse, der praktisch zu 100 Prozent in der Ostschweiz verspeist wird. Und zum andern der Schabziger, ältester Markenartikel der Schweiz, von dem ein ganz grosser Teil ins Ausland geht. Was beide Glarner Spezialitäten gemeinsam haben: Sie kennen keine Absatzprobleme.

Kaspar Elmer hat an der Windschutzscheibe seines Autos nicht nur die Autobahn-Vignette, sondern die Zulassungskleber für verschiedene Alpwege, die normalerweise nicht befahren werden dürfen. Aber dort, wo alle nur einigermassen befahrbaren Wege enden, muss er zu Fuss weiter. Manchmal dauert der anschliessende Marsch drei Stunden. Denn Kaspar Elmer ist Alpinspektor. Er muss selbst die entlegendsten Alpen im Glarnerland und im St. Galler Oberland besuchen, um die Qualität der Milch und der Produkte, die man daraus macht, zu kontrollieren.

Kaspar Diesch ist einer der 110 Sennen, die von Kaspar Elmer betreut werden. Diesch käst auf der Alp Embächli, einer Doppelsennte. Das heisst: die Tiere von zwei Sennen gehen zusammen auf die Weide, haben aber im gleichen Gebäude getrennte Ställe – und gekäst wird ebenfalls getrennt.

Was früher ein Stoss war, ist heute eine GVE

Die Alp Embächli liegt auf über 1700 Meter über Meer. Man schaut von dort auf die Tschiggelhörner und den Hausstock, das Martinsloch und den Panixer sowie ein paar andere Passwege, die vom Talende aus zuerst steil in die Höhe und dann in verschiedene Richtungen führen: ins Linthgebiet, nach Ilanz, Flims, Mels und Sargans. Dem Wanderer bietet sich ein unvergleichlich schönes 360°-Alpenpanorama.

Die Alp mit den Baulichkeiten gehört der Gemeinde Elm, die bewegliche Habe dem Pächter. Das ist Kaspar Diesch seit 16 Jahren. Die Pacht wird pro Stoss berechnet. Oder pro Grossvieheinheit, kurz GVE, wie das heute heisst. Eine Kuh ist eine GVE. Ein trächtiges Rind auch. Zwei einjährige Rinder oder drei Kälber machen ebenfalls eine GVE aus. Diesch hat 64 GVE. Für jede bezahlt er der Gemeinde Elm 74 Franken pro Alpsaison.

< Bei der Alpkäserei muss man zupacken können.

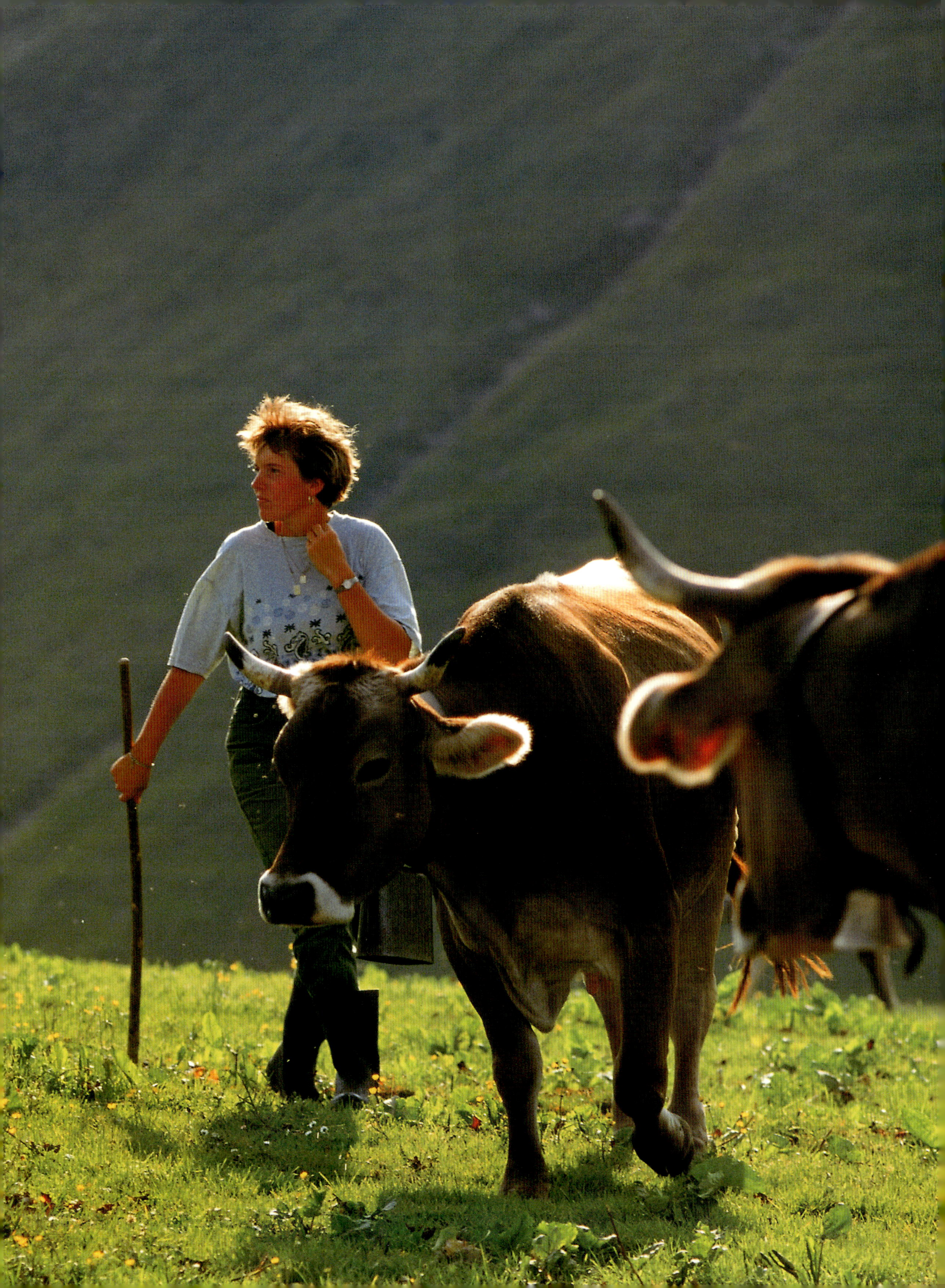

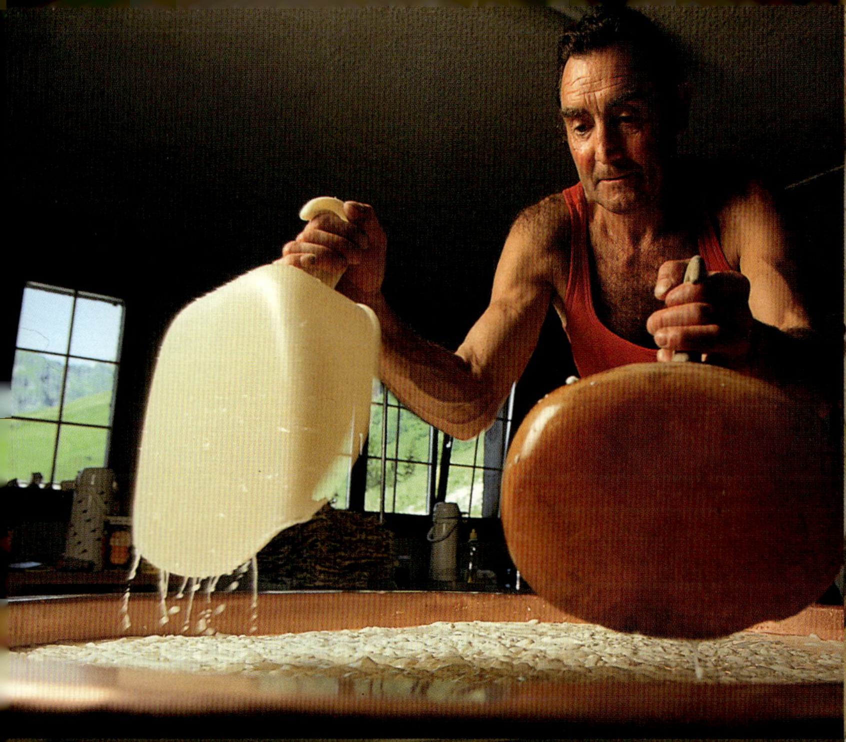
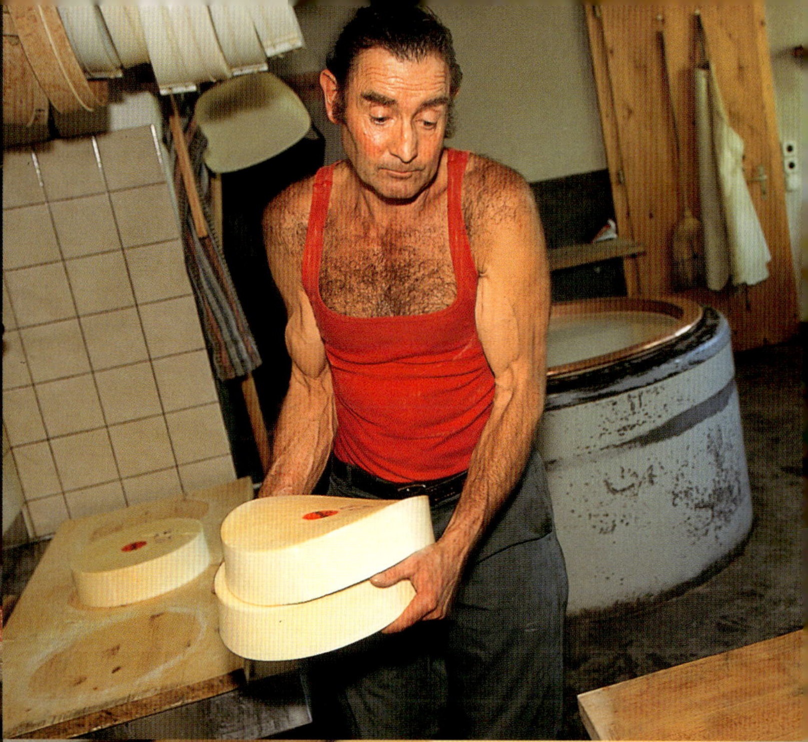
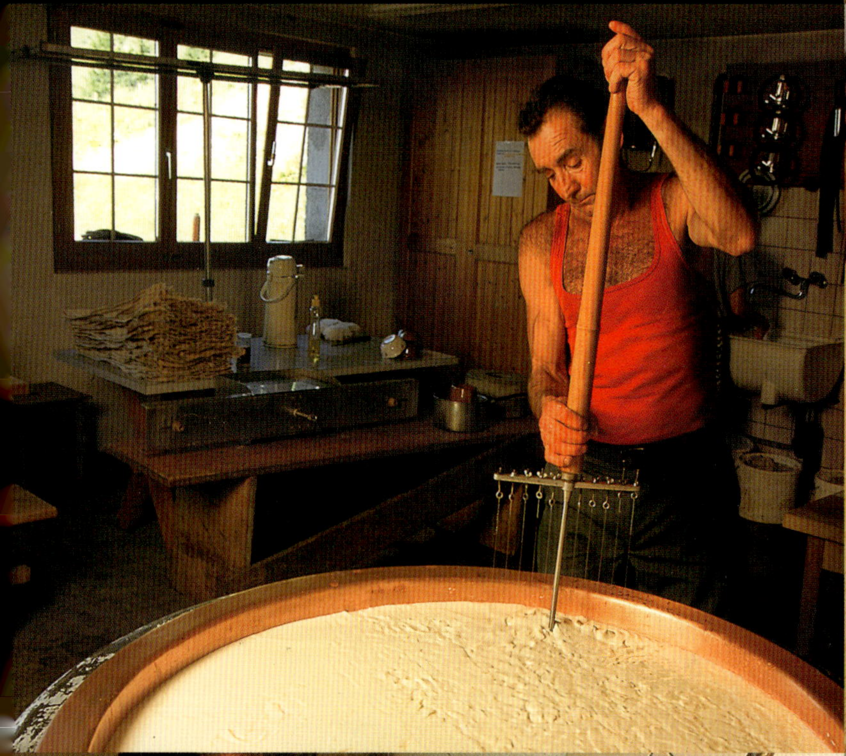
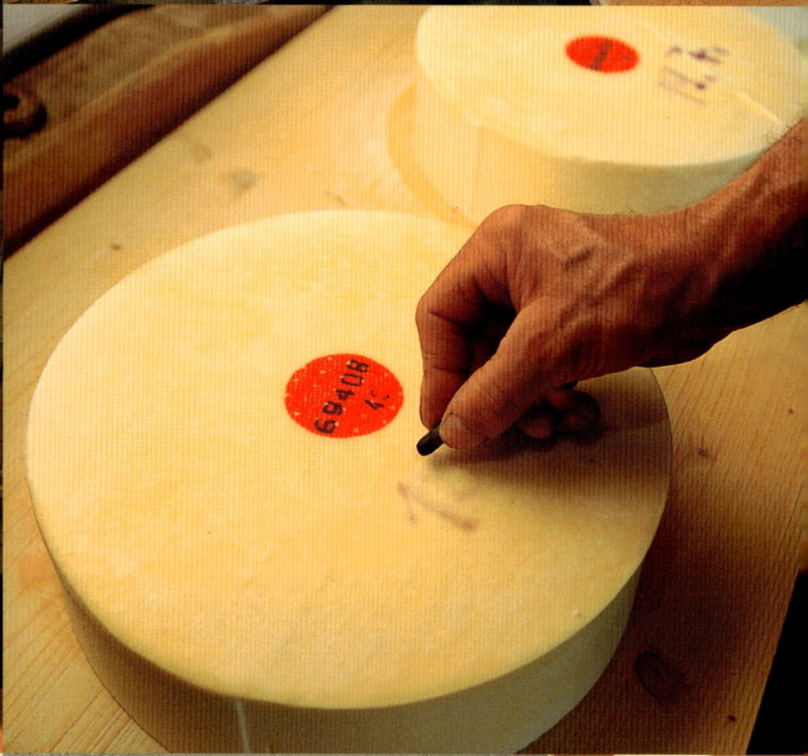
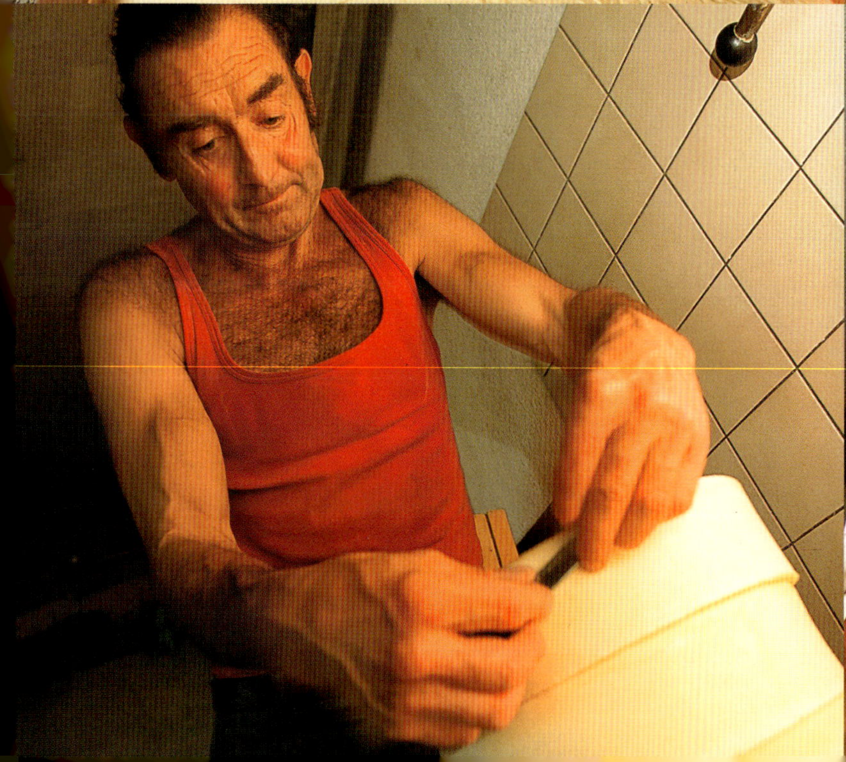
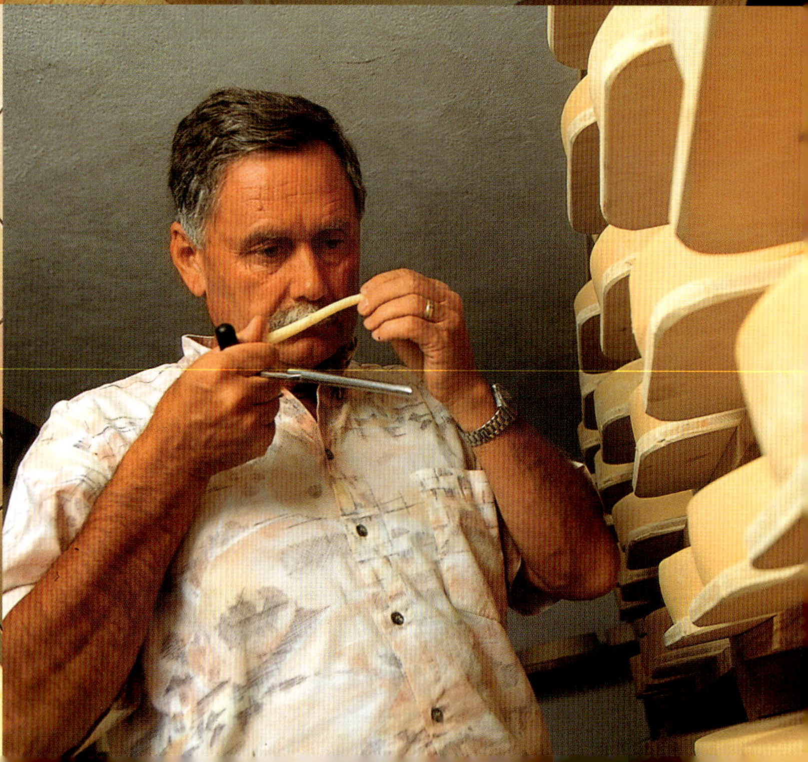

Diesch hat keine eigenen Kühe, sondern die von sechs Bestossern in Pension. Jede Kuh muss neun Liter Milch pro Tag geben. Damit deckt sie ihre Pensionskosten. Gibt sie mehr, zahlt Diesch ihrem Eigentümer den handelsüblichen Milchpreis. Gibt sie weniger, muss der Bestosser den Pächter entschädigen. Die Abrechnung beruht zwar mehrheitlich auf Vertrauen, aber es findet auch jeden Monat eine offizielle Milchwägung statt.

Aus der Milch macht Kaspar Diesch den halbharten, vollfetten, unpasteurisierten Glarner Alpkäse. Und zwar auf die althergebrachte Art mit Holzfeuer unterm Kessi, ansonsten aber mit modernen Gerätschaften. Und dank der Hilfe des Alpinspektors mit der Sicherheit, das bestmögliche Ergebnis zu erzielen.

Im Herbst kommen aus ganz Glarus knapp 100 Tonnen Alpkäse zusammen. Die Laibe werden im Labor untersucht und taxiert. Und der Inspektor kann stolz sein, wenn das Ergebnis stimmt. Ein Zehntel des Käses vermarkten die Sennen selbst. Am ersten Wochenende im Oktober findet ein grosser Käsemarkt statt, da kommen jeweils ein paar tausend Besucher. Manche Sennen haben Stammkunden. Und Touristen decken sich gern mit einem Stück schmackhafter Ferienerinnerung ein. Der Grossteil des Glarner Alpkäses aber wird von Grossverteilern in der Ostschweiz an die Käsekenner und Feinschmeckerinnen gebracht.

Der Käse aus dem Mittelalter
Auch auf der Alp Obererbs stehen die Kühe an heissen Sommertagen im Stall. Erst am frühen Nachmittag trotten sie wieder zu den saftigen Wiesengräsern auf die Weide. Und nach dem Abendmelken werden sie wieder hinausgelassen, um bis acht Uhr am Morgen draussen zu bleiben.

Auf Obererbs – in Sichtweite von Embächli – betreibt Werner Elmer mit seinen eigenen Kühen und einigen Pensionärinnen eine typische Ziger-Alp. Oder wenn man so will, eine Rahm-Alp – der Rahm wird ins Tal geliefert und dort weiterverarbeitet, die entrahmte Milch auf der Alp verzigert. Obererbs ist ebenfalls eine Doppelsennte. Werner Elmer und

< **Kaspar Diesch käst, Kaspar Elmer prüft.**
> **Ziger-Alp Obererbs:**
   Auch Werner Elmer bekommt regelmässig Besuch vom Inspektor.

sein Nachbar sömmern je 50 Stösse – oder eben GVE. Normalerweise werden sie von Beda Linder, dem Zigerinspektor, besucht. Aber Kaspar Elmer ist dessen Stellvertreter, und in dieser Eigenschaft auf Visite.

Der Ziger verdankt seine Existenz der Sparsamkeit und dem Erfindungsreichtum der Glarner. Und das ging so: Zu Beginn dieses Jahrtausends war Glarus dem Kloster Säckingen untertan und folglich abgabepflichtig. Zu den Abgaben gehörte Käse. Und Käse, fanden die Glarner heraus, kann man aus nahezu fettfreier Milch machen. Also schöpften sie den ganzen Rahm ab, bevor sie ans Käsen gingen.

Was dabei herauskam, war Rohziger, der den Schwestern vom Kloster Säckingen aber so fad war, dass er ihnen verleidete. Nun wurden damals die ersten Arzneipflanzen aus Asien in den Klostergärten gepflanzt. Darunter Blauklee. Den trockneten und verrieben die Ordensfrauen und mischten ihn unter den Ziger.

Diesen geschmacksverstärkten und grüngefärbten Ziger verkaufte das Kloster Säckingen als Ersatz für die damals sündhaft teuren orientalischen Gewürze wie Pfeffer, Muskat und Nelken. Und Käsehändler erschlossen neue Märkte entlang des Rheins – bis weit in den Norden nach Holland. Um den Schabziger oder Glarner Kräuterkäse vor Nachahmern zu schützen, wurde jedes Stöckli unter einen Prägestempel gelegt – das war die Geburt des Markenartikels.

Am Rezept des Schabzigers hat sich bis heute buchstäblich nichts geändert. Der Rohziger wird auf der Alp weiterhin aus entrahmter Milch hergestellt. Die Masse lagert für viele Wochen in Gärsilos auf der Alp. Am Ende der Saison wird er in die Zigerfabrik nach Oberurnen gebracht, dort noch einmal eingelagert, getrocknet, zermahlen und mit Blaukleepulver und Salz vermischt. Der schattengetrocknete Blauklee stammt aus der March, wo ihn zwei Bauern kultivieren. Das ist eine mühsame Angelegenheit, denn es darf sich kein geschmacksveränderndes Unkraut einschleichen – die Felder müssen von Hand gejätet werden.

Jährlich kommen 650 Tonnen Rohziger von den Alpen. Daraus werden 480 Tonnen Schabziger. Die Hälfte davon bleibt im Lande. Die Glarner selbst reiben ihn über die Hörnli oder mischen ihn mit Butter zum Brotaufstrich. Die andere Hälfte geht in den Export. Immer noch sind Deutschland und Holland Hauptabnehmer der Würzstöckli. Ein Teil der Ausfuhren geht in die USA, wo der Käse Sap Sago heisst: 1846 soll der Inhaber eines Drugstores seinen Lehrling beauftragt haben, den damals noch in neutrales Pergamentpapier gewickelten Schabziger anzuschreiben. Und der kombinierte einfach den Begriff für grünen Pflanzensaft, Sap, mit dem für Palmstärke, Sago.

Bleibt die Frage, was die Menschen, die so mit den Alpen verbunden sind, im Winter machen. Nun, Kaspar Diesch arbeitet beim Pistendienst, Werner Elmer kümmert sich im Tal weiter um sein Vieh, und Kaspar Elmer verrichtet seine Inspektionsarbeit ebenfalls im Tal. Ausserdem findet man ihn dann öfter in seinem Büro in der Gemeindeverwaltung. Mag sein, dass er sich über die Einzahlungen der beiden berühmtesten Steuerzahler des Dorfes freut: Elmer Citro und der ehemalige Skistar Vreni Schneider. Denn Gemeindepräsident von Elm ist Kaspar Elmer eben auch.

Bergkäse und Alpkäse ist nicht das Gleiche

Zwischen dem einen und dem andern wird oft kein Unterschied gemacht. Das aber ist nicht richtig. Denn Bergkäse darf sich auch einer nennen, der im Tal gemacht wird. Zumeist stammt er aus einer der höher gelegenen Dorfkäsereien, in denen er ganzjährig produziert wird.

Alpkäse hingegen wird nur während der rund hundert Tage hergestellt, in denen das Vieh auf der Alp übersommert. Und eine solche Alp liegt zumeist in einer Höhe von 1000 und mehr Metern über Meer.

> **Bei der GESKA in Oberurnen wird der Rohziger zum Schabziger.**

Eine kleine Warenkunde

Bereits die Römer liebten den Käse. Sie bezogen ihn in grossen Mengen aus Helvetien. Nach dem Niedergang des römischen Weltreichs überlebte das Wissen um die Käseherstellung vor allem in den Klöstern. So entstanden zum Beispiel der «Tête de Moine» im Kloster Bellelay, der Freiburger Vacherin im Kloster Montserrat. Im 14. Jahrhundert wurden die Alptäler besiedelt, und die Bauern fanden in der Hartkäseherstellung eine Möglichkeit, aus Milch ein haltbares, hochwertiges Nahrungsmittel herzustellen. Emmentaler, Sbrinz, Greyerzer und Appenzeller entwickelten sich im 15. Jahrhundert zu Exportschlagern.

Zur Käseherstellung wird rohe oder pasteurisierte Kuh-, Schaf- oder Ziegenmilch erwärmt. Bei 31 °C werden Milchsäurebakterienkulturen und das Lab zugefügt. Die geronnene Milch wird mit der Käseharfe in Körner zerschnitten, die wässerige Sirte, auch Molke genannt, scheidet sich ab. Durch Nacherwärmen und Rühren wird je nach Käsesorte eine bestimmte Festigkeit und Körnung erreicht. Je intensiver und kräftiger die Bearbeitung, desto fester wird der Käse. Anschliessend werden Käsemasse und Molke voneinander getrennt, bei Frischkäse eventuell durch Zentrifugieren, bei reiferen Sorten mit einem Käsetuch oder auch durch Einfüllen in Formen, aus denen die Sirte abfliessen kann. Die Käsemasse wird durch Pressen geformt, Käsesorten, die gelagert werden, bleiben für ein bis drei Tage in einem Salzbad. Je nach Käseart und Reifegrad folgt eine sorgfältige Pflege von einigen Wochen bis zu drei Jahren.

Extrahartkäse, z. B.:
1 Sbrinz 2 Hobelkäse

Käse gehört zusammen mit der Milch und anderen Milchprodukten zu den besonders wertvollen Grundnahrungsmitteln. Er enthält viel Eiweiss von hohem biologischem Wert, leicht verdauliches Fett sowie Vitamine und Mineralstoffe. Zudem ist er ein wichtiger Lieferant von Kalzium. 100 g Käse decken den Tagesbedarf an Kalzium und Phosphor sowie die Hälfte des Tagesbedarfs an Eiweiss.

Käse ist ein reines Naturprodukt mit feinsten Nuancen in Wasser- und Fettgehalt, Grösse und Lochung, Aroma und Reife. Junger Käse ist mild. Je älter er wird, umso aromatischer

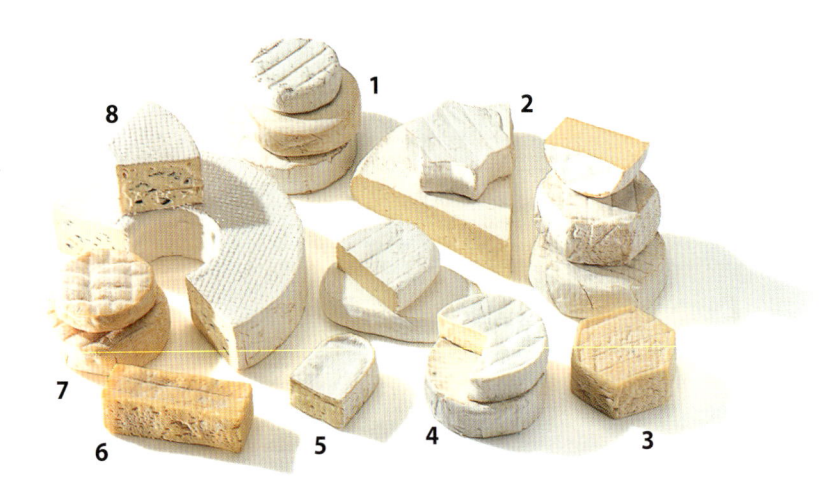

Weichkäse, z. B.:
1 Tommes (z. T. aus Rohmilch) 2 Brie Suisse
3 Paradiso 4 Camembert Suisse 5 Rahmweichkäse
6 Limburger 7 Weichkäse geschmiert 8 Couronzola

Ziger:
1 Glarner Schabziger 2 Ziger

Hartkäse, z. B.:
1 Emmentaler **2** Gruyère

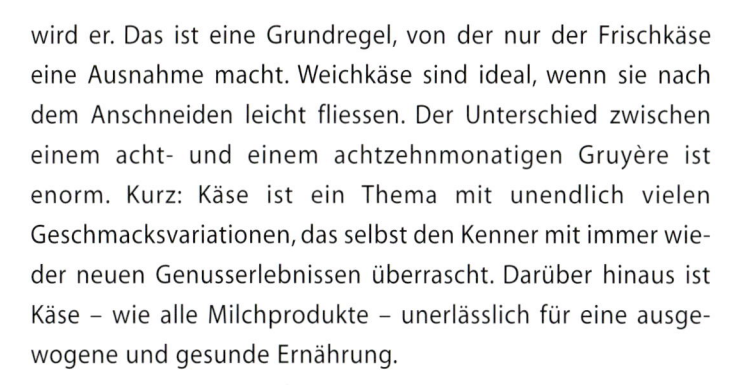

Halbhartkäse, z. B.:
1 Freiburger Vacherin **2** Tête de Moine **3** Appenzeller

wird er. Das ist eine Grundregel, von der nur der Frischkäse eine Ausnahme macht. Weichkäse sind ideal, wenn sie nach dem Anschneiden leicht fliessen. Der Unterschied zwischen einem acht- und einem achtzehnmonatigen Gruyère ist enorm. Kurz: Käse ist ein Thema mit unendlich vielen Geschmacksvariationen, das selbst den Kenner mit immer wieder neuen Genusserlebnissen überrascht. Darüber hinaus ist Käse – wie alle Milchprodukte – unerlässlich für eine ausgewogene und gesunde Ernährung.

In der Schweiz werden jährlich etwa 450 Käsearten hergestellt. Diese wiederum werden, je nach Reifezeit, in fünf Sorten eingeteilt (siehe Tabelle Seite 227).

Schmelzkäse wie Portionenkäsli, Scheibletten und Fertigfondue entstehen aus geschmolzenem Hart- und Halbhartkäse.

Der Anteil der Ziegen- und Schafskäse beträgt etwa 1% der Schweizer Käseproduktion. Sie werden ganz oder teilweise aus Schafs- oder Ziegenmilch hergestellt.

Ziegen- und Schafskäse:
1 Halbziegenkäse **2** Formagella **3** Frischkäse
4 Weichkäse **5** Halbhartkäse

Frischkäse:
1 Mozzarella **2** Mozzarelline
3 Quark **4** Hüttenkäse **5** Blanc Battu
6 Doppelrahmfrischkäse

Käse, die das Signet **Bio-Käse** tragen, dürfen nur aus Milch hergestellt werden, die aus anerkannten Bio-Betrieben stammt. Käse von Betrieben, die vor weniger als zwei Jahren auf Bio-Landbau umgestellt haben, sind auf der Verpackung mit der Bezeichnung «Umstellung» gekennzeichnet. Die strengen Anforderungen werden von der BIO-SUISSE (Vereinigung schweizerischer Bio-Landbau-Organisationen) kontrolliert.

Einkauf
Ausser bei den Alpkäsen und vor allem beim Vacherin Mont d'Or kennt man beim Käse keine Saison. Alle übrigen Sorten sind das ganze Jahr über im Handel erhältlich.

Für alle mit der Alphornbläser-Marke ausgezeichneten Käsespezialitäten ist gewährleistet, dass bei der Herstellung und Reifung keine gentechnologisch hergestellten Hilfs- oder bestrahlten Zusatzstoffe eingesetzt werden.

Traditionelle Schweizer Käse müssen nicht mit dem Herkunftsland deklariert sein. Bei ausländischen Käsesorten ist diese Bezeichnung zwingend. Umgekehrt müssen in der Schweiz hergestellte typische ausländische Käsesorten als in der Schweiz hergestellt gekennzeichnet sein. Z. B. «Camembert Suisse», «Brie Suisse» oder «Edamer aus der Schweiz».

Auf der Käseverpackung muss auch der Fettgehalt der Trockenmasse (ohne Wasseranteil) angegeben sein: «Fett i. T.» = Fett in Trockenmasse ohne Wasser.

Käse wird, bevor er in den Verkauf kommt, sehr strengen Qualitätskontrollen unterzogen.

Zubereitung
Käse ist «Natur pur» und wird in der Küche vielfältig eingesetzt. Sei es zu Brot, zu Kartoffeln oder als Häppchen zu einem Aperitif mit einem Glas Wein gereicht, ist Käse eine willkommene Kombination aus der kalten Küche.

Eine reichhaltige Käseplatte, als Hauptgang oder als krönender Abschluss zum Dessert serviert, kann sich zum Beispiel aus je zwei Hart- und Halbhartkäsen, einem Bergkäse, zwei bis drei Weichkäsen und je nach Geschmack noch zusätzlich aus einem Schafs- oder Ziegenkäse sowie aus ein bis zwei Frischkäsen zusammensetzen.

Damit der Käse sein volles Aroma entfalten kann, lohnt es sich, ihn eine halbe Stunde vor dem Essen aus dem Kühlschrank zu nehmen. Frischkäse sollte jedoch immer kühl serviert werden.

Auch als Zwischenverpflegung eignet sich Käse zu einem Stück Brot vorzüglich, da diese Kombination rasch nährt und anhaltend stärkt.

Kochen mit Käse ist als ein wesentlicher Teil aus der Schweizer Küche kaum wegzudenken. Geriebener Sbrinz über eine heisse Suppe, einen Eintopf oder über Spätzli gestreut, gehört dazu wie Salz und Pfeffer. (Zum Schmelzen ungeeignet sind ganz junge und ganz alte Käse.)

Raclette und Fondue aus geschmolzenem Käse sind Gerichte mit Symbolcharakter. Als weitere Klassiker der Käseküche gelten Älplermagronen, Käsekuchen, Käsesoufflé, Käserösti, Ramequin und Käseschnitten. Auch die moderne Schweizer Küche ist stark auf Käse eingestellt. Kurz: Jeder Kanton und jeder Koch hat seine eigenen Rezepte.

Lagerung
Generell kann Käse recht lange gelagert werden. Er sollte dazu in eine dünne Plastikfolie oder im Originalpapier des Käsehändlers verpackt sein und im Käseabteil oder in einer gut schliessenden Plastikdose im Kühlschrank aufbewahrt werden. Vakuumverpackte Käsestücke sind nach dem erstmaligen Öffnen ebenso zu behandeln.

Weichkäse sollten im Originalpapier aufbewahrt werden. Ihr Teig ist im jungen Stadium hart. Mit zunehmender Reife werden sie weich und fliessend. Durch Lagerung bei Zimmertemperatur kann der Reifeprozess beschleunigt werden.

Frischkäse ist nur kurz haltbar (Verfalldatum beachten). Hart- und Halbhartkäse können bis zu zwei Wochen aufbewahrt werden.

Hartkäse eignen sich zum Tiefkühlen nur in geriebener Form, das Aroma kann sich dabei jedoch verändern. Halbhart- und Weichkäse dagegen vertragen tiefere Temperaturen besser. Tiefgekühlte Fonduemischungen müssen gefroren in den Wein gegeben werden. Deshalb lohnt es sich nicht, zu grosse Vorräte an Käse anzulegen.

Sorte	Frischkäse	Weichkäse, schimmelgereift	Weichkäse geschmiert	Halbhartkäse	Hartkäse
Reifezeit	–	1–3 Wochen	1–3 Monate	bis 6 Monate	bis 3 Jahre
Typische Vertreter	Quark Mascarpone Hüttenkäse Mozzarella Ricotta Doppelrahmkäse	Brie Camembert Tomme	Reblochon Vacherin Mont d'Or Limburger Münster	Appenzeller Tilsiter Winzerkäse Tête de Moine Freiburger Vacherin Raclettekäse Bergkäse Mutschli Schabziger	Alpkäse Sbrinz Gruyère Emmentaler
Beschreibung	Alle diese Sorten sind unmittelbar nach der Herstellung genussfertig.	Typisch ist das weisse, samtige Äussere; sie werden deshalb auch Weissschimmelkäse genannt. Ihr Teig ist fein, geschmeidig bis fliessend. Der Geschmack ist meist mild, im Alter zunehmend kräftiger.	Während ihrer Reifezeit, die einige Wochen dauert, werden diese Käse mit Salzwasser gewaschen (geschmiert) und erhalten so ihre bräunliche Rinde. Ihr Teig ist fein, weich und cremig. Der milde Geschmack wird mit zunehmendem Alter ausgeprägt und kräftig.	Die Teigstruktur ist leicht fest bis weichschnittig, aber nicht flüssig. Mit zunehmendem Alter wird ihr Geschmack rezenter bis pikant.	Sie werden aus naturbelassener Rohmilch hergestellt. Ihre Reifezeit dauert von einigen Monaten bis zu drei Jahren (Sbrinz).
Verwendung	Sowohl von ihrer Erscheinungsform als auch bezüglich ihrer Verwendung sind sie sehr vielseitig; für die kalte und warme Küche.	Sie eignen sich besonders als Tafel- oder Dessertkäse, die weisse Rinde wird mitgegessen.	Der Vacherin Mont d'Or ist nur während der Monate Oktober bis März erhältlich.	Sie werden als Tafelkäse, für Käseplatten oder als Dessertkäse verwendet. Spezielle Vertreter eignen sich besonders für Fondue oder Raclette. Andere wiederum profilieren sich durch ihre Form (z.B. Gugelhopf) oder durch eine spezielle Angebotsart («Rosette» des Tête de Moine).	Hartkäse sind vielseitig als Tafel-, Dessert-, Reib- oder Kochkäse verwendbar.

Brie-Cookies mit Baumnüssen

Ergibt ca. 20 pikante Häppchen zum Apéro

250 g reifer Brie Suisse
100 g Butter, weich
1 TL Salz
1 Ei
1 Eigelb
200 g Mehl
100 g Baumnüsse, gemahlen
1 TL Backpulver

125 g reifer Brie Suisse zum Garnieren
20 schöne Baumnusshälften zum Garnieren

1. Die weisse Schimmelschicht des Brie abschneiden und den weichen Käse mit Butter und Salz schaumig rühren.
2. Ei und Eigelb unterrühren. Mehl mit gemahlenen Baumnüssen und Backpulver mischen und alles zu einem glatten Teig kneten. Zu einer Rolle von ca. 3 cm ø formen und im Kühlschrank ca. 1 Stunde kalt stellen.
3. Die Rolle in 20 Scheiben schneiden und auf ein mit Backpapier belegtes Blech legen.
4. In der Mitte des auf 180 °C vorgeheizten Ofens ca. 12 Minuten backen.
5. Die 125 g Brie in 20 Ecken schneiden. In die Mitte jedes Cookies eine Ecke Brie und eine Baumnusshälfte legen.
6. Weitere 2 Minuten fertig backen und lauwarm servieren.

- Die Baumnüsse können durch Haselnüsse ersetzt werden.

♇ Ein Chardonnay vom Neuenburgersee.
Oder ein Completer aus der Bündner Herrschaft.

Pikante Käsetorte

Kleines Gericht für 4–6 Personen

Für eine Springform von 26 cm ø
Butter für die Form

Hefeteig:
2 dl Wasser, lauwarm
1,8 dl Rahm, lauwarm
½ Hefewürfel, 20 g
2 TL Malzextrakt oder Honig
350 g Ruchmehl
150 g grobe Haferflocken
1½ TL Salz
1 Eigelb zum Bestreichen

Leinsamen, Haferflocken,
helle Senfsamen, Kürbiskerne

100 g Vorzugsbutter
100 g Blattsalate, z. B. Rucola,
Schnittsalat, Eichblattsalat
500 g Tête de Moine,
in feine Röschen gehobelt

1. Für den Hefeteig Wasser mit Rahm mischen, Hefe und Malzextrakt darin auflösen. Mehl mit Haferflocken und Salz mischen, Hefelösung zugeben und alles zu einem weichen Teig mischen. Mit einem Küchentuch zugedeckt bei Raumtemperatur auf das Doppelte aufgehen lassen.

2. Den Teig in die ausgebutterte Form drücken und nochmals 20 Minuten aufgehen lassen.

3. Anschliessend mit einem stumpfen Messer tortenstückförmig einteilen und mit Eigelb bestreichen. Die Einteilungen mit Samen und Kernen bestreuen.

4. Auf der untersten Rille des auf 200 °C vorgeheizten Ofens ca. 40 Minuten backen. Das Brot aus der Form nehmen und auf einem Kuchengitter auskühlen lassen.

5. Kurz vor dem Servieren das Brot mit einem Sägemesser horizontal halbieren, Schnittflächen mit Butter bestreichen.

6. Die untere Hälfte mit Blattsalaten sowie Tête-de-Moine-Röschen belegen. Die obere Hälfte darauf setzen.

7. Die Torte in Stücke schneiden und servieren.

Aubergine in Käsehülle an Vinaigrette

Eine Vorspeise für 6–8 oder ein Hauptgericht für 4 Personen

2 Auberginen, ca. 500 g
1 TL Salz

250 g Sbrinz, fein gerieben
5 Eier
2 EL rosa Pfeffer
1 EL Thymianblättchen
ca. 3 EL Mehl zum Bestäuben
Bratbutter oder Bratcreme zum Anbraten

Vinaigrette:
wenig Senf
2 EL Balsamico-Essig
4 EL Rapsöl
Salz, Pfeffer aus der Mühle
1 Bund Schnittlauch, fein geschnitten
150 g Cherry-Tomaten, geviertelt

1. Die Auberginen in 0,5 cm dicke Scheiben schneiden, beidseitig mit Salz bestreuen und auf Küchenpapier auslegen. 30 Minuten Saft ziehen lassen und mit Küchenpapier trocken tupfen.
2. Sbrinz, Eier, rosa Pfeffer und Thymian mischen.
3. Die Auberginenscheiben beidseitig mit etwas Mehl bestäuben und durch die Käsemischung ziehen. In Bratbutter beidseitig goldgelb braten.
4. Für die Vinaigrette Senf, Essig und Öl verrühren, mit Salz und Pfeffer würzen, mit Schnittlauch und Cherry-Tomaten mischen und zu den Auberginenscheiben servieren.

⛾ Ein Clevner vom Zürichsee.

231 Käse

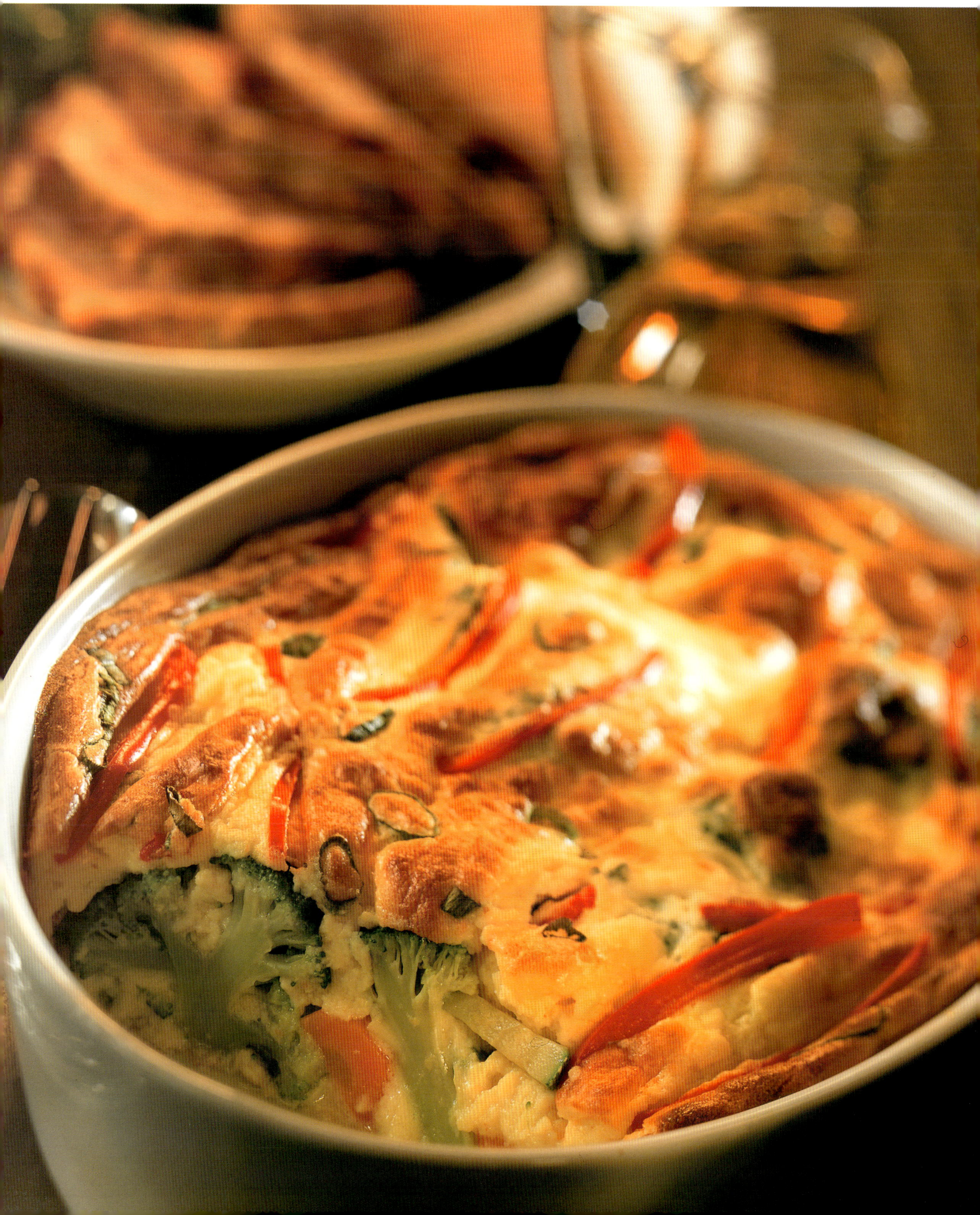

Gemüse-Soufflé mit Gruyère und Emmentaler

1. Das Gemüse in mundgerechte Stücke schneiden, mit Salz und Pfeffer würzen, im Dampf knackig garen und in der ausgebutterten Gratinform verteilen.
2. Butter in einer Pfanne schmelzen, Mehl zufügen und ohne zu bräunen 1 Minute anziehen lassen.
3. Milch unter Rühren mit einem Schwingbesen zugiessen, aufkochen und 2 Minuten auf kleiner Flamme köcheln.
4. Gruyère und Emmentaler unterrühren und mit Salz, Pfeffer sowie Muskatnuss kräftig abschmecken.
5. Drei Viertel der Peperoni fein würfeln. Restliche Peperoni in feine Streifen schneiden und zusammen mit etwas Frühlingszwiebeln für die Garnitur beiseite stellen.
6. Gewürfelte Peperoni, Frühlingszwiebeln und Eigelbe untermischen.
7. Eiweiss unter die Käsemasse heben und auf dem Gemüse verteilen. Mit Peperonistreifen und restlicher Frühlingszwiebel garnieren.
8. Im auf 200 °C vorgeheizten Ofen ca. 30 Minuten backen.

- Das Soufflé kann auch in vier Förmchen von 12 cm ø bei 200 °C während ca. 20 Minuten gebacken werden.
- Ob so oder so: Dazu schmeckt Schweinsbraten, zum Beispiel vom Hals.

♀ Ein Dôle Blanche oder Merlot Bianco.

Ein Hauptgericht für 4 Personen

Für eine Gratinform von 31 cm Länge
Butter für die Form

500 g Gemüse nach Wahl, z. B. Broccoli, Blumenkohl, Rüebli, Bohnen, Zucchetti
Salz, Pfeffer aus der Mühle

50 g Butter
70 g Mehl
5 dl Milch
100 g rezenter Gruyère, gerieben
100 g rezenter Emmentaler, gerieben
Salz, Pfeffer, Muskatnuss
1 rote Peperoni, entkernt
1 Frühlingszwiebel, fein geschnitten
6 Eigelb
6 Eiweiss, steif geschlagen

Rührei mit Tilsiter und gebratenen Zucchetti

1. Die Zucchetti der Länge nach halbieren und bei mittlerer Hitze in Bratbutter rundum ca. 10 Minuten braten. Mit Salz, Pfeffer, Rosmarin und Thymian würzen und bis zum Servieren auf kleiner Flamme warm halten.
2. Für das Rührei die Eier aufschlagen und mit Milch, Tabasco, Salz, Safran sowie der Hälfte des gewürfelten Tilsiters verrühren.
3. In einer beschichteten Bratpfanne die Butter erwärmen, Eimasse zugeben und unter Rühren stocken lassen. Die Eier sollten noch etwas feucht sein.
4. Rührei mit Zucchetti auf Tellern anrichten, mit restlichem Tilsiter bestreuen und mit Thymian- oder Rosmarinzweigen garnieren.

- Dazu passen Kartoffeln oder Brot.

Ein Hauptgericht für 4 Personen

8 kleine Zucchetti, ca. 400 g
Bratbutter oder Bratcreme zum Braten
Salz, Pfeffer aus der Mühle
½ TL Rosmarin, gehackt
½ TL Thymianblättchen

Rührei:
10 Eier
1 dl Milch
½ TL Tabasco
1 TL Salz
1 Brieflein Safranpulver
200 g Tilsiter, fein gewürfelt
2 EL Butter

Thymian- oder Rosmarinzweige zum Garnieren

Camembert mit Pilzfüllung auf herbstlichem Salat

1. Für die Füllung Zwiebeln, Knoblauch und Champignons in Butter andünsten. Mit 1 dl Weisswein ablöschen, Thymian und Petersilie zugeben und unter gelegentlichem Rühren kochen, bis die gesamte Flüssigkeit eingekocht ist.

2. Mit Salz und Pfeffer abschmecken.

3. Die Camemberts waagrecht dritteln, mit heisser Pilzmasse füllen, mit dem restlichen Weisswein beträufeln und mit grob gemahlenem Pfeffer bestreuen.

4. Auf einer Platte für 10 Minuten in den auf 50 °C vorgewärmten Ofen stellen.

5. Alle Zutaten für die Sauce verrühren, mit Salz und Pfeffer abschmecken.

6. Eichblattsalat mit Weintrauben auf Tellern anrichten und mit Sauce beträufeln.

7. Den Käse auf dem Salat anrichten und sofort servieren.

- Dazu schmeckt Nuss-, Kartoffel- oder ein anderes kräftiges Brot.

♀ Ein Chasselas vom Genfersee.

Ein Hauptgericht für 4 Personen

Pilzfüllung:
1 Zwiebel, fein gehackt
1 Knoblauchzehe, gepresst
400 g Champignons, fein gewürfelt
Butter zum Andünsten
1,5 dl trockener Weisswein
1 EL Thymianblättchen
1 Bund Petersilie, fein gehackt
Salz, Pfeffer aus der Mühle

4 Camemberts Suisse à 125 g

Sauce:
6 EL Rapsöl
3 EL Weissweinessig
½ TL scharfer Senf
Salz, Pfeffer

1 Kopf Eichblattsalat, gerüstet
ca. 100 g blaue Weintrauben, halbiert, entkernt

Swiss Coupe

Ein Dessert für 4 Personen

Für 4 Coupegläser à 2 dl

Mascarpone-Creme:
250 g Mascarpone Suisse
4 EL Zucker
1 Vanillestängel, Mark
1 dl Birnen- oder Apfelsaft
1,8 dl Halbrahm, steif geschlagen

500 g rote Johannisbeeren, abgezupft

Johannisbeeren zum Garnieren

1. Für die Creme Mascarpone, Zucker, Vanillemark und Birnensaft mischen, den Halbrahm unterheben.

2. Die Johannisbeeren abwechselnd mit Mascarpone-Creme schichtweise in die Coupegläser füllen und garnieren. Bis zum Servieren kalt stellen.

237 Käse

Getreide & Brot

O weites Land des Sommers und der Winde,
Der reinen Wolken, die dem Wind sich bieten.
Wo goldener Weizen reift und die Gebinde
Des gelben Roggens trocknen in den Mieten.

(Heym: Ausgewählte Gedichte)

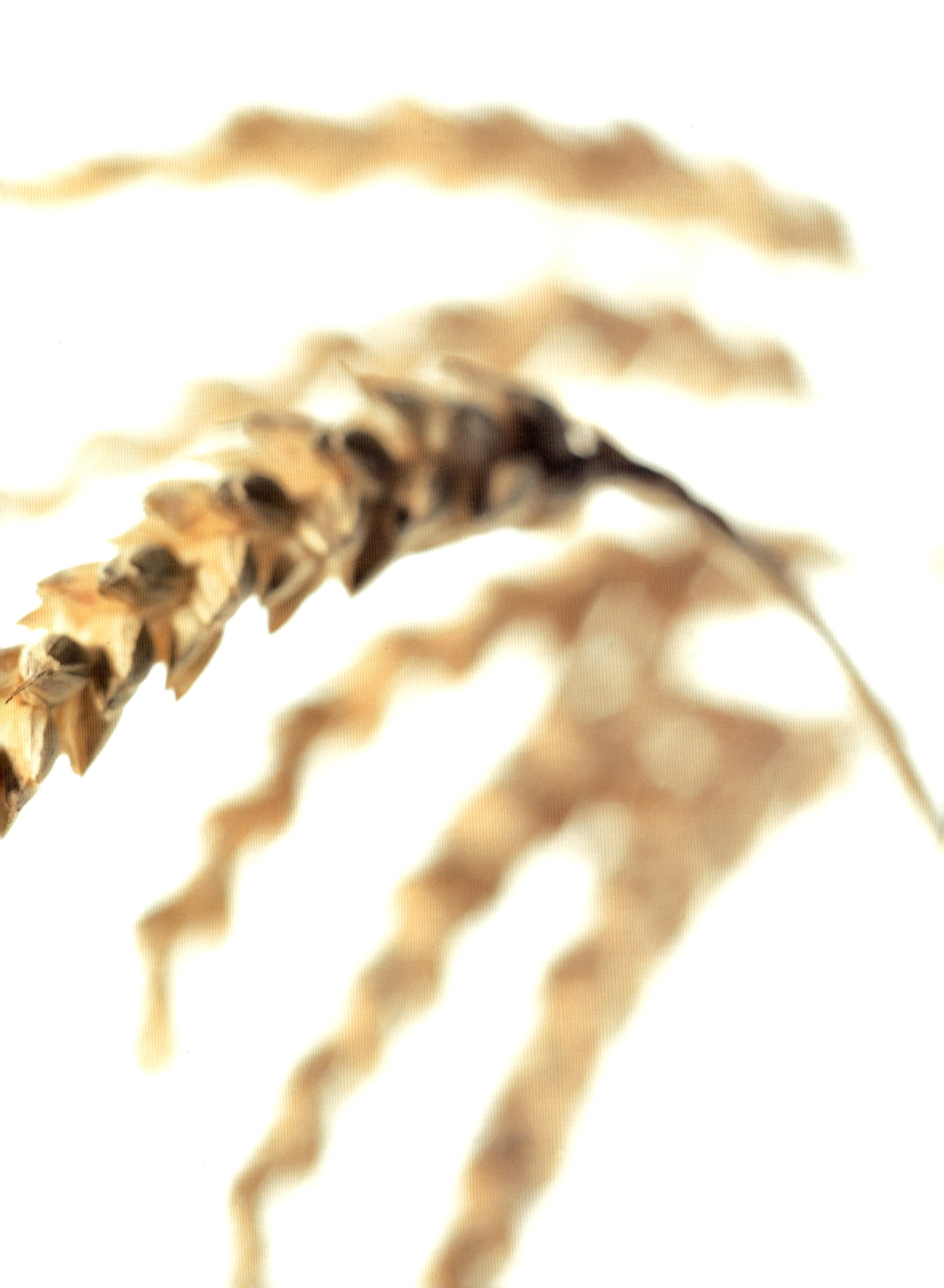

240 Getreide & Brot

Dinkel, der Aufsteller für Körper und Gemüt

Dort, wo einst Gotthelfs schwarze Spinne ihre Netze spann und Ueli der Knecht zum Pächter wurde, wächst ein Grossteil des Ur-Dinkels: Das Emmental ist eines seiner wichtigsten angestammten Anbaugebiete der Schweiz. Denn wegen seiner Höhenlage ist es für den Weizenanbau weniger geeignet.

Es ist August. Zwischen Affoltern und Langnau im Berner Napfgebiet präsentiert sich das hügelige Emmental von seiner schönsten Seite. Kleine Waldabschnitte, ausgedehnte Weiden und weite Felder. Und immer wieder mal ein malerisches Berner Bauernhaus. Leise wiegen sich die langen Ähren des Dinkels in einem leichten Lüftchen des ansonsten beinahe unerträglich heissen Sommertags. Nichts kann diese Idylle stören – ausser ein leises Schnurren, das an diesem Tag überall von dort zu hören ist, wo die Felder, von der Sonne ausgebrannt, strohfarben leuchten: Seit einigen Tagen hat es nicht mehr geregnet, und heute ist der Dinkel so trocken, dass die Mähdrescher schleunigst ihre Arbeit in Angriff nehmen – wer weiss, wann das nächste Gewitter kommt. «Es sind dies meist Lohnunternehmer, die für mehrere Bauern zusammen die Felder mähen», erklärt Bauer Steffen aus Sumiswald.

Mischwirtschaft ist typisch für das Emmental

Die Familie Steffen baut seit 20 Jahren Dinkel an. Die Anbaufläche erstreckt sich über etwas mehr als eine Hektare. Die übrigen dreizehn Hektaren Land, die zum Hof mit Stall und Stöckli gehören, sind aufgeteilt in Gerste- und Maisfelder sowie Weide. Dinkel erfordert einen extensiven Anbau. Auf einem Feld kann der Dinkel alle vier, besser nur alle sechs Jahre angebaut werden. «Allein schon darum», erklärt Frau Steffen, «könnten wir vom Dinkelanbau nie leben. Den grössten Teil unserer Einnahmen erwirtschaften wir mit unseren zwanzig Milchkühen.»

Familie Friedli aus Affoltern im Emmental geht es nicht anders. Auch sie baut zusätzlich zum Dinkel Mais und Gerste an und lebt hauptsächlich von der Milchwirtschaft. «Daneben unterhalten wir noch ein wenig Schweinemast – für uns Emmentaler Bauern ist Mischwirtschaft Tradition», berichtet Bauer Friedli, dessen Sohn nun die vierte Generation des 1901 erstandenen Hofs verkörpert.

< Die Beissprobe: Dinkel muss zum genau richtigen Zeitpunkt geschnitten werden.
> Das Berner Napfgebiet: ideales Dinkelland.

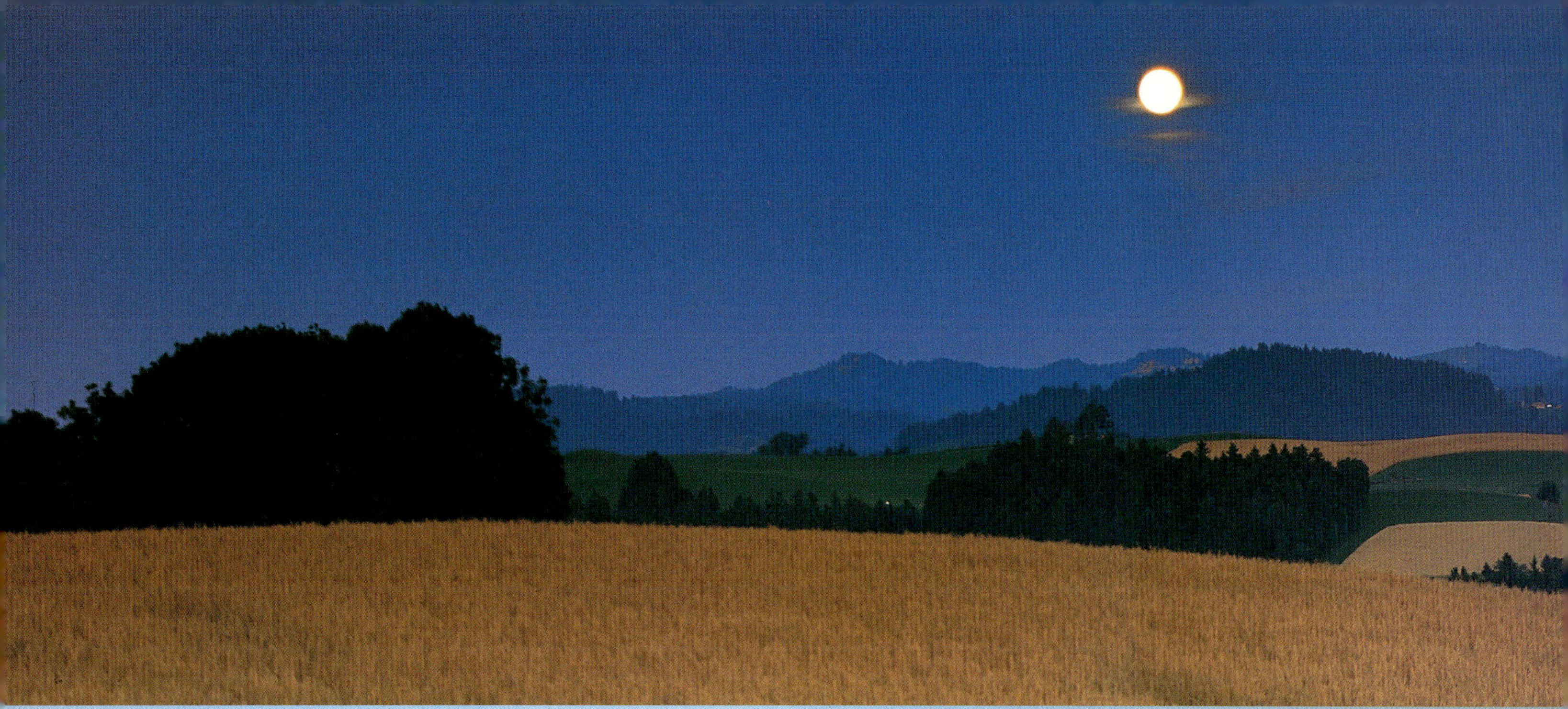
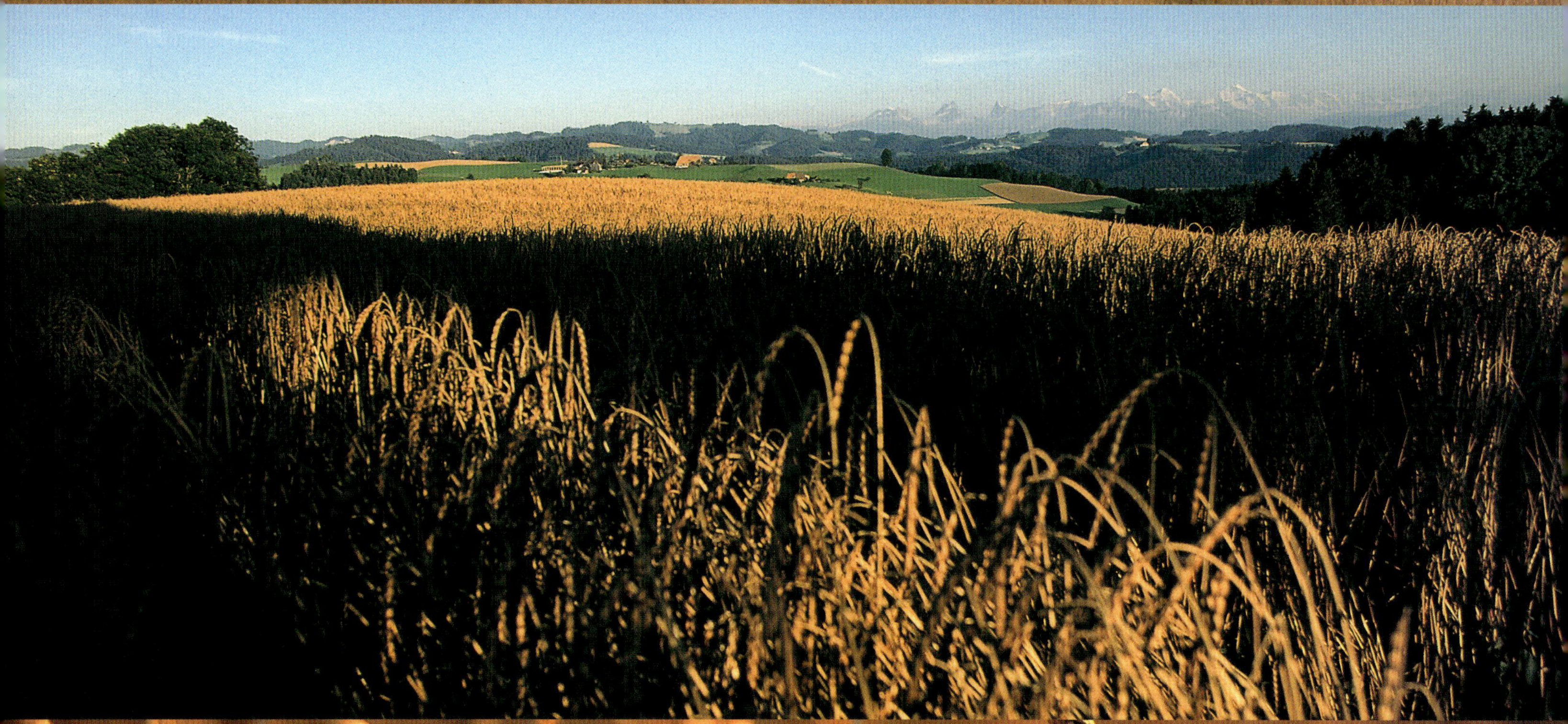
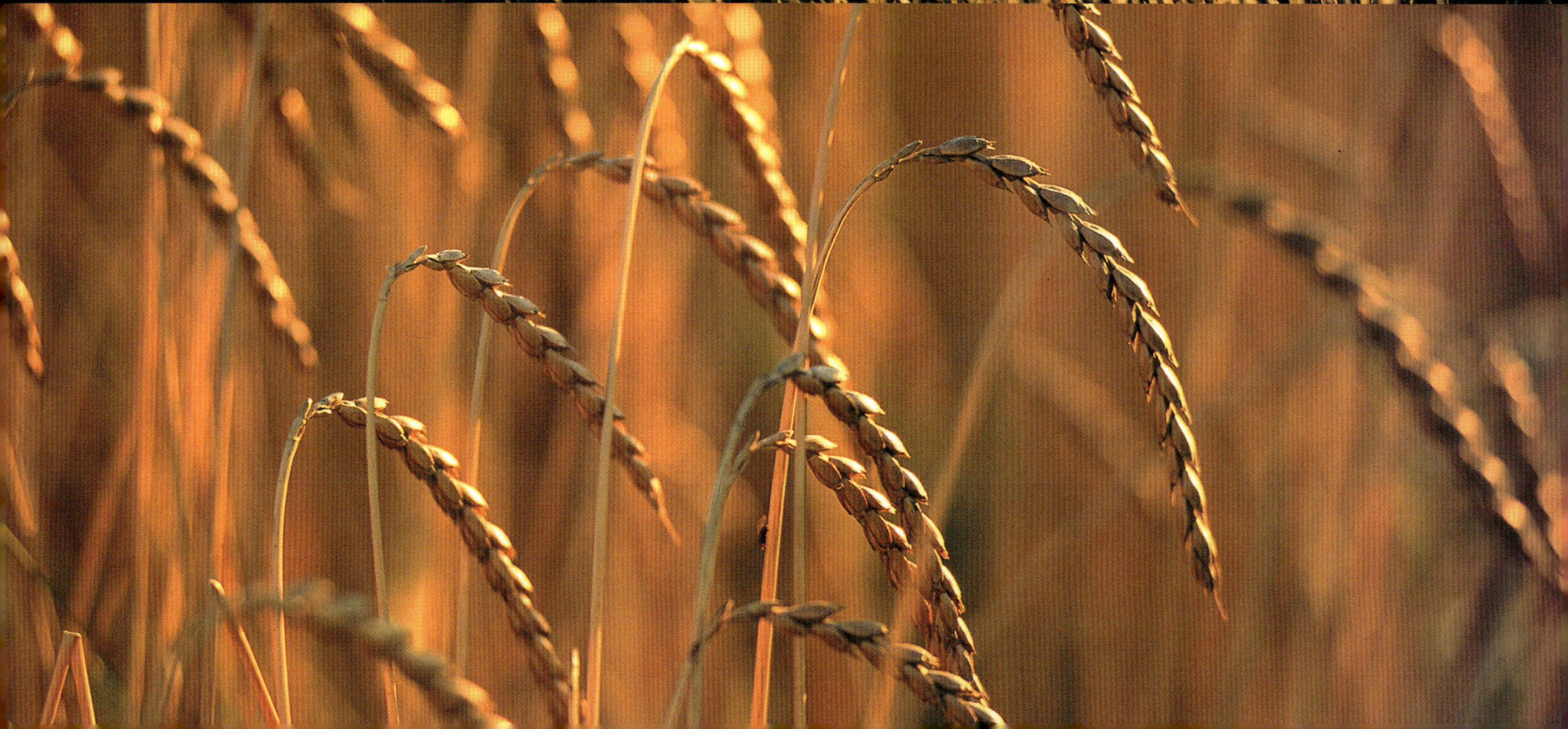

242 Getreide & Brot

Gestern vom Weizen verdrängt, heute wieder anerkannt

Dinkel ist eine Kreuzung aus den Getreiden Emmer und Zwergweizen und stammt aus der Jungsteinzeit. Seiner langen Halme wegen steht die Ähre weit über dem Boden, und das schützt sie vor Pilzerkrankungen. Die Länge birgt jedoch die Gefahr, dass die Ähre abknickt oder der ganze Halm umkippt – zum Beispiel nach kräftigen Gewittern. Dinkel kann vom Bauern nicht beliebig gedüngt werden, denn Düngung lässt die Halme noch höher wachsen. Als eigentliches Ökogetreide wird Dinkel aber auch deshalb bezeichnet, weil er wenig Pflanzenschutzmittel braucht und weil die für den Dinkel charakteristischen Spelzen, welche die Körner fest umschliessen, die Schale des Korns vor Schadstoffen schützen.

Als robuste Pflanze hat Dinkel keine Probleme mit hohen Lagen und feuchtkühlen Klimaverhältnissen. Das machte ihn bei der Besiedlung der höheren Gebiete des Alpenraums zu einer wichtigen Brotpflanze: Im 13. und 14. Jahrhundert wurden bisher unbewohnte Alpentäler besiedelt, denn im Mittelland wurde es der ständig wachsenden Bevölkerung zu eng. Dinkel konnte bis 1000 Meter über Meer angebaut werden. Daneben hielt man Ziegen und Schafe. Doch dann verschlechterte sich das Klima ganz rapide und die Bergbauern erschlossen sich eine lohnendere Erwerbsquelle: die Weidewirtschaft samt Hartkäseproduktion.

Dinkel wurde aber nicht nur aus geografisch-klimatischen, sondern auch aus marktwirtschaftlichen Gründen durch den Weizenanbau immer mehr verdrängt. Durch Kreuzungen mit Weizen hat man zwar versucht, einerseits die Erträge, andererseits die Standfestigkeit zu verbessern, aber gefragt blieb vor allem der ursprüngliche Dinkel. Und das sind die Sorten Oberkulmer und Ostro, die in den angestammten Gegenden, den Hügelgebieten der Kantone Bern, Luzern und Aargau, angebaut werden.

< **Mähdrescher auf Hochtouren:**
Wer weiss, wann das nächste Sommergewitter kommt.
> **Dinkelbrot – im Holzofen immer noch am besten.**

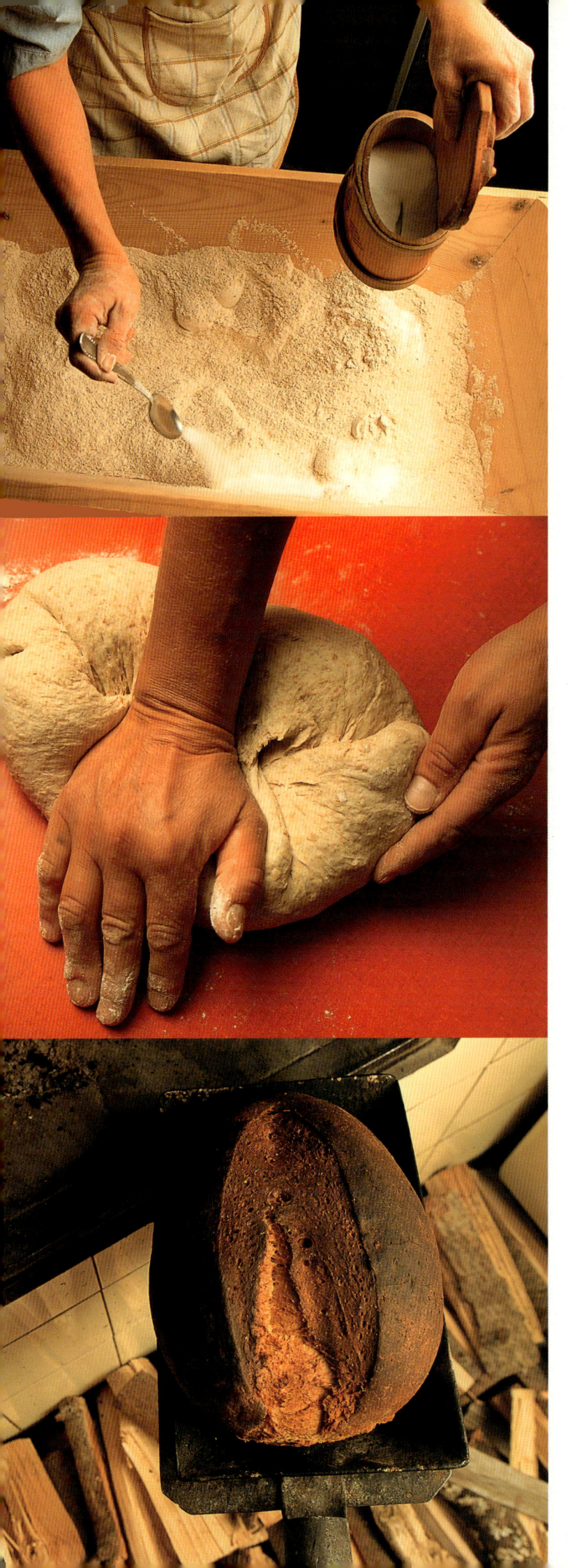

Ist gesund und macht fröhlich

Dinkel ist sehr gesund. Sein Zellulosegehalt liegt bei 8,8 Prozent. Punkto Eiweissgehalt steht Dinkel an der Spitze aller Getreide. Die Proteine und Vitamine sitzen nicht nur in der Kornschale, sondern sind ebenso in den Mehlkörper eingebunden. Doch Dinkel macht fröhlich: Sein grosser Gehalt an Aminosäuren kurbelt die Produktion der gemütsaufhellenden Hormone Noradrenalin, Adrenalin und Serotonin an.

In der Interessengemeinschaft Dinkel haben sich Landwirte, die integriert produzieren, Vertreter aus der Müllereibranche und des Bäckerhandwerks zusammengeschlossen. Auf Vertragsbasis werden so Produktion, Verarbeitung und Vermarktung des so genannten Ur-Dinkels gesichert.

Korn ist nicht gleich Korn

Wenn die Bauern von Korn sprechen, bedeutet das nicht überall dasselbe:
Korn heisst im Kanton Graubünden und in Norwegen Gerste,
in Norddeutschland Roggen,
in Schottland Hafer,
in Nordamerika Mais,
in der Deutschschweiz Dinkel
und ansonsten Weizen.

Eine kleine Warenkunde

Neben sattem Grün prägen im Hochsommer goldene Getreidefelder das Landschaftsbild des Mittellands und der Waadt, den Kornkammern der Schweiz. Dort wird der grösste Teil unseres Getreides angebaut. Botanisch betrachtet, gehört das Getreide zur Familie der Gräser. Aus den Wildformen haben unsere Vorfahren während Tausenden von Jahren Getreidesorten gekreuzt, deren Samen sich zu Mehl vermahlen liessen. Heute züchten Wissenschaftler neue Sorten mit unterschiedlichen Eigenschaften wie Widerstandsfähigkeit, Ertrag, Mahl- und Backverhalten sowie Sorten, die sich für einen umweltfreundlichen Anbau eignen.

Dinkel

Sorten
Weizen: Die wichtigste Schweizer Getreideart. Nur Weichweizen zum Backen. Hartweizen für Teigwaren wird eingeführt.
Dinkel: Wird nur in kleinen Mengen angebaut, ist wenig ertragreich, aber robust, besonders für den Bio-Anbau geeignet.
Roggen: Erträgt rauheres Klima, auch in höheren Lagen.
Hafer: Die protein- und fettreichste Getreideart, enthält keinen Kleber und ist darum allein nicht backfähig.
Gerste: Wird am frühesten geerntet. Die stark haftende Spelzenschicht muss durch Polieren entfernt werden.
Mais: Benötigt zum Ausreifen ein warmes Klima.

Verwendung
Weizen: Mehl für Brot, Backwaren und zur Saucenbindung. Als Griess für Brei und Knöpfli. Ganze Körner in Müesli, Suppen, Vollkornbrot.
Dinkel: Für Brot, Lebkuchen, Biber und andere Backwaren, Knöpfli und Omeletten. Als Grünkern (milchweich geernteter und gedarrter Dinkel) für Suppen und in der Würzindustrie.
Roggen: Ganze Körner für Getreidemischungen. Als Mehl rein oder mit Weizen vermischt verbacken. Wird mit Sauerteig als Treibmittel verwendet.
Hafer: Für Müesli und kleine Zwischenmahlzeiten. Haferflocken für Suppen, Vegiburger, Gebäck. Bestandteil von Mehrkorn-Mehlmischungen.
Gerste: Für Gerstensuppe und Gerstensalat. Ausserdem Bestandteil von Mehrkornmischungen.
Mais: Als Mehl und Griess für Polenta und Maisbrot. Maiskolben als Gemüse. Ausserdem: Popcorn, Cornflakes.
Aber: Mais wie auch Hafer und Gerste werden in der Schweiz in erster Linie als Futtergetreide angebaut.

Nährwert
Grundsätzlich gilt, dass Nahrungsmittel aus Vollkorn reicher an Inhalts- und Nährstoffen sind als jene aus raffinierten Rohstoffen. Zudem sättigen sie schneller. Weil im Vollkorn noch der fetthaltige Keimling steckt, ist der Fettgehalt des Vollkornmehls höher als der des Weissmehls. Beachtenswert ist der hohe Gehalt an Eiweiss, Vitamin A, B und E, Mineralstoffen, Kalium und Phosphor sowie an sättigenden Kohlehydraten und verdauungsfördernden Nahrungsfasern. Das allein aus dem Mehlkörper stammende Weissmehl enthält mehr Kohlehydrate, ist dagegen weniger reich an Vitaminen, Mineralien und Nahrungsfasern.

Einkauf
Von Schrot oder Grütze spricht man, wenn das Korn lediglich zerquetscht wurde. Griess ist feiner als Schrot und wurde gemahlen. Und Dunst heisst ein Ausmahlgrad zwischen Griess und Mehl. Daraus werden Teigwaren hergestellt. Vollkornmehl enthält 98 %, Ruchmehl 80 %, Halbweissmehl 72 % und Weissmehl 20 % des ursprünglichen Korns.

Mais

245 Getreide & Brot

Gerste

Hafer

Roggen

Lagerung

Getreideprodukte und Getreide sollen kühl und gut verpackt aufbewahrt werden. Sie sind anfällig gegen Insekten und sollten deshalb regelmässig kontrolliert werden. Angebrochene Packungen sind am besten haltbar, wenn sie in gut verschliessbaren Plastik- oder Glasgefässen aufbewahrt werden. Vollkornprodukte verderben auf Grund ihres höheren Fettgehaltes schneller als raffinierte, deshalb ist auf das Verfalldatum zu achten.

Beim Brot ist Folgendes zu beachten: trocken, mit etwas Luftzutritt aufbewaren, Schnittflächen luftdicht abdecken. Im Originalpapier, keinesfalls in einem Plastiksack lagern wegen der Gefahr von Schimmelpilzbildung.

Tiefgekühltes Brot nur kurze Zeit in dichten Plastiksäcken lagern. Brot und Backwaren sollten zum Tiefkühlen nur zu etwa 80 % gebacken sein und erst vor dem Verzehr fertig gebacken werden.

Zubereitung

Ganze Körner oder Schrot über Nacht in kaltem Wasser einweichen; damit wird die Kochzeit wesentlich verkürzt. Eingeweichte Körner oder Schrot in den Brotteig kneten oder unters Frühstücksmüesli mischen.

Gekochte Körner zu Kernotto oder Getreidesalat weiterverarbeiten und mit frischen Körnern ergänzen. Mais oder Weizengriess zu Brei kochen und zu Schnitten oder Plätzli weiterverarbeiten. Getreidegerichte, mit Milchprodukten ergänzt, ergeben Mahlzeiten mit hochwertigem Eiweissgehalt und von hohem biologischem Wert.

Mit Vollkornmehl zubereitete Teige benötigen einen höheren Wasseranteil, da das Mehl wegen des grösseren Anteils an Ballaststoffen mehr Feuchtigkeit aufnehmen kann als Weissmehl. Trockene, harte Brotreste können sehr gut für Brotsuppe, Apfelrösti, Aufläufe oder Torta di Pane verwendet werden.

Weizen

Mehlsorten

246　Getreide & Brot

Gefüllte Mais-Focaccia

1. Hefe mit Zucker im lauwarmen Wasser auflösen. Mehl, Maisgriess und Salz in einer Schüssel mischen, in der Mitte eine Mulde formen und die Hefelösung hineingiessen, zugedeckt ca. 15 Minuten ruhen lassen.
2. Die geschmolzene Butter und den Rosmarin dazu geben und alles zu einem glatten Teig kneten. Zugedeckt auf das Doppelte aufgehen lassen.
3. Für die Füllung Zwiebeln in Butter andünsten, Maiskörner und Blattspinat zugeben, kurz mitdämpfen, mit Salz und Pfeffer abschmecken und zum Abtropfen in ein Sieb geben. Abkühlen lassen und den Käse untermischen.
4. Den Teig nochmals kräftig durchkneten, halbieren, zu zwei runden Brotlaiben formen und auf einer bemehlten Arbeitsfläche zu Teigkreisen von je 24 cm Durchmesser auswallen. Einen Teigkreis in die ausgebutterte Springform legen. Die Füllung darauf verteilen, dabei einen Rand von 1 cm frei lassen und mit etwas Wasser bestreichen. Den zweiten Teigkreis auflegen, den Rand gut andrücken, mit einem Finger in regelmässigen Abständen Vertiefungen hineindrücken. Mit Maisgriess bestreuen und weitere 15 Minuten gehen lassen.
5. Auf der untersten Rille des auf 200 °C vorgeheizten Ofens während 35–40 Minuten goldbraun backen.
6. Aus der Form nehmen, in Stücke schneiden und servieren.

♀ Ein Tessiner Merlot.

Apérogebäck für 8–12 oder Reiseproviant für 4 Personen

Für eine Springform von 24 cm ø
Butter für die Form
1 EL feiner Maisgriess zum Bestreuen

Hefeteig:
1 Hefewürfel, 42 g
1 TL Zucker
3 dl lauwarmes Wasser
400 g Mehl
100 g feiner Maisgriess
2 TL Salz
50 g Butter, geschmolzen, nicht heiss
1 EL Rosmarin, fein gehackt

Füllung:
1 rote Zwiebel, fein gehackt
Butter zum Andünsten
170 g Maiskörner, gekocht
100 g Blattspinat
Salz, Pfeffer aus der Mühle
150 g Ziegenfrischkäse, fein gewürfelt

Rustikales Partybrot

Zum Apéro oder als
Reiseproviant für 6 Personen

1 Bauernbrot, ca. 30 cm lang
und 400 g schwer
150 g Ochsenzunge, gekocht
125 g Cornichons, abgetropft
150 g grobe Leberwurst
150 g Rahmquark
1 Frühlingszwiebel, fein geschnitten
1 Rüebli, ca. 100 g, fein gewürfelt
1 EL Majoranblättchen, fein gehackt
1 TL Salz
1 TL Pfeffer aus der Mühle

1. Die Enden des Brotes abschneiden, Brot bis auf die Rinde aushöhlen und fein zerkrümeln.

2. Die Zunge in 5 mm grosse Würfel und die Cornichons in feine Scheiben schneiden.

3. Brotkrumen, Zunge, Cornichons, Leberwurst, Rahmquark, Frühlingszwiebeln, Rüebli, Majoran, Salz und Pfeffer in eine Schüssel geben und gut mischen.

4. Die Masse satt in das ausgehöhlte Brot füllen, die Enden wieder ansetzen und in Folie einschlagen. Im Kühlschrank ca. 2 Stunden kalt stellen.

5. Zum Servieren das Brot in Scheiben schneiden.

- Auf die gleiche Weise lässt sich auch ein rundes Toastbrot füllen.
- Zum Aushöhlen eignet sich der Stiel einer Holzkelle sehr gut.

♁ Süsser, naturtrüber Apfelsaft.

Panzanella

Ein leichtes Hauptgericht für 4 Personen

250 g Weissbrot mit Kruste, z. B. Baguette
1 Salatgurke
1 gelbe Peperoni
3 Schalotten, in feine Ringe geschnitten
300 g reife Cherry-Tomaten, halbiert
300 g Rohschinken, in dünne Scheiben geschnitten
50 g Kresse

Sauce:
3 Knoblauchzehen, gepresst
5 EL Apfelessig
1½ EL Honig
8 EL Rapsöl
4 EL Basilikum, fein gehackt
Salz, Pfeffer aus der Mühle

Basilikum zum Garnieren

1. Das Brot in 2 cm grosse Würfel schneiden. Die Salatgurke unregelmässig schälen, sodass die Hälfte der Schale als Streifen bleibt. Anschliessend der Länge nach halbieren und in dicke Scheiben schneiden. Die Peperoni entkernen und fein würfeln.

2. Für die Sauce alle Zutaten mischen und mit Salz und Pfeffer abschmecken.

3. Alle Salatzutaten bis auf Schinken und Kresse in einer Schüssel mischen und mit der Sauce anmachen. 5 Minuten ziehen lassen.

4. Den Schinken auf vier Tellern dekorativ auslegen und mit grobem Pfeffer bestreuen. Den Salat darauf anrichten, mit Kresse bestreuen und mit einem Basilikumzweig garnieren.

250 Getreide & Brot

Roter Dinkel-Risotto mit Rosmarin und karamellisierten Marroni

1. Den Dinkel über Nacht im Kühlschrank in Rotwein und Gemüsebouillon einweichen.
2. Knoblauch in Butter andünsten. Dinkel mit Flüssigkeit, Rosmarin und Lorbeer zugeben und auf kleinem Feuer 60–70 Minuten weich kochen.
3. Nach 50 Minuten die roten Zwiebelstreifen und Randensaft zufügen.
4. Das Lorbeerblatt entfernen, mit Salz, Pfeffer, wenig Honig abschmecken und die Butter darunter rühren.
5. Für die Marroni Zucker in einer kleinen Pfanne unter Rühren karamellisieren. Etwas Butter, Wasser und Marroni zufügen und bei kleiner Hitze zugedeckt ca. 15 Minuten garen.
6. Zum Servieren die Marroni unter den Risotto mischen.

- Im Dampfkochtopf verkürzt sich die Kochzeit des Dinkels auf 20 Minuten.

Ein Hauptgericht für 4 Personen

350 g Dinkel
4,5 dl Rotwein
2 dl Gemüsebouillon

2 Knoblauchzehen, gepresst
Butter zum Andünsten
1½ EL Rosmarinnadeln, fein gehackt
1 Lorbeerblatt
1 rote Zwiebel, in Streifen geschnitten
2,5 dl Randensaft
Salz, Pfeffer aus der Mühle
1 EL Honig
50 g Butter

Marroni:
1 EL Zucker
1 EL Butter
3 EL Wasser
200 g Marroni, geschält

Kirschroter Brotpudding

**Eine kleine Mahlzeit
oder ein Dessert für 4–6 Personen**

**Für eine Puddingform oder Schüssel
von ca. 1,5 l Inhalt**

**200 g Brot, ca. 2 Tage alt
1 kg Kirschen, entsteint
150 g Gelierzucker
1 Zitrone, abgeriebene Schale und 1 EL Saft
½ Zimtstange**

**Sauce:
200 g Crème fraîche
2 EL Pfefferminze, fein gehackt
2 EL Zucker**

Frische Kirschen zum Garnieren

1. Das Brot in 0,5 cm dicke Scheiben schneiden und die Form leicht überlappend damit auskleiden. Restliche Brotscheiben beiseite legen.

2. Die Kirschen mit Gelierzucker, Zitronensaft, Zitronenschale und Zimt auf kleinem Feuer unter Rühren weich kochen.

3. Die Kirschen in ein Sieb geben, Zimtstange entfernen und gut abtropfen lassen. Kirschsaft auffangen. 3 dl Saft abmessen und beiseite stellen.

4. Die Hälfte der Kirschen in die Form füllen, mit Brotscheiben bedecken. Die restlichen Kirschen und den Kirschsaft zugeben und mit einem Löffel andrücken.

5. Den Pudding mit einer Lage Brot abschliessen, mit Klarsichtfolie zudecken und mit zwei bis drei kleinen Tellern beschweren. Den Brotpudding abkühlen lassen und über Nacht kalt stellen.

6. Für die Sauce Crème fraîche mit Pfefferminze und Zucker verrühren.

7. Den Brotpudding auf eine Platte stürzen, mit frischen Kirschen garnieren und mit Sauce servieren.

253 Getreide & Brot

Obst & Beeren

Nun, manchmal ging Züseli beeren im Walde.
Erd-, Heidel-, Him- und Brombeeren fanden sich zur Genüge.

(Gotthelf: Barthli der Korber)

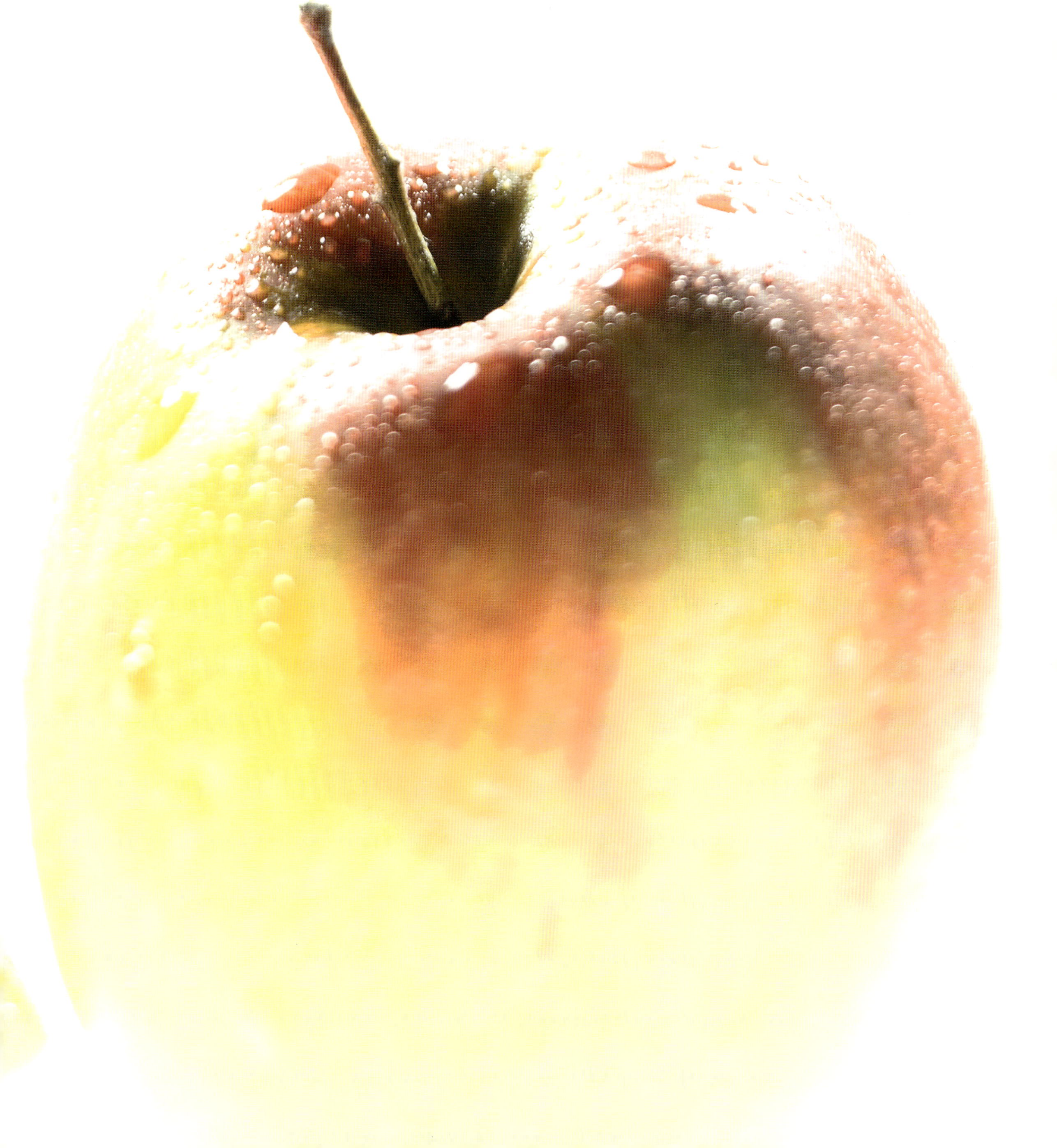

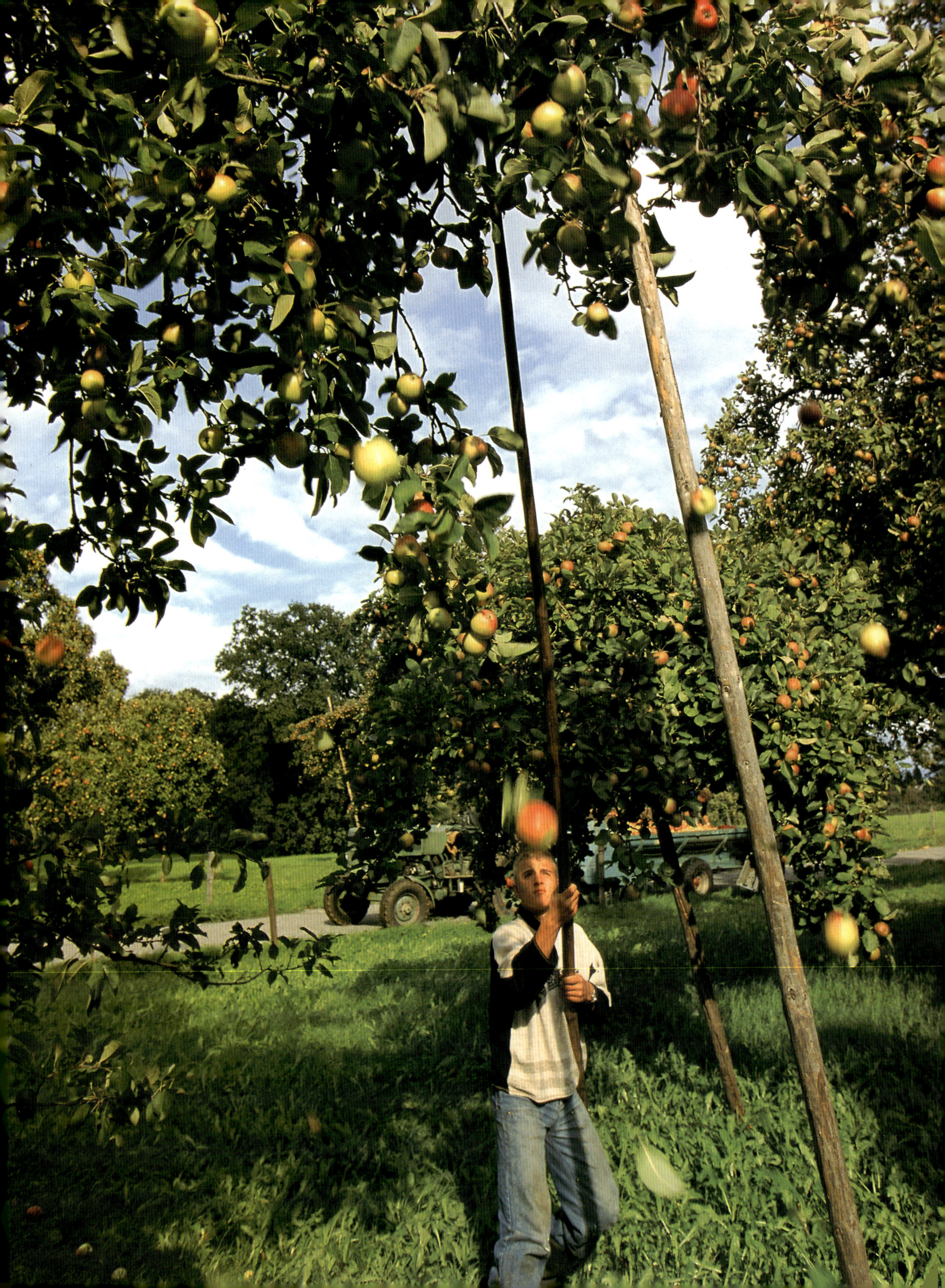

Voller Kraft mit Apfelsaft

Nirgends auf der Welt ist der Apfelsaft beliebter als in der Schweiz. Kommt dieser Erfolg des fabelhaften Saftes davon, dass die Schweizer Obstproduzenten und Verarbeiter bei der Safterstellung seit Jahrzehnten Pioniere sind? Oder ist seine Beliebtheit der Vielfalt der angebotenen Produkte zu verdanken? Apfelkernland ist der Thurgau, auch Mostindien genannt.

Äpfel wachsen im Thurgau auf zwei Arten. Erstens an hochstämmigen, frei und verstreut in der Landschaft stehenden Bäumen. Die Ernte aus diesem sogenannten Feldobstanbau wandert vom Bauern direkt in eine der Thurgauer Mostereien und wird dort zu Apfelsaft und Apfelwein verarbeitet. Zweitens reifen Äpfel in eigentlichen Obstplantagen, in Kulturen mit niederstämmigen Bäumen. Von dort stammt, was als Tafelobst auf den Markt kommt: die Äpfel in Reichweite, Stück für Stück von Hand gepflückt und sorgfältig in Kistchen verpackt. Nur was nicht den höchsten Ansprüchen genügt, endet ebenfalls in der Mosterei.

Früher hatte jedes Dorf im Thurgau seine eigene Mosttrotte. Heute konzentriert sich das Geschehen auf wenige, strategisch günstig gelegene Orte, in Bischofszell, Egnach und Arbon zum Beispiel. Mosten im grossen Stil ist eine aufwändige Angelegenheit, die viel Erfahrung verlangt wie auch das Wissen um neueste Entwicklungen. Die Lehrlinge, die den Beruf des Getränke-Technologen erlernen, geniessen ihre Grundausbildung gemeinsam mit den Weinmachern an der Fachhochschule in Wädenswil.

Was das Mosten mit dem Weinmachen gemeinsam hat, ist, dass nur während einiger weniger Wochen im Jahr Hochbetrieb herrscht, nämlich wenn die Ernte eingefahren und verarbeitet, also den Früchten der Saft abgewonnen wird. Zu dieser Zeit fällt Trester an – ein Fruchtkuchen, in dem alles steckt, was sich nicht verflüssigen lässt. Der Apfeltrester ist ein hochwertiges Viehfutter. Ein kleiner Teil wird gerade so feucht, wie er aus der Presse kommt, verfüttert. Der grössere Teil aber wird getrocknet und in Futtermischungen verarbeitet.

Apfelernte: Tafelobst wird von Hand gepflückt, Mostobst wird geschüttelt.

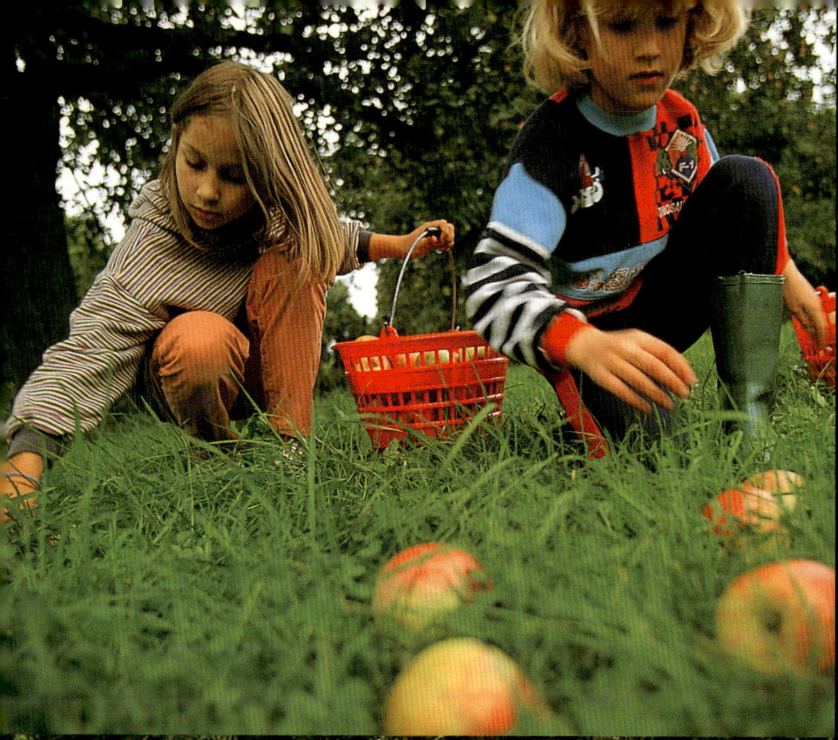
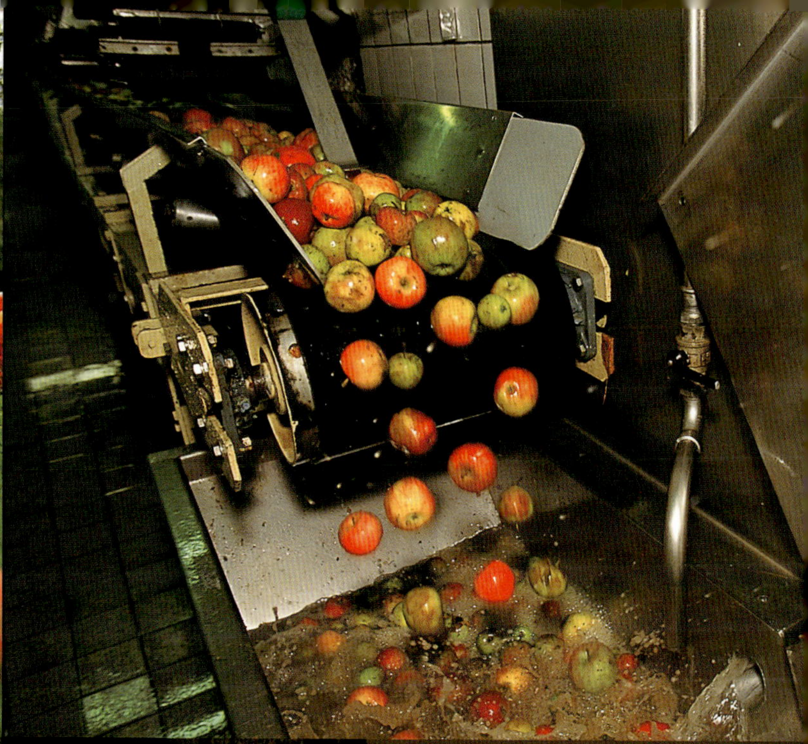
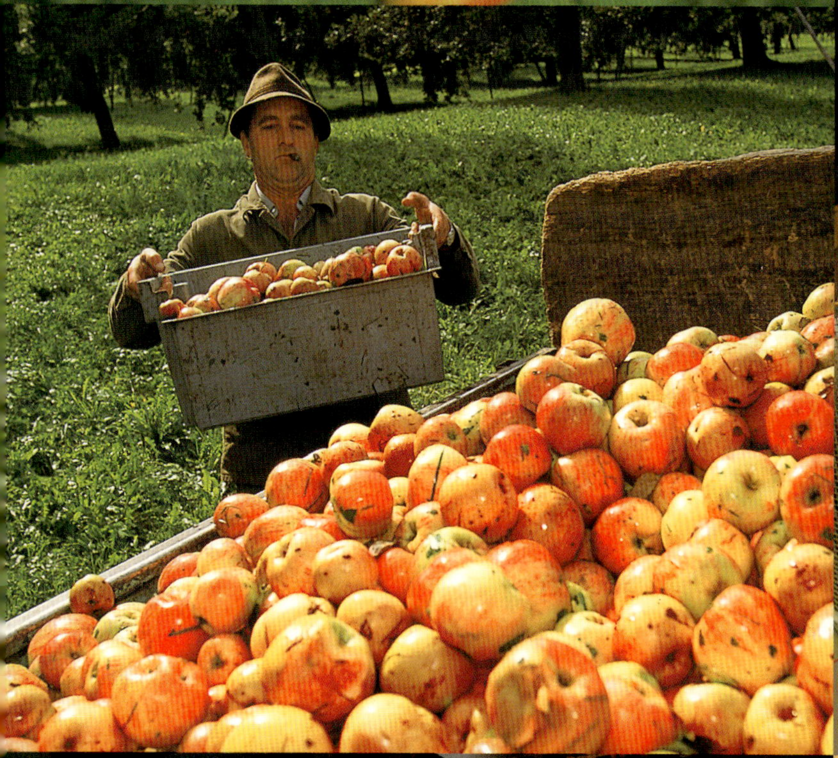
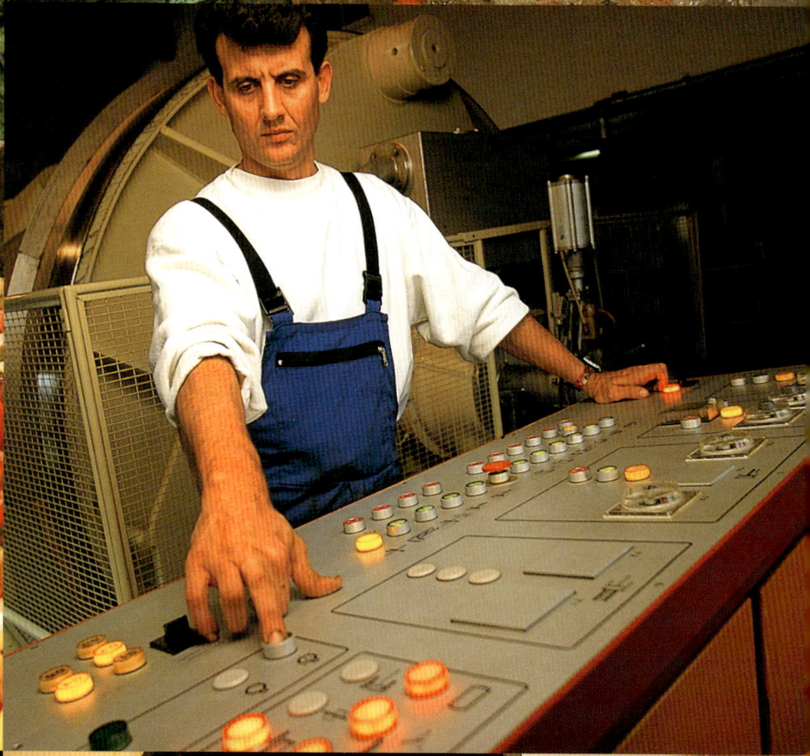
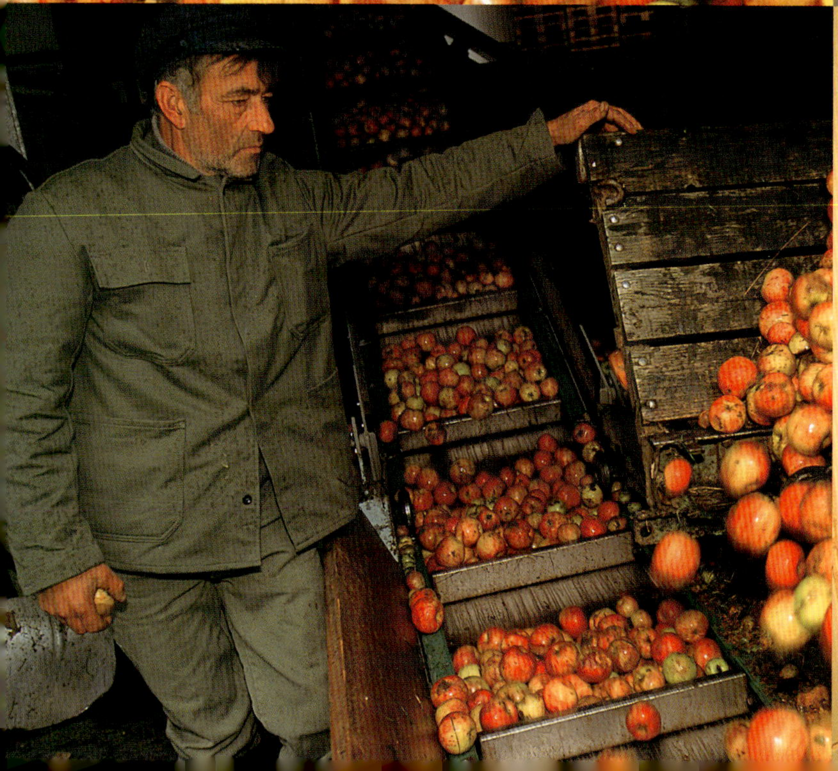
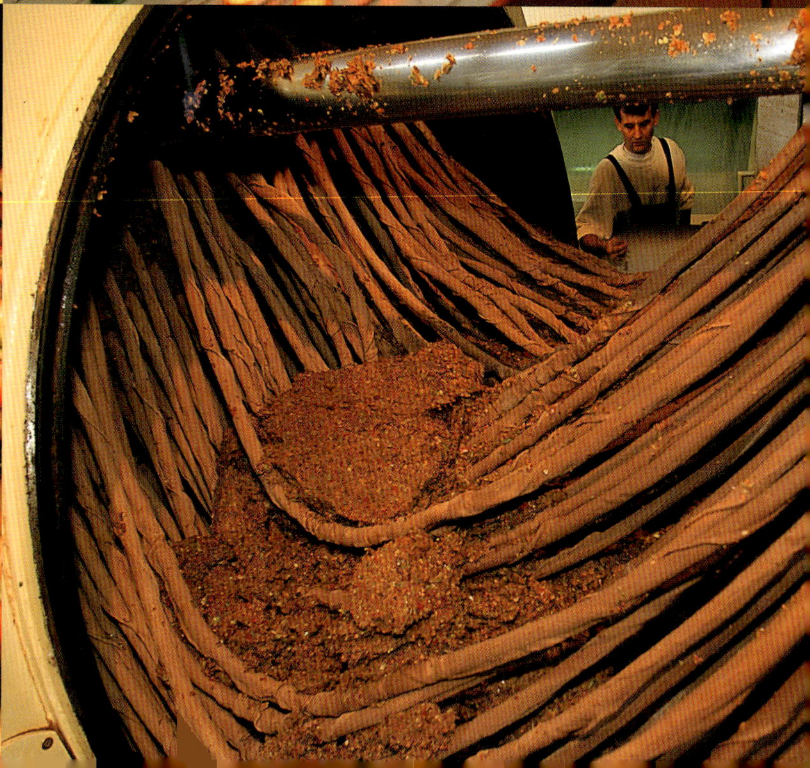

Und noch etwas ist wie beim Weinmachen: Es gibt Trauben- beziehungsweise Apfelsorten, die sich zum Essen, andere, die sich zum Vermosten eignen. Einen knackigsaftigen Golden Delicious zum Beispiel sucht man auf der Liste der Saft-Favoriten vergebens, denn die müssen eine gewisse Säure mitbringen: Surgrauech, Leuenapfel, Tobiässler, Blauacher, Heimendorfer, Schneiderapfel, Boskoop, Bohnapfel. Der einst weit verbreitete Thurgauer Weinapfel allerdings verliert an Boden. Und wenn schon von Apfelsorten die Rede ist, müssen auch die Birnen erwähnt werden: sie sind beim Apfelsaft immer mit gemeint, denn sie dürfen zehn Prozent des Volumens ausmachen. Das ist auch gut so, denn sie tragen mit ihrer Süsse viel zum typischen Geschmack der Schweizer Apfelsaft-Produkte bei.

Es ist das Spiel von Süsse und Säure, das den Reiz ausmacht. Darum wird dem Apfelwein vor dem Abfüllen etwas Apfelsaft zugesetzt, was zudem die Alkoholprozente in bekömmlichen Grenzen hält. Der Brauch, den Apfelwein mit Apfelsaft zu mischen, wird übrigens auch noch dort praktiziert, wo in Landbeizen eigengekelterter «Saft» – so die Thurgauer Bezeichnung – ausgeschenkt wird. Bestellt wird er von einheimischen Connaisseurs als «Ghüratete».

Apfelsaft und Apfelwein das ganze Jahr
Um das ganze Jahr Most herstellen zu können und darüber hinaus einen gewissen Vorrat für Jahre mit geringeren Ernten anzulegen, wird der im Herbst gepresste Saft nur zu einem Teil direkt weiterverarbeitet. Länger lagern kann man den frischen Saft, ohne dass er Schaden nimmt, nur in Drucktanks. Darum wird der grosse Rest quasi in seine Bestandteile zerlegt. Da wird zuerst mittels Kondensation ein glasklares, umwerfend starkes Apfelaroma herausdestilliert, was ziemlich aufwändig ist, weil die Geruchs- und Geschmackskomponenten nur einige Promille des Dampfes ausmachen. Der verbleibende Saft wird dann unter Vakuum auf ein Siebtel seines Umfangs gebracht. Das Ergebnis ist ein sirupartiges Konzentrat, das weniger Platz in den Lagertanks beansprucht.

Handarbeit, Mechanik, Elektronik:
Auf dem Weg vom Apfel zum Saft werden alle Mittel eingesetzt.

Bei entsprechender Nachfrage kann aus dem Aroma und dem Konzentrat unter Beigabe der entsprechenden Menge Wasser wieder Apfelsaft hergestellt werden. Ganz gleich, ob frisch oder wieder hergestellt: Apfelsaft ist die Basis für verschiedene Mosttypen, z. B. Apfelsaft und Apfelwein, sowohl naturtrüb als auch klar. Daneben stellt jede Mosterei noch Spezialitäten her: unter anderem Cider mit Holunderblüten-Zusatz und den nach Champagnerart flaschenvergorenen Apfelsekt in edler Flasche und mit verdrahtetem Naturkorken. Dieses Getränk «Chlöpfmost» zu nennen, ist fast eine Beleidigung, zeigt aber, wie beliebt er ist.

Alles stammt aus der Natur
Eine andere Spezialität ist «Saft vom Fass», den fast alle Apfelwein-Hersteller anbieten. Der naturtrüb belassene Saft reift einige Wochen, bevor er auf Ballons, Fässer oder in die in den letzten Jahren immer beliebter gewordenen Flaschen mit dem nostalgischen Bügelverschluss abgefüllt wird.

Bei der Apfelweinproduktion fällt während des zweiwöchigen Gärprozesses reichlich Kohlensäure an, die normalerweise entweichen würde. In diesem Fall aber wird sie eingefangen, gelagert und bei Bedarf den klaren Apfelsäften zugesetzt. Denn bei denen ist ein leichtes Sprudeln ja erwünscht. So stammt denn alles, was einen Apfelwein oder Apfelsaft ausmacht, aus der Natur.

Einige der Obstlieferanten sind Bauern, die ihren Hof nach den «Bio-Suisse»-Richtlinien bewirtschaften. Ganz klar, dass deren Bio-Obst getrennt zu Bio-Apfelsaft und neuerdings auch zu Bio-Apfelwein, aber nicht zu Konzentrat verarbeitet wird, und zwar in Knospen-Qualität.

Es gibt immer noch einige hundert Mostobstsorten, die zum Teil Seltenheitswert haben. Diese Vielfalt gilt es zu erhalten. Zwar gibt es für ausgesprochene Liebhaber noch getrennt vermostete Sorten, doch im Allgemeinen hat sich heute die Überzeugung durchgesetzt, dass Apfelsaft und Apelwein umso besser werden, je mehr Apfelsorten darin vertreten sind.

> **Auf allen Verarbeitungsstufen wird die Qualität überwacht, wird getestet und analysiert.**

Pasteur, Müller-Thurgau, Böhi: Wegbereiter der Apfelsaftproduktion

Basierend auf den Erkenntnissen Louis Pasteurs (1822–1895), konnte Hermann Müller-Thurgau (1850–1927) nachweisen, dass es genügt, frisch abgepressten Apfelsaft kurz auf 70° Celsius zu erhitzen, um die darin enthaltenen Hefepilze abzutöten und so eine Gärung, also die Umwandlung von Zucker in Alkohol, zu verhindern. Damit wurde die Produktion alkoholfreien Apfelsaftes möglich.

Ein anderer Thurgauer, A. Böhi (1884–1925), entdeckte eine zweite Möglichkeit, Apfelsaft vor Gärung zu schützen: durch Einpressen von Kohlensäure.

Es sind nicht alles Äpfel und Birnen

Schweizer Obstkulturen bedecken eine Fläche von 730 000 Aren. 510 000 davon sind Äpfel, weitere 103 000 Birnen. Dann folgen 52 000 Aren Aprikosen, 43 000 Aren Kirschen, 17 000 Pflaumen und Zwetschgen, 1800 Pfirsiche und genau gleich viele Kiwis*.

Bei den einheimischen Beeren stehen die Erdbeeren weitaus an der Spitze. Ihre Anbaufläche beträgt 45 000 Aren, gefolgt von Himbeeren mit 11 000, Brombeeren mit 3500 und Johannisbeeren mit 3000 Aren.

* Kiwis sind nicht die einzigen Exoten, die sich bei uns eine neue Heimat suchen. Im Augenblick laufen erste Versuche mit Mangos in der Schweiz.

> **Ein klarer Fall von Schweizer Qualität.**

Eine kleine Warenkunde

Die Schweiz ist das Obstland par excellence. Dank unterschiedlicher klimatischer Verhältnisse ist das Angebot an einheimischen Früchten sehr reichhaltig. Durch Kreuzungen und Neuzüchtungen sind immer wieder neue, aromatischere Obstarten mit besseren Eigenschaften erhältlich. Doch Beeren und Obst schmecken nicht nur herrlich, sie tragen auch wesentlich zu einer ausgewogenen Ernährung bei. Kein Wunder also, dass in der Schweiz pro Person und Jahr über 100 kg Früchte konsumiert werden.

1 Johannisbeeren **2** Stachelbeeren **3** Heidelbeeren
4 Himbeeren **5** Brombeeren **6** Erdbeeren **7** Holunder

Sorten (ohne exotische Früchte und Nüsse)
Beeren: Brombeeren, Erdbeeren, Heidelbeeren, Himbeeren, Holunder, Johannisbeeren, Stachelbeeren, Trauben
Kernobst: Äpfel, Birnen, Quitten
Steinobst: Aprikosen, Kirschen, Pfirsiche, Nektarinen, Pflaumen, Zwetschgen
Südfrüchte (Anbau nur in milden Lagen): Feigen, Kaki, Kiwis

Verwendung
Obst und Beeren können in der Küche sehr vielseitig eingesetzt werden. In ihrer natürlichen Form, roh und unverarbeitet, sind Früchte als Zwischenmahlzeit sehr bekömmlich, zudem als fruchtige Desserts, schmackhafte Hauptgerichte oder als Beilage zubereitet, sehr beliebt. Nicht zu vergessen die Fruchtsäfte. Ohne Konservierungsmittel und Beigabe von Zucker werden Äpfel, Birnen und Trauben zu erfrischenden Getränken verarbeitet.

Nährwert
Obst schmeckt am besten und ist am gesündesten, wenn es voll ausgereift geerntet wird. Beachtenswert ist der hohe Gehalt an Vitamin B und C, Mineralstoffen wie Kalium, Kalzium, Eisen, Magnesium, Natrium sowie Ballaststoffen, die sättigen und die Verdauung anregen; ausserdem Fruchtzucker (Kohlenhydrate) und Fruchtsäure. Der hohe Wassergehalt von 80–90 % bewirkt tiefe kJ/kcal-Werte. Der Vitamin- und Mineralstoffgehalt ist abhängig von der Frische, vom Reifegrad, von der Zubereitungsart und von der Obstsorte.

Einkauf
Das Angebot an einheimischen Früchten beginnt Ende Mai mit den Erdbeeren. Es folgen die Himbeeren, Kirschen, Brombeeren, Johannisbeeren, und bereits im August sind Zwetschgen erhältlich sowie die ersten Sommeräpfel. Mit dem lagerfähigen Kernobst, welches das ganze Jahr erhältlich ist, wird die Palette des Schweizer Obstes abgerundet. Es gilt, diese Saisonangebote zu nutzen. Denn Früchte aus der Gegend kommen in ausgereiftem, zum Verzehr bereiten Zustand auf den Markt.

263 Obst & Beeren

1 Gala **2** Boskoop **3** Maigold
4 Quitten **5** Conférence **6** Williams-Birnen **7** Gute Luise

1 Kirschen **2** Aprikosen **3** Mirabellen **4** Nektarinen
5 Reineclaude **6** Pflaumen **7** Pfirsiche **8** Zwetschgen

Tafelobst ist in drei Qualitätsklassen erhältlich
Klasse Extra: Hochwertiges Obst bezüglich innerem und äusserem Wert, in absolut ausgeglichener Qualität und Aussehen.
Klasse I: Vollwertiges, gepflegtes Obst bezüglich innerem und äusserem Wert, einzelne Fehler zulässig.
Klasse II: Entspricht im inneren Wert einwandfreien Tafelfrüchten, die aber nicht den Anforderungen bezüglich Grösse und Hautbeschaffenheit der Klasse I genügen.

Lagerung
Beeren sind nur kurz und kühl haltbar. Steinfrüchte sind einige Tage in der Kühle lagerfähig. Äpfel halten sich in kühlen, feuchten Räumen sehr lange. In speziellen, für Lebensmittel geeigneten Plastiksäcken oder Styroporboxen können Äpfel über längere Zeit auch in trockenen Räumen aufbewahrt werden. Die Einlagerung lohnt sich aber nur bei optimalen Bedingungen, mit den geeigneten Lagersorten. Obstüberschüsse können gut konserviert, das heisst, tiefgekühlt, heiss eingefüllt, sterilisiert, gedörrt, zu Saft verarbeitet, oder mit Zucker eingekocht werden.

Zubereitung
Am besten roh geniessen. Unzerkleinert gründlich waschen. Wie beim Gemüse zerstören langes Kochen, Zerkleinern, zu langes Liegen im Wasser und grosse Hitze Vitamine und Mineralstoffe. Angeschnittenes Obst nie offen liegen lassen: Luftzutritt zerstört Vitamine. Bei der Zubereitung von Obstgerichten ist die Zugabe von Zitronensaft empfehlenswert. So wird das Braunwerden verhindert.

Birnenkissen mit Käsefüllung

**Eine Vorspeise
oder ein Snack für 4 Personen**

**2 Birnen, à ca. 160 g
1 dl Weisswein**

**Füllung:
150 g Nidelchäs, gewürfelt
4 EL Kerbel, gehackt
4 TL Birnendicksaft oder Honig
schwarzer Pfeffer aus der Mühle**

**1 rechteckig ausgewallter
Butterblätterteig (45 × 25 cm)
1 Eigelb**

**Birnendicksaft und Quarkblätterteig
siehe «Küchenlatein», Seite 281**

1. Die Birnen schälen, halbieren und Kerngehäuse entfernen. Birnenhälften in eine kleine Pfanne geben, mit Weisswein begiessen und mit Wasser auffüllen, bis sie bedeckt sind. Aufkochen und bei geringer Hitze weich köcheln. Aus dem Sud nehmen, abkühlen lassen.
2. Alle Zutaten für die Füllung mischen.
3. Den Blätterteig in vier gleiche Streifen (ca. 11 × 25 cm) schneiden, die Ränder mit Eigelb bestreichen.
4. Füllung auf der einen Hälfte verteilen, Teig umklappen und Ränder mit einer Gabel gut andrücken.
5. Die Teigkissen mit Eigelb bepinseln, mit einer Gabel einstechen, mit Birnenhälften belegen und 20 Minuten kalt stellen.
6. In der Mitte des auf 200 °C vorgeheizten Ofens 10–15 Minuten backen. Heiss servieren.

- Der Butterblätterteig kann durch Quarkblätterteig ersetzt werden.

265 Obst & Beeren

266 Obst & Beeren

Apfel-Kartoffel-Salat

1. Kartoffeln in der Schale weich kochen, schälen und in Scheiben schneiden.
2. Bouillon mit Essig und Senf aufkochen, über die Kartoffeln giessen und ziehen lassen.
3. Zucker, Wasser und Zitronensaft aufkochen und die Apfelschnitze darin knapp weich kochen.
4. Für die Sauce Quark, Salz, Pfeffer, Minze und Zitronensaft zusammen verrühren.
5. Salatblätter auf eine Platte geben, die Kartoffeln und die Apfelschnitze darauf verteilen, mit der Quarksauce überziehen und mit Minze garnieren.

- Die Äpfel können auch roh in den Salat gemischt werden. Schmeckt so oder so sehr gut zu grillierten Würsten.

♀ Apfelmost

Eine kleine Mahlzeit für 4 Personen

500 g Kartoffeln

1 dl Bouillon
2 EL Apfelessig
1 TL Senf

2 mittelgrosse Äpfel, fest kochend, rotschalig, in Schnitze geschnitten
2 EL Zucker
1 dl Wasser
½ Zitrone, Saft

Sauce:
200 g Rahmquark
Salz, Pfeffer aus der Mühle
1 Stängel Minze, Blättchen in feine Streifen geschnitten
1 Zitrone, Saft

einige Kopfsalatblätter
Apfelschnitzchen und
Minzeblättchen zum Garnieren

Schweinsragout in Apfelsauce

Ein Hauptgericht für 4 Personen

4 kleine rote Äpfel mit Stiel, ca. 450 g,
z. B. Jonathan, Berner Rosen
6 dl saurer Apfelmost
800 g Schweinsragout
½ TL Salz, Pfeffer aus der Mühle
Bratbutter oder Bratcreme zum Anbraten
300 g Zwiebeln, fein gehackt
6 Gewürznelken
2 Lorbeerblätter
1 EL frische Majoranblättchen, fein gehackt
Butter zum sanft Braten

Majoran zum Garnieren

1. Die Äpfel in 1 cm dicke Scheiben schneiden. Davon jeweils die mittlere Scheibe mit Kerngehäuse und Stiel in 2 dl Most einlegen, zudecken und beiseite stellen. Die restlichen Apfelscheiben klein würfeln.
2. Das Schweinefleisch mit Salz und Pfeffer würzen. In Bratbutter rundum kräftig anbraten, Zwiebeln und Apfelstückchen zufügen, unter Wenden mitbraten, bis alles eine schöne braune Farbe hat.
3. Mit dem restlichen Most ablöschen, Gewürznelken und Lorbeerblätter zufügen, aufkochen, zudecken und während 90 Minuten schmoren.
4. Das Fleisch aus der Sauce nehmen. Lorbeerblätter und Nelken entfernen. Sauce sehr fein pürieren und durch ein Sieb streichen. Mit Salz, Pfeffer und gehacktem Majoran würzen. Fleisch zurück in die Sauce geben, nochmals kurz wärmen.
5. Für die Garnitur die eingelegten Apfelscheiben mit Küchenpapier trocken tupfen und in Butter sanft braten, mit Majoranblättchen garnieren.

♀ Saurer Most oder Apfelsaft.

Erdbeerglace mit Waldmeistersirup auf Erdbeersalat

Ein Dessert für 8 Personen
Für 1 l Erdbeerglace

Erdbeerglace:
450 g reife Erdbeeren, gerüstet
360 g Joghurt nature
1,8 dl Rahm
90 g Zucker
½ Zitrone, wenig abgeriebene Schale und Saft

Waldmeistersirup:
150 g Zucker
1,5 dl Wasser
½ Zitrone, Zesten und Saft
2 EL Waldmeister, fein gehackt

800 g reife Erdbeeren, gewaschen, gerüstet
Waldmeisterblätter zum Garnieren

Waldmeister siehe «Küchenlatein», Seite 281

1. Für die Glace Erdbeeren klein schneiden und zusammen mit Joghurt, Rahm und Zucker pürieren. Mit Zitronenschale und Saft abschmecken. In den Tiefkühler stellen. Ca. alle 15 Minuten mit dem Schwingbesen rühren, damit die Eiskristalle klein bleiben.

2. Sobald die Glace gefroren, aber noch formbar ist, mit einem Glacelöffel Kugeln formen. Auf einem beschichteten Blech bis zum Servieren tiefkühlen.

3. Für den Waldmeistersirup Zucker und Wasser aufkochen, Zitronenzesten zugeben und bis auf Zimmertemperatur abkühlen. Waldmeister untermischen und mit Zitronensaft abschmecken. Mindestens 30 Minuten ziehen lassen und bis zum Verwenden kalt stellen.

4. Die Erdbeeren in feine Scheiben schneiden, anrichten und mit Waldmeistersirup beträufeln. Die Glacekugeln darauf anrichten und nach Belieben mit Waldmeisterblättern garnieren.

- Der Waldmeister kann auch durch gleich viel frische Pfefferminze ersetzt werden.
- Für 4 Personen oder ½ Liter Glace alle Zutaten halbieren.

Kirschenterrine
an rosa Schokoladensauce

Ein Dessert für 8 Personen

**Für eine Terrinenform von 1 l Inhalt
Klarsichtfolie für die Form**

1 kg Kirschen, entsteint
1,5 dl Apfelsaft
150 g Zucker
5 Gewürznelken
1 Zimtstange
5 Blatt Gelatine,
in kaltem Wasser eingeweicht
1 EL Kirsch

Schokoladensauce:
1 dl Milch
100 g weisse Schokolade, fein gehackt
360 g Joghurt nature
1 dl Kirschsaft

Kirschen zum Garnieren

1. Kirschen, Apfelsaft, Zucker aufkochen. Gewürznelken in einem Tee-Ei sowie die Zimtstange dazugeben, 10 Minuten ziehen lassen und entfernen.

2. Kirschen durch ein feines Sieb abgiessen und gut abtropfen lassen. Den Saft auffangen, 1 dl für die Sauce beiseite stellen und restlichen Saft messen. Es sollten 4 dl sein – eventuell mit etwas Apfelsaft auffüllen. Die Kirschen in die mit Klarsichtfolie ausgelegte Terrinenform geben.

3. Die Gelatine gut ausdrücken, im heissen Kirschensaft auflösen, Kirsch zufügen und in die Form giessen. Die Kirschen mit einem Löffel verteilen. Die Terrine mit Klarsichtfolie abdecken. Auskühlen lassen und mindestens 4 Stunden kalt stellen.

4. Für die Schokoladensauce die Milch in einem Pfännchen aufkochen, von der Platte ziehen und die Schokolade darin schmelzen. Etwas auskühlen lassen und mit Joghurt und Kirschsaft verrühren. Bis zur Verwendung kalt stellen.

5. Die Terrine stürzen, in knapp 2 cm dicke Tranchen schneiden. Mit Schokoladensauce und frischen Kirschen anrichten.

271 Obst & Beeren

Leichtes Himbeer-Soufflé

Ein Dessert für 4 Personen

Für 4 Souffléförmchen oder feuerfeste Tassen von 2 dl Inhalt
Butter für die Förmchen

400 g Himbeeren
2 EL Himbeergeist

3 Eiweiss
6 EL Zucker

1. 200 g Himbeeren mit Himbeergeist beträufeln, mit einer Gabel leicht zerdrücken und in die ausgebutterten Förmchen oder Tassen verteilen.

2. Eiweisse schaumig schlagen, den Zucker langsam einrieseln lassen und steif schlagen, bis die Masse glänzt und sich Spitzen bilden.

3. Die restlichen Himbeeren pürieren, durch ein feines Sieb streichen und unter den Eischnee heben. Die Masse in die Förmchen verteilen.

4. In der Mitte des auf 200 °C vorgeheizten Ofens während ca. 20 Minuten backen, bis die Oberfläche der Soufflés hellbraun karamellisiert. Sofort servieren.

- Wenn Kinder mitessen: Apfelsaft statt Himbeergeist verwenden.

273 Obst & Beeren

Birnengratin mit Nougat

1. Für den Nougat den Zucker mit dem Wasser kochen, bis der Zucker karamellisiert ist. Haselnüsse beigeben und gut vermischen. Auf ein mit Backpapier ausgelegtes Blech giessen und auskühlen lassen. Den Nougat grob hacken.
2. Mascarpone mit Birnendicksaft und Eigelben vermischen und in Gratinteller verteilen, mit Birnen belegen und mit Nougat bestreuen.
3. In der Mitte des auf 220 °C vorgeheizten Ofens 8–12 Minuten gratinieren. Heiss servieren.

- Um den Nougat zu zerkleinern, kann man ihn auch in einen Plastikbeutel füllen und mit dem Wallholz zerdrücken.
- Mit Glace oder Rahm servieren.

Ein Dessert für 4 Personen

Für 4 Gratinteller von ca. 16 cm ø

Nougat:
6 EL Zucker
1 EL Wasser
100 g Haselnüsse

200 g Mascarpone
6 EL Birnendicksaft oder Honig
3 Eigelb

4 weiche Birnen, z. B. Williams, Kerngehäuse entfernt und in Schnitze geschnitten

Zwetschgenstreusel mit Zimtparfait

1. Für das Zimtparfait Eigelbe, Ei, Puderzucker, Zimt und Rum mit dem Mixer zu einer schaumigen, hellen Masse schlagen.
2. Den Rahm vorsichtig unter die Masse heben, in eine passende Schüssel geben und mindestens 4 Stunden tiefkühlen.
3. Für den Streusel Mehl, Zucker und flüssige Butter mischen, Mandeln zufügen und mit Zimt und Zitronenschale vermengen.
4. Zwetschgen entsteinen, halbieren, mit der Schnittfläche nach oben in die ausgebutterte Gratinform legen und mit den Streuseln bestreuen. Im auf 200 °C vorgeheizten Ofen 15–20 Minuten backen.
5. Zwetschgen aus dem Ofen nehmen, auf Tellern verteilen.
6. Die Schüssel mit dem Parfait kurz in heisses Wasser tauchen, stürzen, in Stücke schneiden und das Parfait zum Zwetschgenstreusel anrichten.

Ein Dessert für 4 Personen

Für 1 Gratinform, ca. 26 cm lang
Butter für die Form

Zimtparfait:
2 Eigelb
1 Ei
80 g Puderzucker
1 TL Zimt, gemahlen
1 EL Rum
1,8 dl Rahm, geschlagen

Streusel:
2 EL Mehl
2 EL Zucker
1½ EL Butter, flüssig
2 EL Mandeln, gerieben
2 Msp. Zimt
½ Zitrone, abgeriebene Schale

400 g Zwetschgen, ca. 16 Stück

276 Obst & Beeren

Quitten-Tarte mit Äpfeln und Haselnüssen

1. Für den Teig Butter mit Zucker und Salz schaumig rühren. Ei, Mehl und Haselnüsse zugeben und alles zu einem glatten Teig zusammenfügen. Zugedeckt 1 Stunde kalt stellen.

2. Für die Füllung Quitten waschen und mit einem Tuch sauber reiben. Auf ein mit Backpapier belegtes Blech geben und in der Mitte des auf 180 °C vorgeheizten Ofens 1 Stunde garen. In kaltem Wasser abkühlen, schälen, entkernen und das Fruchtfleisch in Stücke schneiden. Mit Weisswein, Birnendicksaft und Haselnüssen pürieren.

3. Den Teig auswallen. Das ausgebutterte Wähenblech damit auslegen und mit einer Gabel mehrmals einstechen. Die Quittenfüllung hineingeben, glattstreichen.

4. Die Äpfel halbieren, Kerngehäuse entfernen, in Schnitze schneiden und kreisförmig in die Quittenfüllung stecken. Mit Haselnüssen bestreuen.

5. Die Tarte auf der untersten Rille des auf 180 °C vorgeheizten Ofens ca. 40 Minuten backen. Aus der Form nehmen, mit Birnendicksaft bepinseln und auskühlen lassen. Mit wenig Puderzucker bestreut servieren.

Eine kleine Mahlzeit
oder ein Dessert für 4–6 Personen

Für ein Wähenblech von 24 cm Ø
Butter für das Blech

Teig:
50 g Butter, weich
75 g Zucker
1 Prise Salz
1 Ei
100 g Mehl
50 g Haselnüsse, gemahlen

Füllung:
750 g Quitten
0,5 dl trockener Weisswein
4 EL Birnendicksaft oder Honig
100 g Haselnüsse, gemahlen

ca. 450 g kleine rote Äpfel, z. B. Jonathan, Berner Rosen
2 EL Haselnüsse, grob gehackt
2 EL Birnendicksaft zum Bepinseln
wenig Puderzucker zum Bestäuben

Kirschtopf

Für einen Glas- oder Steinguttopf mit Deckel von 3–5 l Inhalt

Gut geeignete Früchte und Beeren:
- Erdbeeren, Walderdbeeren, gewaschen, getrocknet, geputzt
- Sauer- und Süsskirschen, gewaschen, getrocknet
- Pfirsiche, Aprikosen, geviertelt, entkernt
- Pflaumen, Mirabellen, halbiert, entkernt
- Birnen, kleine feste, in Schnitze geschnitten, entkernt

Weniger geeignete Früchte und Beeren:
Rhabarber, schwarze Johannisbeeren, Heidelbeeren, Blaubeeren, Weintrauben, Brombeeren, Äpfel, Melonen

Weitere Zutaten:
Zucker, im gleichen Verhältnis wie Früchte
Kirsch, mindestens 40 % Alkoholgehalt
kleiner Teller zum Beschweren der Früchte im Topf

1. Den Glas- oder Steinguttopf gut reinigen und trocknen.

2. Die vorbereiteten Früchte und Beeren abwägen und mit der gleichen Menge Zucker mischen. Anschliessend Früchte und Zucker in den Topf füllen und mit Kirsch bis ca. 1 cm über den Früchten auffüllen. Mit einem passenden sauberen Teller beschweren, damit die Früchte ganz eintauchen. Leicht rütteln, um alle Luftblasen zu entfernen. Den Topf mit einem Deckel verschliessen und an einem kühlen, dunklen Ort aufbewahren.

3. Während des Jahres nach Belieben Früchte und Beeren, vermischt mit derselben Menge Zucker, beigeben. Die Früchte müssen immer mit Kirsch bedeckt bleiben. Falls nötig Kirsch nachfüllen.

4. Den Kirschtopf nach der letzten Fruchtschicht mindestens noch drei Wochen ziehen lassen.

- Ein Kirschtopf ist die ideale Möglichkeit, Aromen des Frühjahrs, des Sommers und des Herbstes für den Winter zu konservieren. Er wird deshalb während des ganzen Jahres mit den Früchten und Beeren, die gerade geerntet werden, erweitert. Für den Kirschtopf dürfen nur reife und einwandfreie Früchte und Beeren ohne Druck- oder Faulstellen verwendet werden.
- Den Kirschtopf öfter kontrollieren. Wenn Bläschen aufsteigen, den Alkoholgehalt mit Kirsch oder reinem Alkohol aus der Drogerie erhöhen.
- Ein Kirschtopf ist eine ideale Ergänzung zu Glace und Parfait.
- In Einmachgläser abgefüllt ein schönes Geschenk.
- Er kann auch nur mit einer Sorte Früchte zubereitet werden.

279 Obst & Beeren

280　Küchenlatein

Die Rezepte in diesem Buch sind
grundsätzlich für vier Personen berechnet.
Ausnahmen von dieser Regel sind
ausdrücklich vermerkt.

Küchenlatein

Ein kleines ABC

Abkürzungen

EL = ein gestrichener Esslöffel
TL = ein gestrichener Teelöffel
l = Liter
dl = Deziliter
kg = Kilogramm
g = Gramm
• = Tipp zum Rezept
⚲ = Wein-/Trinkempfehlung

Birnendicksaft (auch Apfel- oder Traubendicksaft), durch Eindampfen konzentrierter Obstsaft, der zum Süssen verwendet wird.

Bouquet garni nennt man ein zusammengebundenes Sträusschen passender Kräuter oder Gemüse (Sellerie, Lauch, Zwiebel, Petersilie), das mitgekocht wird.

Curry-Kraut (auch Immortelle) ist sehr zart und verbreitet vor allem ungekocht seinen köstlichen Curry-Duft. Es ist auf Wochenmärkten und in gut sortierten Gärtnereien als Pflanze erhältlich und gedeiht an einem sonnigen Ort – auf dem Balkon – ausgezeichnet.

Gelatine 5 bis 10 Minuten in reichlich kaltem Wasser einweichen. Gut auspressen und bei mittlerer Hitze mit der im Rezept angegebenen Flüssigkeit auflösen.

Quarkblätterteig
150 g Mehl
150 g Butter, kalt, in Würfel geschnitten
150 g Rahmquark, kalt
1 TL Salz

1. Mehl, Butter, Quark und Salz mit einem grossen Messer feinkrümelig durchhacken und rasch zu einem Teig zusammenfügen. Zugedeckt mindestens 1 Stunde kalt stellen.
2. Den Teig auf einer schwach bemehlten Unterlage zu einem Rechteck von 30 x 60 cm auswallen. Von beiden Schmalseiten bis knapp zur Hälfte nach innen schlagen und nochmals falten, sodass ein vierfach gefaltetes Teigstück entsteht. 20 Minuten kalt stellen, dann diesen Arbeitsgang wiederholen.
3. Den Teig anschliessend für mindestens 3 Stunden kalt stellen.

Waldmeister kann im Wald von April bis Anfang Juni vor der Blüte gesammelt werden. Er eignet sich gut zum Tiefkühlen. Sein Aroma entwickelt sich dadurch sogar kräftiger.

Wasserbad im Ofen
Den Backofen auf 150 °C vorheizen. Eine rechteckige Auflaufform oder ein anderes feuerfestes Gefäss, in welches die Form oder die Förmchen passen, mit einem Tüchlein oder einem gefalteten Pergamentpapier auslegen. Das hält die Hitze von unten ab und sorgt dafür, dass die Form oder die Förmchen nicht rutschen. Das Gefäss so hoch mit heissem Wasser füllen, dass die Form oder die Portionenförmchen etwa zur Hälfte im Wasser stehen.

Zitronengeranium (eigentlich Pelargonien) kann in Töpfen an einem sonnigen Ort gezogen werden. Mit den Blättern kann man Saucen, Konfitüren, Puddings und dergleichen würzen. Die Blüten geben Salaten ein frisches Aroma.

Gemüse schneiden

Die Bezeichnungen für die verschiedenen Gemüse-Schnittarten stammen aus der klassischen französischen Küche. Hier die wichtigsten und ihre Bedeutung.

1. **Jardinière:** ausgestochen
2. **Bâtonnets:** in Stäbchen geschnitten
3. **Julienne:** in Streifen geschnitten
4. **Chiffonnade:** in breite Streifen geschnitten
5. **Brunoise:** in kleine Würfel geschnitten
6. **Macédoine:** in normale Würfel geschnitten
7. **Printanière oder jardinière:** in Form geschnitten
8. **Vichy:** in Scheiben geschnitten
9. **Paysanne oder fermière:** blättrig geschnitten

Tipps und Tricks rund ums Fleisch

Würzen

Mit dem Würzen soll der Eigengeschmack des Fleischstückes massvoll unterstrichen oder der Geschmack des Gerichtes verbessert werden. Der Eigengeschmack muss aber immer erhalten bleiben, weshalb mit Gewürzen und Kräutern sparsam umgegangen werden sollte.

Salz ist das Urgewürz für Fleisch. Es unterstützt den Eigengeschmack und dient bei Geräuchertem auch als Haltbarmacher.
Achtung: Kurzbratstücke und Grillfleisch erst während oder nach dem Bratvorgang salzen.

Senf ist ein bewährtes und beliebtes Würzmittel für Fleisch. Bratenstücke können mit Senf bestrichen werden. Senf ist zudem oft Bestandteil von Grillmarinaden.
Achtung: Mit Senf bestrichene Stücke nicht zu stark erhitzen, sie schmecken sonst bitter.

Garstufenermittlung durch Fingerdruck

Die Gardauer für zarte, geschnittene Fleischgerichte beträgt in der Regel nur einige Minuten. Da die Fleischstücke dieser «A-la-minute-Gerichte» für den Einsatz eines Fleischthermometers zu dünn sind, muss durch Fingerdruck ermittelt werden, ob das Fleisch genügend gegart ist.

Servieren

Damit ein Fleischgericht sein volles Aroma entfalten kann, muss es vor dem Aufschneiden etwas ruhen, damit sich der Saft im Fleisch verteilen kann. Fachgerechtes Warmhalten ist daher wichtig.

Gebratenes Fleisch vor dem Tranchieren mindestens fünf Minuten im erwärmten Backofen ruhen lassen.

Braten am Stück aus dem Ofen oder vom Grill zehn Minuten ruhen lassen.

Tranchieren

Das Fleisch zehn Minuten ruhen lassen. Gutes Material wählen: grosses Brett mit Saftrinne, scharfes, grosses langes Messer, kräftige Gabel. Grosse Stücke nicht auf einmal, sondern nach Bedarf tranchieren. Am Tisch tranchiert nur, wer es beherrscht.

Siedfleisch und Roastbeef wird quer zur Faser und senkrecht in dünne Scheiben geschnitten.

Entrecôte double leicht schräg und quer zur Faser in rund zwei Zentimeter dicke Tranchen schneiden.

Lammgigot und Beinschinken werden schräg zum Knochen von unten nach oben in dünne Scheiben geschnitten.

Bei Reh-, Hasen- oder Lammrücken wird das Rückenfleisch auf beiden Seiten dem Wirbel entlang gelöst. Mit einem Löffelrücken vom Knochengerüst schieben und schräg in dünne Tranchen schneiden. Filet auf der Wirbelinnenseite nicht vergessen.

Die verschiedenen Garstufen

	Deutsch	Französisch	Englisch	Anwendung	Reaktion auf Fingerdruck
1	Stark blutig	Bleu	Rare	Rind	Fleisch ist schwammig
2	Blutig	Saignant	Underdone	Rind	Fleisch federt stark
3	Mittel/Rosa	A point/rosé	Medium	Rind, Wild, Lamm	Fleisch federt leicht
4	Durch	Bien cuit	Well-done	Schwein	Fleisch ist fest

Inhalt

GEMÜSE
Die Reportage	6
Eine kleine Warenkunde	14

Rezepte Gemüse
Gemüseterrine mit Kräuter-Vinaigrette	19
Randen-Mascarpone-Mousse	20
Sommersalat mit grüner Omelette	22
Frühlingsgemüse an Kräutersauce	23
Lattich-Schaumsüppchen mit Radieschen	24
Sauerkraut-Rahmsuppe mit mariniertem Trockenfleisch	25
Gebackener Kürbis mit bunter Füllung	26
Gebratener Cicorino rosso mit Getreide-Gnocchi	28
Sellerie-Lauch-Gratin	30
Cannelloni mit Rotkrautfüllung und gebratenen Birnenschnitzen	31
Bohnenkuchen mit Speck	33
Wirzstrudel mit Zwiebelkompott	34
Rüebli-Tarte mit Zimtrahm	36
Fritierter Rhabarber mit Honigschaum	37

RAPSÖL
Die Reportage	38
Eine kleine Warenkunde	45

EIER
Die Reportage	
Eine kleine Warenkunde	54

Rezepte Eier
Marmorierte Randen-Eier mit rosa Füllung	56
Salat aus pikant eingelegten Eiern	57
Rancher-Eier mit pikanter Sauce	58
Goldschnitten mit Johannisbeer-Joghurt	60
Kirsch-Eierlikör mit Pistazien-Parfait	61

Inhalt

MILCH & CO.
Die Reportage	62
Eine kleine Warenkunde	70

Rezepte Milch & Co.
Quarkterrine mit Tomaten-Vinaigrette	74
Kümmelbrioche mit Frischkäse-Mousse	77
Grüner Spargelsalat mit Hüttenkäse und Gänseblümchen	78
Roher Pastinaken-Salat mit Emmentaler	80
Kalte Buttermilch-Suppe mit geräucherter Forelle	81
Warmer Tomatenpudding an Mascarpone-Sauce	82
Winzer-Rahmfladen	83
Gefüllter Lauch mit Hüttenkäse	85
Kalbsvoressen mit Bärlauch	86
Lammgigot in Rosmarinmilch	89
Biskuitroulade mit Brombeerquark	91
Pfefferminzparfait mit Sommerbeeren	92
Quarktorte mit Heidelbeeren	93
Madeleines mit Zitronengeranie an Honig-Sauermilch	94
Holunderblüten-Creme	95
Guetzlivariationen	96

KARTOFFELN
Die Reportage	98
Eine kleine Warenkunde	104

Rezepte Kartoffeln
Kartoffeln mit heissem Käse-Dip	107
Kartoffelsuppe mit Schabziger	108
Lauwarmer Ofenkartoffelsalat	109
Meerrettich-Rösti mit Randensauce	110
Bunter Kartoffelstock	112
Mozzarella-Kartoffel-Tätschli mit Knoblauchquark	113
Kartoffel-Triangoli mit Speckfüllung an Rucolasauce	115
Kartoffel-Marzipan-Soufflé mit Glühwein-Dörrzwetschgen	116

FLEISCH & WURSTWAREN
Die Reportage	118
Eine kleine Warenkunde	128

Rezepte Fleisch & Wurstwaren
Grillierte Hackfleisch-Bällchen mit Apfel-Ketchup	132
Bündnerfleisch-Tatar mit süss-saurem Kürbis	135
Schinken-Mousse mit Romanesco	136
Siedfleisch-Salat mit Bundrettich an Estragonsauce	139
Lauwarmes Lamm-Carpaccio	140
Beef Tea	142
Kalbsmedaillons auf grünem Spargel mit Morchelsauce	145
Gefüllte Kalbsplätzli an Zitronen-Thymian-Sauce	146
Glasierte Kalbsnuss mit Marroni	147
Gelbes Kalbsragout in Rondini	148

Pochiertes Rindsfilet an Meerrettichsauce	151
Klassischer Sonntagsbraten	153
Gemüse-Hackbraten	154
Mit Apfel gratinierte Schweinskoteletts	156
Grilliertes Schweinssteak mit Salbeibutter	157
Spareribs mit Teufelssauce	159
Schweinsfilet im Vollkornteig mit Käsesauce	160
Knusprige Schweinshaxen mit Biersauce	162
Schweinsnierbraten mit Kräuterfüllung an Baumnuss-Rahmsauce	163
Glasiertes Rollschinkli mit pikanten Dörrkirschen	165
Lammkoteletts mit Zwetschgen-Chutney	166
Gitzischlegel im Gras gebraten	169

WEIN

Die Reportage	170
Eine kleine Warenkunde	176

PILZE

Die Reportage	178
Eine kleine Warenkunde	184
Rezepte Pilze	
Grillierter Champignons-Salat auf Rucola und Löwenzahn	186
Weisse Champignons-Suppe unter würziger Meringue-Haube	189
Rührgebratene Austernpilze mit Schweinsgeschnetzeltem	190
Gefüllte Shiitake-Pilze auf Rahmspinat	191

GEFLÜGEL

Die Reportage	192
Eine kleine Warenkunde	200
Rezepte Geflügel	
Pouletflügel mit Senfschaum-Dip	203
Geflügelleber-Mousse mit Apfelschnitzen	204
Lauwarmer Geflügelsalat mit Linsen	205
Geflügel-Cremesuppe mit Blätterteighaube	206
Bouillabaisse vom Suppenhuhn	209
Gebratene Pouletschenkel an Gewürztraminer-Schaumcreme	210
Gefüllte Pouletbrüstchen mit Dörrzwetschgen	211
Poulet mit Speck im Römertopf	213
Kleine Truthahnschnitzel an Rotweinsauce	214

Inhalt

KÄSE
Die Reportage	216
Eine kleine Warenkunde	224

Rezepte Käse
Brie-Cookies mit Baumnüssen	228
Pikante Käsetorte	229
Aubergine in Käsehülle an Vinaigrette	230
Gemüse-Soufflé mit Gruyère und Emmentaler	233
Rührei mit Tilsiter und gebratenen Zucchetti	234
Camembert mit Pilzfüllung auf herbstlichem Salat	235
Swiss Coupe	236

GETREIDE & BROT
Die Reportage	238
Eine kleine Warenkunde	244

Rezepte Getreide & Brot
Gefüllte Mais-Focaccia	247
Rustikales Partybrot	248
Panzanella	249
Roter Dinkel-Risotto mit Rosmarin und karamellisierten Marroni	251
Kirschroter Brotpudding	252

OBST & BEEREN
Die Reportage	254
Eine kleine Warenkunde	262

Rezepte Obst & Beeren
Birnenkissen mit Käsefüllung	264
Apfel-Kartoffel-Salat	267
Schweinsragout in Apfelsauce	268
Erdbeerglace mit Waldmeistersirup auf Erdbeersalat	269
Kirschenterrine an rosa Schokoladensauce	270
Leichtes Himbeer-Soufflé	272
Birnengratin mit Nougat	274
Zwetschgenstreusel mit Zimtparfait	275
Quitten-Tarte mit Äpfeln und Haselnüssen	277
Kirschtopf	278

Küchenlatein 280

Rezepte von A bis Z

Rezept	Seite
Apfel-Kartoffel-Salat	267
Aubergine in Käsehülle an Vinaigrette	230
Austernpilze (rührgebraten) mit Schweinsgeschnetzeltem	190
Beef Tea	142
Birnengratin mit Nougat	274
Birnenkissen mit Käsefüllung	264
Biskuitroulade mit Brombeerquark	91
Bohnenkuchen mit Speck	33
Bouillabaisse vom Suppenhuhn	209
Brie-Cookies mit Baumnüssen	228
Brotpudding	252
Bündnerfleisch-Tatar mit süss-saurem Kürbis	135
Buttermilch-Suppe (kalt) mit geräucherter Forelle	81
Camembert mit Pilzfüllung auf herbstlichem Salat	235
Cannelloni mit Rotkrautfüllung und gebratenen Birnenschnitzen	31
Champignons-Salat (grilliert) auf Rucola und Löwenzahn	186
Champignons-Suppe unter würziger Meringue-Haube	189
Cicorino rosso (gebraten) mit Getreide-Gnocchi	28
Coupe Swiss	236
Dinkel-Risotto mit Rosmarin und karamellisierten Marroni	251
Erdbeerglace mit Waldmeistersirup auf Erdbeersalat	269
Frühlingsgemüse an Kräutersauce	23
Geflügel-Cremesuppe mit Blätterteighaube	206
Geflügelleber-Mousse mit Apfelschnitzen	204
Geflügelsalat (lauwarm) mit Linsen	205
Gemüse-Hackbraten	154
Gemüse-Soufflé mit Gruyère und Emmentaler	233
Gemüseterrine mit Kräuter-Vinaigrette	19
Gitzischlegel im Gras gebraten	169
Goldschnitten mit Johannisbeer-Joghurt	60
Guetzlivariationen	96
Hackfleisch-Bällchen (grilliert) mit Apfel-Ketchup	132
Himbeer-Soufflé	272
Holunderblüten-Creme	95
Kalbsmedaillons auf grünem Spargel mit Morchelsauce	145
Kalbsnuss (glasiert) mit Marroni	147
Kalbsplätzli (gefüllt) an Zitronen-Thymian-Sauce	146
Kalbsragout in Rondini	148
Kalbsvoressen mit Bärlauch	86
Kartoffel-Marzipan-Soufflé mit Glühwein-Dörrzwetschgen	116
Kartoffeln mit heissem Käse-Dip	107
Kartoffelstock bunt	112
Kartoffelsuppe mit Schabziger	108
Kartoffel-Triangoli mit Speckfüllung an Rucolasauce	115
Käsetorte pikant	229
Kirsch-Eierlikör mit Pistazien-Parfait	61
Kirschenterrine an rosa Schokoladensauce	270
Kirschtopf	278
Kümmelbrioche mit Frischkäse-Mousse	77
Kürbis (gebacken) mit bunter Füllung	26
Lamm-Carpaccio lauwarm	140
Lammgigot in Rosmarinmilch	89
Lammkoteletts mit Zwetschgen-Chutney	166
Lattich-Schaumsüppchen mit Radieschen	24
Lauch gefüllt mit Hüttenkäse	85
Madeleines mit Zitronengeranie an Honig-Sauermilch	94
Mais-Focaccia gefüllt	247
Meerrettich-Rösti mit Randensauce	110
Mozzarella-Kartoffel-Tätschli mit Knoblauchquark	113
Ofenkartoffelsalat lauwarm	109
Panzanella	249
Pastinaken-Salat (roh) mit Emmentaler	80
Partybrot rustikal	248
Pfefferminzparfait mit Sommerbeeren	92
Poulet mit Speck im Römertopf	213
Pouletbrüstchen gefüllt mit Dörrzwetschgen	211
Pouletflügel mit Senfschaum-Dip	203
Pouletschenkel gebraten an Gewürztraminer-Schaumcreme	210
Quarkterrine mit Tomaten-Vinaigrette	74
Quarktorte mit Heidelbeeren	93
Quitten-Tarte mit Äpfeln und Haselnüssen	277
Rancher-Eier mit pikanter Sauce	58
Randen-Eier (marmoriert) mit rosa Füllung	56
Randen-Mascarpone-Mousse	20
Rhabarber fritiert mit Honigschaum	37
Rindsfilet (pochiert) an Meerrettichsauce	151
Rollschinkli (glasiert) mit pikanten Dörrkirschen	165
Rüebli-Tarte mit Zimtrahm	36
Rührei mit Tilsiter und gebratenen Zucchetti	234
Salat aus pikant eingelegten Eiern	57
Sauerkraut-Rahmsuppe mit mariniertem Trockenfleisch	25
Schinken-Mousse mit Romanesco	136
Schweinsfilet im Vollkornteig mit Käsesauce	160
Schweinshaxen mit Biersauce	162
Schweinskoteletts (gratiniert) mit Apfel	156
Schweinsnierbraten mit Kräuterfüllung an Baumnuss-Rahmsauce	163
Schweinsragout in Apfelsauce	268
Schweinssteak (grilliert) mit Salbeibutter	157
Sellerie-Lauch-Gratin	30
Shiitake-Pilze (gefüllt) auf Rahmspinat	191
Siedfleisch-Salat mit Bundretttich an Estragonsauce	139
Sommersalat mit grüner Omelette	22
Sonntagsbraten klassisch	153
Spareribs mit Teufelssauce	159
Spargelsalat (grün) mit Hüttenkäse und Gänseblümchen	78
Tomatenpudding (warm) an Mascarpone-Sauce	82
Truthahnschnitzel an Rotweinsauce	214
Winzer-Rahmfladen	83
Wirzstrudel mit Zwiebelkompott	34
Zwetschgenstreusel mit Zimtparfait	275